京师 道德教育论丛
JINGSHI DAODE JIAOYU LUNCONG

丛书主编：戚万学

学校教育“新民德”的百年历程

XUEXIAO JIAOYU XINMINDE DE BAINIAN LICHENG

陈　萍■著

北京师范大学出版集团
BEIJING NORMAL UNIVERSITY PUBLISHING GROUP
北京师范大学出版社

图书在版编目(CIP) 数据

学校教育“新民德”的百年历程/陈萍著.—北京：北京师范大学出版社，2011.11
(京师道德教育论丛)
ISBN 978-7-303-13447-2

Ⅰ. ①学… Ⅱ. ①陈… Ⅲ. ①学校教育－德育－研究 Ⅳ. ①G41

中国版本图书馆 CIP 数据核字（2011）第 193026 号

营销中心电话　010-58802181 58808006
北师大出版社高等教育分社网　http://gaojiao.bnup.com.cn
电子信箱　beishida168@126.com

出版发行：北京师范大学出版社 www.bnup.com.cn
北京新街口外大街 19 号
邮政编码：100875
印　　刷：北京外文印刷厂
经　　销：全国新华书店
开　　本：170 mm × 230 mm
印　　张：14
字　　数：245 千字
版　　次：2011 年 11 月第 1 版
印　　次：2011 年 11 月第 1 次印刷
定　　价：28.00 元

策划编辑：郭兴举　　责任编辑：李　志
美术编辑：毛　佳　　装帧设计：毛　佳
责任校对：李　菡　　责任印制：李　啸

总　序

道德教育的基本意义在于增进人的道德自由，培育人的道德智慧，提升人的道德福祉，前辈哲人无不为此孜孜以求，铢积寸累。然而随着现代性对古典心性的拆解，道德相对主义、道德虚无主义将道德本真撕裂为碎片，人类如何在此种精神境遇中重新建构德福一致的价值体系成为当前道德哲学乃至道德教育哲学最为核心的思想主题。一方面，道德是否可教的本体论难题亟待答复，另一方面，物质主义、功利主义的道德教育理念与制度构成也需要进一步的理性反思。而且，道德教育已经不再仅仅作为学校的一种职能，而是关涉由现代性催生的诸多争执。作为学校的一种职能，学校道德教育的原则与方法需要得到系统地反思与批判；作为解决现代性争执的可能方案，学校道德教育则需要提出新的改进策略，以引领社会风气的健康发展。学校道德教育能否应对价值多元与价值消解的挑战，并自觉参与现代性的道德救赎，已经成为学校道德教育的必然担当。

面对"古今之争"的精神张力，中国博大精深的传统道德文化已经不再仅仅作为一种历史资源，它所诉诸的人心秩序与道德制度建构业已成为当前现代性拯救的一个思想方案。古典心性与现代性的相遇构成了一个前所未有的巨大"文本"，为此所有有志于道德教育的思想者必须提出具有足够容量的思想框架，以应对经典重释与时代命题的双重挑战。处于社会转型期的中国，道德教育正遭遇着理论与实践的严峻挑战。文化的多元奔放，各种社会思潮的奔涌激荡，相对主义的不断蔓延，传统道德文化的时代承续，异域道德思想的民族转化，对这些问题的思考与解决不仅关涉着当前道德教育能否摆脱困境，而且尤为重要的是关系到21世纪中国社会的道德前景和道德格局。

无论是令人担忧的社会道德生活状况，还是道德教育自身发展面临的窘境，抑或理论之独有魅力的吸引，都催逼着我们在这一领域去做新的探索，新的构思。正是基于我国道德教育研究之上述问题的焦虑，也源于对学术本身的热情以及理性的真诚，才有了本套丛书的筹谋与勘定。本套丛书不惮以探询当代道德教育拯救之道作为自己理论上的努力，以图澄清当代道德教育之流弊、根源及改进之道，以用作对我们思考道德教育之深层问题的某种提示。面对层出不穷的道德教育问题，我们基于何种立场，采用何种方式探寻道德教育可持续发展的路径选择，不仅关涉我们以何种姿态来寻绎道德教育的时代意蕴，与时俱进地推进道德教育，而且对整个教育领域的改革和纵深发展，也将产生某种积极的影响。

由是，本套丛书的出版怀抱着这样一种实践追求：其意并非在于造就体系凿凿之道德教育理论，而在于以较为多元的视野重新审视道德教育研究的若干基本问题，追究道德教育之本然与应然，表达我们对道德教育的个体性见解。所以，编录诸文既有道德教育哲学的澄明思辨，亦有道德教育实践方法的理论考证；既涉及我国道德教育的古典气质，亦关注我国道德教育的现代性格。我们旨在通过不同风格、不同角度的较高学术性论辩，拷问道德教育何以及如何直击受教育者心灵的真谛。本套丛书亦秉持着这样一种理论情怀：以历史、逻辑、现实的对比论证为切入点，以反映目前国内道德教育理论研究的最新成果，推动我国道德教育理论研究的不断深入为宗旨，以充分的理论自觉，反映道德教育的新论点，着意道德教育理论与实践发展中诸多困惑的澄明，开阔视野，启迪思路，激发学界审思与建构道德教育理论的热忱，创生符合道德教育本义而又适合中国国情的道德教育理论及其实践。

本套丛书收录了八本专著（按拼音排序）：陈萍的《学校教育“新民德”的百年历程》、冯永刚的《制度道德教育论》、林海亮的《正面教育论》、刘丙元的《当代道德教育的价值危机与真实回归》、冉玉霞的《学校教育中的惩罚与学生发展》、唐爱民的《道德教育范畴论》、谭维智的《庄子道德教育减法思想》、叶飞的《现代性视域下的儒家德育》。每本专著的作者均为专事道德教育研究的青年才俊，有的业已在学界崭露头角，或在同仁中获得了某种认肯。丛书的每一本著作均为作者在经历专门的学术训练与辛苦劳作后撰写的博士论文的基础上精修而成，均为道德教育某一领域或某一问题上的开拓、创新之作。诸才俊年轻敢为，葆有理论上的热情与勇气，大胆创新，观点犀利，才华初露，尽显青年学者们潜心道德教育研究事业的独特情怀；同时亦饱含学术上的尊重与虔诚，论证严谨，逻辑缜密，展示着徜徉道德教育研究这一艰深领域的理论魅力。当然，亦因年轻，恐不乏稚嫩，借本套丛书刊行求教于专家、同仁，以得改进与鞭策。我们相信并期待，本套丛书对促进我国道德教育科学研究的进一步发展，丰富道德教育研究的论域，能够产生积极的影响。

本套丛书的顺利出版，得益于北京师范大学出版社的大力支持和社会各方人士的鼎力相助，策划编辑郭兴举博士更是为本套丛书的出版付出了大量心血，其认真负责的态度和辛勤的劳动为书稿增色颇多，在此一并表达我们真诚的谢意。

戚万学
2011年8月19日
于泉城·济南 谨识

目录

CONTENTS

导 论

在社会公共生活日益发达的今天，公德的重要性不言而喻。然而，无论是依照我国当前的社会现状，还是学者们的相关论断，公德的树立都可谓任重而道远。因此，研究中小学校公德教育具有重要的现实意义与学术价值。

一、研究对象解析

为何要以“学校教育‘新民德’的世纪之梦”来命名学校公德教育研究？“新民德”与公德之间有何关联？这是本书首先需要回答的问题。研究表明：第一，公德于我国而言并非自然内生型的历史概念，它不是经济社会生活发展到一定阶段的需要和产物，而是“舶来品”。根据陈弱水在其《公共意识与中国文化》[①]著作中的研究，现代中国的公德观念是20世纪初从日本引入的。公德观念起自明治时期(1868—1912)的日本，公德一词可能最早出现于福泽谕吉(1834—1901)的《文明论概略》(1875年初版)，随后，“公德”逐渐成为代表明治前二十年社会伦理意识的主要标志。到19世纪20世纪之交，日本出现了阐扬公德的热潮，在明治三十四年(1901)达至顶峰。当时，日本的公德观念大体包含三项要素：(1)不伤害不确定的他人以及公众的利益；(2)协助他人，并为公众创造利益；(3)为国家效力。前两项是公德的核心，后一项则为边缘，“公德”基本上是个社会性的观念，其集体主义的含义并

---

① 陈弱水．公共意识与中国文化．北京：新星出版社，2006.

不明显，它主要是指个人对公共秩序及社会其他成员所应有的责任和爱心，即社会伦理或公益心。不过，初始引入我国(以致随后很长一段历史时期)的公德观念由于被期望承载救亡图存的使命而侧重“为国家效力”的一面，这种本末倒置、这种偏离应该为学校公德教育依然任重而道远负有很大责任；第二，公德最初被援引入我国，受到思想先驱的大力推崇，及至被纳入学校教育内容，均属“新民德”范畴的思想与活动——在当时的思想先驱们看来，国民道德之所以需要“破旧立新”，是因为中国传统道德重私德，轻公德，这导致中国一盘散沙、任人欺侮，所以救亡图存、国富强民急需加强公德的培养。简单地讲，“新民德”以培养国民“公德”(广义)为核心。

研究“新民德”，就无法绕开“新民”(也叫“改造国民性”或“国民性改造”)思潮。一个世纪前，当思想先驱们逐步对“人的现代化是现代化的关键”达成共识时，无数怀揣强国之愿的仁人志士，把“新民”作为推动中国近现代化进程的突破口，并且视学校教育为“新民”的重要途径。

二、研究内容的确定

“新民德”是“国民性改造”思潮的一个内容或说维度。在此意义上可以讲，学校教育“新民德”是“国民性改造”思潮框架内的思想与活动。因此，研究学校教育“新民德”，一要了解“国民性改造”思潮概况；二要进一步探讨“国民性改造”之一端“新民德”的内涵、特征及其与学校教育、尤其是学校德育观念与实践的联系。

(一)“国民性改造”思潮概述

1. 我国近代“国民性改造”思潮界定

“国民性改造”思潮(也叫“新民”思潮)，是中国20世纪启蒙思潮的重要内容之一。一般认为，它酝酿于戊戌维新时期，在严复的著名政论文《原强》中首次明确将其界定为“鼓民力，开民智，新民德”[①]，即“三民”思想；后继者梁启超1902—1906年《新民说》的发表可看做是其形成的标志。之所以这样认为，一方面，是该著作对近代中国改造国民性的理论依据、目标模式、实现途径给予了最完整的阐述；另一方面，从参与讨论的人数、传播的方式、讨论的内容等几个维度来审视，《新民说》发表的这一时期，对国民性改造问题

---

① 严复．原强修订稿//王栻．严复集(第1册)．北京：中华书局，1986：27.

的探索已达到了基本的社会思潮形态。五四新文化运动时期，在陈独秀、李大钊、胡适、鲁迅等一批启蒙思想家的共同努力下，国民性改造问题的探讨才真正达到白热化阶段，成为社会学术焦点。

学术界关于国民性改造思潮的研究比较多。较已有的研究而言，本书关于国民性改造思潮的界定，有两个不同点：

其一，一般人研究的"国民性改造"思潮从时间跨度上来讲，往前可追溯到洋务运动时期，往后可延及五四运动前后。但笔者认为，"五四"时期并不是"国民性改造"思潮由爆发归于沉寂的时期，而是"国民性改造"思潮从相对单纯注重理论的宣扬转向理论与实践相结合阶段。因为"新民"的历史使命到五四时期并未完成，反而更显示出其必要性；同时，有识之士意识到"新民"的主要对象是全体中国人，而不应该仅仅只是少数文化精英；另外，理论与实践的辩证发展规律也告诉我们，"新民"理论发展到一定阶段，也需要实践检验。正因为如此，"新民"思潮发展到"五四"时期，就出现了以下两个方面的变化：一是"改造国民性"的统称逐渐被分解为更具体的口号，如文学领域的"改造文字以改造观念"，教育领域种种民主与科学教育思潮、"文字下乡"等；二是"改造国民性"的参与者由文化精英(理论创造与宣传者)逐渐下移至普通老百姓(接受改造)。所以说，"新民"或"改造国民性"的口号或许逐渐给人"偃旗息鼓"的印象，但实质上，"新民"思潮至今没有进入尾声……从严复的"三民"、谭嗣同的"新人"、梁启超的"新民"，到孙中山的老百姓"训政"，再到鲁迅的"改造国民性"、胡适的"改造文字以改造观念"、晏阳初的"除文盲，作新民"，一直到毛泽东的"斗私批修""灵魂深处爆发革命"、邓小平的"四有"(有理想、有道德、有文化、有纪律)新人以及新的时代背景下中共中央颁发的《公民道德建设实施纲要》等，其实都突显了改造国民性、提升国民素质的历史一贯性和时代特征。

其二，不少学者在对近代国民性改造思潮进行评价时，认为近代国民性改造思潮"表现出重德轻智的倾向，总是把更新民德、完善人格等视为国民性改造的核心，而把开发民智看得无足轻重"①；甚至还有学者认为"重德轻智"是"新民"的历史使命还未完成的一个重要原因。笔者的观点与之恰恰相反：

① 袁洪亮．人的现代化——中国近代国民性改造思想研究．北京：人民出版社，2005：47.

事实上，近代国民性改造思潮中的"新民德"更多地停留在口头上。与"新民德"相比较，"开民智"更多地被付诸实践，国民文化科学素质的提高已是一个不争的事实，重"新民德"只能算一个"假象"。这也是本书认为"新民德"还需花很大精力研究的一个重要原因。

2. 我国近代国民性改造思潮的主要内容

国民性改造思潮自产生以来，学术界围绕国民有哪些劣根性、怎样才是理想的国民，以及如何改造国民性等问题展开了讨论。

(1)对中国国民性的认识与评价

"国民性""民族性""国民精神""民族精神"等概念经常被当做同义语来使用，其意大概是指表现在一个国家或民族全体成员中的基于共同的物质生活条件和社会政治制度而趋同的心理结构、价值取向、行为方式、风俗习惯、思维定式等，它是一个民族区别于另一个民族的特性(也有人认为国民性是一个国家全体国民的共性，而不是区别于另一个民族的特性)。事实上，具体而言，这四个概念并不完全相同，它们各有侧重。应该说，"国民性"和"民族性"对于民族特性是优劣全包的，而"国民精神"和"民族精神"侧重指民族特性中的优秀成分。鉴于本书的重点并不在"国民性"概念的界定上，故权且将其作为日常概念。

沙莲香教授根据《中国民族性》(一)一书中所收集的71个人物、500多个观点(1849—1986)，在《中国民族性》(二)①一书中将其粗略分成8类，然后根据统计每类观点出现的频率来了解历史上有关中国人研究的几个基本观点及其分布状态。统计结果表明：从每类观点在71个人物的主要著作中出现的频率看，第一位是勤劳节俭，安贫乐道，占24.4%；第二位是自私自利，虚伪嫉妒，占22.3%；第三位到第八位依次是：家族至上，权威主义(12.9%)；仁爱慈悲，反躬修己(11.6%)；笼统无知(8.5%)；中庸谦恭，圆熟含蓄(8.3%)；聪慧灵巧，自强不息(6.8%)；至大至刚，和平宽厚(5.2%)。然后，她又通过问卷调查的形式了解生活在20世纪80年代中国社会改革不断发展这一社会环境中的现代人的观点，调查结果显示：被调查者对历史上主要观点的肯定评价占多数，而历史上为数不多的人所主张的观点"聪慧灵巧，自强不息"类和"至大至刚，和平宽厚"类，在问卷中却得到了为数众多的人的赞成。

① 沙莲香．中国民族性(二)．北京：中国人民大学出版社，1990.

事隔20年的今天，在中国社会改革开放比20世纪80年代又往前跃升了一大步的社会环境下，若再进行一次关于中国人的问卷调查。结果与历史上的观点、与20世纪80年代的观点相比，会不会有什么大的变化？笔者没有做具体的实证调查。不过，从20世纪90年代李宗吾所著并曾风靡一时的《厚黑大全》、刘智峰主编的《道德中国》、21世纪初出版的易中天所著《闲话中国人》、解思忠著的《中国国民素质危机》、黎鸣著的《中国人为什么这么“愚蠢”》等著作中也许可见一斑，即多数学者对中国“现实的国民性”①仍然很不满意，用《道德中国》一书中的原话来讲：当今中国人“什么都不信，什么都不怕，无尊无卑、无大无小、无规无矩、无法无天，除了功利得失，没有其他是非原则，整个国民精神趋向‘痞子化’”②。

从沙莲香教授的归纳中可以看出“自私自利，虚伪嫉妒”“家族至上，权威主义”，以及“笼统无知”是改革开放前的中国人被公认的国民劣根性。其中，最受指责的前两项国民劣根性与道德问题重合：它们所包含或与之相关联的内容远远超出这四个词语的含义，可以具体化为许许多多“条目”，但归根结底就是国民公德的缺乏；改革开放后，批判国民公德缺乏的声音依旧不绝于耳。可以看出，随着时间的推移和经济生活方式的转变，对国民公德缺乏的体认已经从最初的小部分志士仁人小团体扩展至广大民众。

关于认识和评价中国国民性，笔者认为，国民性在很大程度上反映了一个民族国家的文化，而每一种文化自身都是一个整体，相互关联，正反共存，对立统一。相应地，这些关系也同样反映在国民性方面。其一，中国国民性的许多方面往往相互关联，既彼此促进，又彼此制约。比如安贫乐道、吃苦耐劳、省俭撙节、知足常乐、听天由命、缺乏进取精神、缺乏竞争意识、缺乏创新精神、缺乏好奇心、爱好和平、坚韧能忍、适应力强、不求精确等；再比如家族至上、尊卑上下、欺软怕硬、窝里斗、保守、自私自利、虚伪欺瞒、口是心非、缺乏公德、缺乏独立精神、随大流等。其二，中国国民性的许多方面又常常正反共存，对立统一，有人称之为“双重人格”。如“重形式又好实际”，比如公园总爱设计成蜿蜒曲折的小路，但事实上，总有很多人宁愿“踩草坪”走直线(如果没有道德舆论的压力，走直线的人恐怕更多)；“自强不

① 郑欣森．文化批判与国民性改造．西安：陕西人民出版社，1988：9.

② 刘智峰．道德中国．北京：中国社会科学出版社，1999：108.

息又听天由命"，正如林语堂在《中国人》中说，"中国人成功时都是儒家，失败时则是道家。"①儒家建设奋斗，道家冷眼旁观，外加一声叹息"唉，都是命！""麻木不仁又慈悲善良"，多少新闻报道歹徒行凶时，旁人视而不见，与此同时，任何受观众喜爱的影视剧中的角色，都有一个共性，那就是善良。"勤俭节约又铺张浪费"，试拿一般家庭平时的一日三餐对比婚丧嫁娶的宴席就一目了然，等等。由此看来，改造国民性应该首先从"牵一发而动全身"的文化赖以生存的土壤着手，如经济基础(包括物质生产方式、分配方式、运行体制等)、政治制度，而不仅仅是表面的文化本身。

(2)理想国民的设计

思想先驱们对理想国民的设计建立在国民"有"和"无"的基础上。"有"是指有哪些国民劣根性需要根除；"无"是指对比时代要求看看中国人最缺乏哪些国民性。不同时期，围绕不同的时代主题，先驱们对理想国民的设计也不尽相同。

19世纪末至20世纪初，"新民"的重点在"新国"。"亡国灭种"的压力迫使这一时期的思想先驱急切地去寻找中国社会积贫积弱的原因，最终将目光深入到国民人格的缺失和病态中。严复在对比中西国民性的基础上，得出当时"民力已茶，民智已卑，民德已薄"②的国民素质现状，进而提出"鼓民力、开民智、新民德"的"三民"主张。梁启超继承并发展了严复的"三民"主义，认为中国之所以贫弱不振，是因为中国人"愚陋、怯弱、涣散、混浊"。具体而言，他认为中国人有四大弱点："爱国心之薄弱""公共心之缺乏""独立性之柔脆""自治力之欠缺"。因而其代表作《新民说》通篇的主旨就在于塑造近代社会的理想人格形象"新民"——有国家至上的团体意识；自由、自治、进步、合群的公德意识；敢于进取、敢于冒险的竞争意识；维护权力、恪尽义务的法律意识等。可以看出，严复、梁启超"新民"的目标都是把封建专制束缚下的"臣民"转变成近代资产阶级国民。不过，这种"新民"强调的是其"群性"，即有利于民族主义的一面(极其强调爱国主义)，相对忽略了个人的生命、价值、尊严等个性内容。

辛亥革命至五四运动时期，"新民"思潮发展到真正的"立人"阶段。以鲁

① 林语堂．中国人．上海：学林出版社，2001：67.

② 严复．原强修订稿//王栻．严复集(第1册)．北京：中华书局，1986：18—21.

迅、陈独秀、李大钊、胡适、晏阳初等为代表的启蒙思想家，一方面致力于抨击封建传统文化对人性的残害、桎梏，控诉“吃人”的封建“礼教”，如陈独秀认为：中国所以受屈于西方列强，根本原因在于抵抗力的缺乏，而这又要归咎于中国封建传统文化的毒害，“老尚雌退，儒崇礼让，佛论空无……”①只要中国处于这种文化的统治之下，中国就永远不会有强大之日；鲁迅更是痛斥造成中国国民麻木、奴性、愚昧、迷信、怯弱等的封建等级文化。另一方面，他们主张以资产阶级启蒙思想中的科学、理性、自由、民主、平等、博爱等精神来塑造独立个体，并且在道德上提倡“合理利己”主义和“个人本位”主义，达到“立人”的目的，认为“人立而后凡事举”。这在中国历史上首次确立了以人为出发点和最终价值尺度的国民性改造的思想基点。

新中国成立前后至改革开放前，以毛泽东为代表的中国共产党第一代领导人创造性地建构了无产阶级的国民形象——具有阶级意识的无产阶级新人，“又红又专”，以革命的集体主义价值观为基本的价值取向，体现着团结、互助，以及乐观向上的“红太阳”精神。这一时期的“国民性改造”思想围绕“社会主义改造”和“社会主义建设”的时代命题，以“阶级斗争”为纲，着重解决个体与集体、物质与精神的相互关系。

改革开放后，以邓小平为代表的中国共产党第二代领导集体根据国情，提出了与“大力发展生产力”的经济方针相适应的“新人”理想，即“四有”(有理想、有道德、有文化、有纪律)新人，希望在借鉴西方先进的物质文明的同时，能够抵制西方资产阶级“自由化”等腐朽思想的侵害。

当前，在改革开放已过30年的今天，具有中国特色的社会主义市场经济的发展尚不完善，在“大力发展生产力”的过程中，获利取得了价值评价优先权，整个社会都处在一种博弈之中，基于博弈论而建立的交往理性希冀用小成本来获取道德上的“善”，个人应当承担的责任成为一种建立在成本——收益模型上的社会经济学，人与人之间的交往成为一种检测有用性的功利主义诉求。出于对这种片面发展的“单向度的人”补偏救弊的需要，“全面和谐发展的个体”被提出作为今天的理想国民形象。

(3)改造国民性的方法与途径

提出“新民”的目标还只是“新民”的前提，关键是用何种方法来达到这些

① 陈独秀．抵抗力//独秀文存．合肥：安徽人民出版社，1987：25.

目标。在这个方面，思想先驱们进行了积极可贵的探索。宏观层面，不少有识之士主张改革政治制度；中观层面，思想先驱们主张办报新民、文艺新民、教育新民等。其中，教育新民被作为一条极其重要的途径。

教育新民。从“戊戌维新”时起，思想先驱主张中国的传统教育必须“改弦更张”，科举制度必须废除，同时，他们主张引进西方教育制度，认为只有此举才是培养有用之才的唯一途径。与此同时，教育领域的有识之士也都积极响应“新民”的历史号召，将“新民”的理论付诸实践。一时之间，“以教育自任，以开化为职，播革命之种子，涌独立之风潮”①的学校、学堂、夜校、公共讲堂等纷纷成立，蔚为壮观。随后1905年科举制度的废除、1912年新学制的正式颁布、20世纪二三十年代的“平民教育思潮”、20世纪80年代“义务教育”的大力推行、20世纪90年代“素质教育”的勃兴等，都是“教育新民”的举措。

办报新民。梁启超曾道：“报馆者，国家之耳目也，喉舌也，人群之镜也，文坛之王也，将来之灯也，现在之粮也。”②他还指出报纸的作用主要有两点：“一曰对于政府而为其监督者，二曰对于国民而为其响导者。”③报刊作为近代以来的一种重要舆论宣传工具，一方面可以培养国民关心时政的参与意识；另一方面能够通过有选择性的内容呈现，以及有引导性的价值评判，“潜移默化”地改造国民的思想。因此，严复、章太炎、梁启超等都曾对办报投入极大的精力，如《清议报》《新民丛报》《东方杂志》《新青年》等，都是不同时期改造国民性的阵地。当然，办报需要以启动平民的“文字教育”工程为前提，否则容易流于少数“精英”的运动形式。这方面不是没有教训的。

文艺新民。小说、民谣、戏剧、诗歌、电影等作为大众喜闻乐见的娱乐形式，也曾被充分利用起来改造国民性。小说“源于生活，高于生活”——选取群众身边的、为群众所熟悉的素材，再现“百姓日用而不自知”的生活方式、思维方式、价值观念等，在讽刺或讴歌他人他事的同时，能够促人对照反省；民谣、诗歌等直接把大众的好恶以朗朗上口的语言形式抒发出来，要么如诉衷肠，要么引吭呼唤。其特点是爱憎分明、流传快、感染力强、号召性强，

---

① 刘增合．二十世纪初趋新社群对国民性问题的关注．江西社会科学，1998(2).

② 梁启超．清议报一百册祝辞并论报馆之责任及本馆之经历//饮冰室合集·文集之6．上海：中华书局，1936：49.

③ 梁启超．敬告我同业诸君//梁启超全集．北京：北京出版社，1999：36.

经其引导容易形成强大的合力(凝聚力)，如国歌；戏剧和电影，因其表演的生动性，能将现实生活中的黑暗和丑恶集中、放大，“赤裸裸”地揭露其“真面目”，达到辛辣讽刺的效果；同时，也能将现实生活中的光明和美好“复印”，然后到处散播，起到鼓舞人心的作用。

除上述这些主要的“外塑”形式外，还有梁启超曾提出的“内省”法。梁启超深受中国传统文化影响，他认为，“自新”是“新民”的一个重要途径，即内修而成新民。正如“《大学》曰：作新民，能去其旧染之污者谓之自新，能去社会旧染之污者谓之新民。若是者非悔末由。悔也者，进步之原动力也”。据此，梁启超认为：“新民云者，非新者一人，而新之者又一人也，则在吾民之各自新而已。”①

值得注意的是，改造国民“劣根性”不可能把国民愚昧、保守、不思进取、狭隘、自私自利等一条条“罪状”单独删除，而需要用新的内容来取代旧有的位置。这也称之为有“破”有“立”。

3. 对近代我国国民性改造思潮的反思和评价

国民性改造思潮发起于国难当头的危机时刻，其初衷在于救亡图存，富国强民，也就是说其出发点是一种积极强烈的爱国主义。近代中国救亡图存的焦点上凝聚着两个课题：作为客体的政治经济结构的近代化和作为主体的文化心理结构的近代化(即人的近代化)，这是一个双重近代化的过程。一个世纪之后的今天，当我们作为20世纪差点沦为“亡国奴”的中国人的后代，能够从容坐而论道，已经多少说明了“新民”思潮的进步意义：中国没有亡国灭种！虽然这个成果并不是“新民”思潮的“独家”功劳，但“洋务运动”“戊戌变法”的失败，已经从反面证明：没有“新民”是万万不行的。因此，从“新民”思潮的初衷来看，其社会进步意义不容否认。

其一，“新民”思潮是一种追求人的近代化的进步思潮，在一定程度上提高了国民素质。它是以近代工业文明取代传统农业文明，从而改造中国人传统行为方式和社会心理结构的思想启蒙运动。

其二，“新民”思潮引发了近代知识分子对于封建文化传统的深刻反省，同时发挥了巨大的启蒙作用，促进了中国人的近代化。中国的近代社会变革

① 梁启超．论新民为今日中国第一急务//中国启蒙思想文库(新民说)．沈阳：辽宁人民出版社，1994：3.

经历了从物质到制度，再到思想的一个变化过程。"新民"思想自产生之时就伴随着对中国封建文化传统的反思批判，同时瞄准了西人所具备并且正是国人所缺乏的独立、自由、进取等西方早期启蒙精神。正是对国民所缺乏的这些代表进步的西方启蒙精神的引进、介绍和宣传，使"新民"思想充当了"由接受初步启蒙洗礼而走向更开阔更解放的思想境界的媒介"①。今天，越来越多的国人逐渐领悟并践行着人的现代化对人提出的要求，诸如独立、平等、公平竞争、守时等，体现了"新民"的成就。

其三，"新民"思潮促进了我国政治经济结构的近代化。推翻封建专制政体、追求近代民主政治，以及逐渐由传统落后的封建自然经济的"小农生产方式"过渡到近代工业化大生产，都是"新民"的要求。它给整个社会注入了勃勃生机，带来了国民经济的高速增长和国民生活质量的普遍改善。

由此可见，"新民"思潮确实在一定程度上实现了强民富国的愿望，它的社会功绩无论如何都不应被抹杀。"新民"思想是对中国文化传统的深刻反省，是改造中国社会隐形结构的关键所在。它是中国近代思想先驱寻求摆脱封建专制束缚、追求近代民主政治的反映，是封建专制社会向近代民主社会演进的体现。

然而，时代的局限性也给"新民"思潮留下了不少"瑕疵"：第一，关于中国国民性的客观评价。发动"新民"思潮的进步人士，对中国国民性的否定性评价太多，且用词尖刻，正面肯定的太少，几乎给人"一无是处"的印象，容易造成国人"自暴自弃"心理的形成。第二，关于国民"劣根性"形成的原因。无论是严复、梁启超这样的思想大师，还是一般进步人士，都认识到民众赤贫的经济状况和封建专制制度及与之相倚的封建纲常礼教是导致"民德薄"的几个重要因素，但在论述国民性改造的过程中，又常常忽视了经济因素的影响。第三，关于"新民"的途径。多数思想先驱都脱离了社会实践去讲"新民"的造就，成为"空谈"，尤其是缺乏政治、文化和经济的综合改造意识。第四，"新民"思想的功利主义价值观取向惯性力量太大。第五，从"新民"思想的提出到改革开放前，它一直未能妥善解决与政治革命之间的关系。

"新民"想要达到的是启蒙的目标即思维方式的革新，即从传统的以道德本体主义为中心的思维模式转变成为以知性为基础的理性思维模式。然而，

① 李泽厚．中国近代思想史论．北京：人民出版社，1979：429.

"新民"思想家自身又被中国数千年的传统思维模式逐渐吞噬、消化进去了！严复如此，梁启超如此，后来有更多的人走的都是这条路，这说明什么？这至少反映了中国传统思维方式的强大惯性，同时也说明"当你对传统不去做探究而以为它对你并不构成任何影响时，事实上它也就会对你发生最大的影响"①。

（二）相关概念辨析

学术界一般是把"新民"思潮当做一个整体来进行研究，因为其内容关系密切，尤其是"开民智"和"新民德"之间。本书之所以只选取"新民德"这一个方面作为研究对象，考虑有三：其一，按照严复的观点，"新民"大致分为"鼓民力、开民智、新民德"三方面的内容，后继者虽然没有明确"跟风"，但大概也没跳出这个框架；其二，虽然"鼓民力、开民智、新民德"三方面内容是"新民"的有机整体，但毕竟性质不同，故难度有别，而"新民德"则一般被公认为"最难"；其三，从前人研究成果来看，似乎对"新民"理论的研究太过注重"新民德"，如在探讨国民性改造中民德与民智的关系时，新民思想家往往表现出重德轻智的倾向。然而，反观实践，却往往并非如此——偏重"开民智"一隅，把"新民"的内涵理解为文化知识的学习和受教育程度，却常常是现实中的实际状况。综合以上三点来看，在"新民德"方面，显然还需要我们进一步重点着力。

研究"国民性改造"思潮发现，思想先驱们对中国国民性的批判往往和对国民道德的抨击联系在一起，并且对国民道德的鞭挞尤其集中在"缺乏公德"方面。国民性问题与道德问题有什么关系？道德问题与国民性问题具有一定的重合性；国民性问题，往往体现为道德问题（当然并非完全是）。"许多国民性的弊端无论在所谓'旧道德'，还是在'新道德'那里，都是难过关卡的劣质品"；同理，"一个在道德上不过关的人，他身上所体现的国民性肯定就更恶劣"②。

"新民"一词，源自《礼记·大学》。《大学》开篇提出："大学之道，在明

① 石元康．从中国文化到现代性：典范转移．北京：生活·读书·新知三联书店，2000：35.

② 谭德晶．鲁迅小说与国民性问题探索．北京：中国社会科学出版社，2004：28，49.

明德，在亲民，在止于至善。"朱熹在《四书章句集注》之《大学章句》中说："程子曰：'亲，当做新。'新者，革其旧之谓也，言既明其明德，又当推己及人，使之亦有以去其旧染之污也。"在此意义上，"新"为动词，"新民"指"新其民"，即对民众的革新，也就相当于"改造国民性"之意。不过，后来者在使用"新民"一词时，也经常将"新"当做形容词，"新民"即"新之民"之意，一种符合时代发展要求的新的人格。比较滑稽的是，很多激进的思想先驱们"新民"的要求在于彻底抛弃我国传统，而去接受他们认为代表进步的西方文化，但"新民"这个思想核心词汇都得从"老祖宗"的遗产中"淘宝"。

"新民"一词虽然最早见诸《大学》篇，但却是以梁启超为代表的几代志士仁人在近代中国特定历史条件下赋予其特定的历史内涵，并将"新民"观念上升为新民理论。19 世纪末 20 世纪初，中华民族屡遭列强欺侮，危在旦夕，无数爱国志士意欲集合吾四万万同胞的德、智、财、力等以救亡图存，无奈发现多数民众竟然对国家危难置若罔闻！爱国志士痛心疾首的同时，开始反思导致国家落后挨打被动局面形成的根源，最终一致认为中国国民整体上存在的诸多"劣根性"才是祸国殃民的罪魁祸首，于是发出了"改造国民性"以"新民"的呐喊！从 1902—1906 年，梁启超在《新民丛报》连载他的 10 万字的新著《新民说》，全面剖析了几千年封建文化积淀在中国人心灵深处的国民性的种种弊端及其根源，阐述了新民的必要性、理想模式和实现途径，形成了第一个系统的改造国民性理论——新民理论。梁启超表示《新民丛报》的宗旨就是新民说的主旨所在："本报取《大学》新民之义，以维新吾国，当先维新吾民"①。在当时的历史条件下，新民即变封建专制制度下的"臣民"为近代资产阶级"国民"。后来在不同的历史阶段，不同学者对理想"新民"又有不同的设计，但其实质都脱离不了"提高中华民族的全民素质"这一核心。

"新民德"是"新民"的其中一个内容或者说维度，初现于严复的著名政论文《原强》，与"鼓民力""开民智"并列作为"新民"的三大目标任务。严复所谓的"新民德"，是指用资产阶级民主政治下的自由、平等、博爱等代替中国封建宗法道德，虽然也提及过"公德"问题，但主要侧重"人权"角度的公民政治伦理；梁启超继承并发展了严复"新民德"的思想。他所谓的"新民德"核心内

① 丁文江，赵丰田．梁启超年谱长编．上海：上海人民出版社，1983：272.

容是包括国家公德和社会公德(狭义的公德)在内的“广义的公德”，不过侧重国家公德。从广义上讲，“新民德”就是传统道德向近现代道德的转型；从狭义上讲，“新民德”就是以培养国民“公德”为核心。“新民德”的“新”，在本书主要用作动词，作革新、更新讲。“新民德”是“新民”的中心环节，也是最难突破的一个环节。严复早就指出，“新民德之事，尤为三者(鼓民力、开民智、新民德)之最难”；梁启超也道：“智与力就甚易，惟德最难。”“民德之高下，乃国之存亡所由系也”；五四时期，新文化运动的领导人物陈独秀提出“伦理的觉悟是吾人最后觉悟之最后觉悟”①的口号；国民性改造的中坚力量鲁迅在进行国民性批判时几乎总是和各种道德问题联系在一起……都说明了“新民德”任务的艰巨性。

1.“新民德”与“开民智”

“新民德”与“开民智”密切相关。简单而言，“开民智”是“新民德”的基础。诚所谓首先要博学致智，然后才有可能懿德茂行。概观世界的公民教育课程我们可以看到，无论哪个国家的课程都十分重视知识在陶冶人的情操和培养人的意识方面的价值。因此，“新民德”首先要避开蒙昧主义的危害，将理性思维引入伦理道德领域。“新民德”要想取得长效，不应忽视“开民智”，更不应放弃“开民智”。但“新民德”跟“开民智”性质不同，它要求更高。“新民德”不仅仅在于对旧的伦理道德进行深刻的批判，更要使新的伦理道德成为社会生活的基本原则，尤其是要使新的道德和思想成为人们的内在素质，即“新民德”不仅要树立一种新的观念，更要把这种新的观念转化为人们现实的品德。一言以蔽之，“新民德”期望道德观念意识和道德行为模式的统一。

2.“公德”与“私德”

“公德”与“私德”有别却又因为彼此存在着千丝万缕的联系而难以截然二分。中国传统道德没有专门将“公德”与“私德”区分开来，所以说“公德”于中国人而言属外发而非内生型概念。自“公德”观念传入我国以来，后世不少学者力求阐明“公德”“私德”之别，代表性的观点如梁启超云，何谓私德？即“人人独善其身”及“一私人与他私人交涉的道义”；何谓公德？即“人人相善其群”②。北京师范大学公民教育与道德教育研究中心主任、国家社科基金“十一

① 陈独秀．吾人最后觉悟//独秀文存．合肥：安徽人民出版社，1987：41.

② 梁启超．论公德//中国启蒙思想文库(新民说)，沈阳：辽宁人民出版社，1994：16.

五”重点课题“学校公民教育研究”首席科学家檀传宝教授说：“热心参与公共事务是对公民的基本要求。在参与过程中，个人品质、公德水准，都是影响参与质量的重要因素，在这一点上，公民教育与传统德育是有交叉的。但在公民教育中，必须更侧重公德教育。何为‘公德’？何为‘私德’？二者的区别就在于道德规则体现于公共领域还是私人领域。”①著名伦理学家万俊人对此研究较深，他认为，所谓“公德”，简单地说，就是社会公民个体在参与社会公共生活的实践过程中，所应当具备的社会公共伦理品质或实际展示出来的卓越的、具有公共示范意义的社会美德。“公德”与“私德”两者的区别与联系在于：前者只关乎社会公共领域或公共生活，而后者则单指私人生活领域的个体道德。用黑格尔的话说，前者属于“伦理”的范畴，具有其市民社会的客观性；而后者则属于纯“道德”的范畴，只具有道德意志主体的主观性。此其一。其二，“公德”是作为社会或国家之公民的个体在其遵循或履行社会公共伦理规范的实践中，逐渐养成的具有公共普适意义的美德伦理品质，诸如：文明礼貌(civility)、正义感、社会责任感、平等、宽容、诚信、感恩、同情心、互助、仁慈、爱国主义、人道主义和国际主义等；而“私德”则一般是指个人基于自身人生目的的道德修养和私人生活领域内的道义承诺，限于个人人格自我和自然人伦关系的道德伦理范畴，诸如：人生理想或自我完善、基于个人宗教信仰的价值追求和自我牺牲、父慈子孝、人伦义务等。前者是社会相互性并具有社会公共示范意义和普遍约束力的公共美德，而后者却并不具备这种社会公共示范和普遍伦理约束力。其三，尽管“公德”与“私德”之间存在上述区别，但两者的区别并不是截然两分、毫无关联的。在通常情况下，我们无法期待一个毫无私德的人能够成就优秀的公民道德，反过来，我们也难以想象一个具有优良公德的社会公民会是一个私德败坏的恶棍。原因在于，无论是作为社会公民，还是作为一个纯粹的私人个体，其人格主体都只能是同一个道德人格主体，因而具有同一的人格认同和人格特性。个人的公民身份与私人个体身份虽然属于两种意义不同的人格身份，但终究属于同一个生命行为主体或人格主体。②

综上所述，本书认为，“私德”主要是指个人修养、品性，以及建立在血

① 宋晓梦．传统德育向公民教育延伸——走访教育界专家学者．光明日报，2008-04-18.

② 万俊人．公民美德与政治文明．光明日报，2007-06-19.

缘姻亲和朋友、邻里关系基础上的熟人社会中的人与人之间的道德准则，诸如父慈子孝、兄友弟恭、朋友有信等。“公德”与“私德”的本质区分不在于如何表述一项德行，而在于某一德行是否建立在社会公共场域(合)，以及是否发生在陌生人之间。公共场域与公共空间并非等同的概念。学者陈弱水将公共场域界定为“个人与公共财产或无特定关系人所构成的共同场域”，并认为这个场域包括两个部分，一是空间的性质；二是行为影响力的范围——而非用特定的时空因素来做界定。① 例如，一个只有同学、朋友或家人的电梯，可以算是私人场合，当一个陌生人走进来后，它的性质就起了变化。中国传统道德中也可以抽取出约之以礼、恭敬谦让，以和为贵、和谐相处，与人为善、乐于助人，尊老爱幼、扶贫济弱等道德条目，而且用当今的眼光来审视，这些道德条目很显然反映的是“公德”德行，但为什么中国传统道德被认为“重私德，轻公德”？原因就在于中国传统小农经济社会的公共生活很不发达，人与人之间的交往主要局限于熟人社会，缺乏“公德”产生和存在的土壤和场域。而现代社会之所以对“公德”产生强烈需要，是因为现代社会人们的生活范围逐渐扩大，早已超越了熟人“圈子”。

3. 学校教育“新民德”与传统学校德育、学校公民教育

众所周知，中国传统学校德育重私德培养，即重学生个人美德的培养，而对公共生活的参与、批判、监督意识和能力的培养关注不够。学校教育“新民德”并不是在传统学校德育课程之外另开设的一门课程，而是要求侧重私德培养的传统学校德育向侧重公德培育的近现代德育转型，以公德培育作为学校德育新的着力点。

当前，不少教育界人士主张并大力推动传统学校德育向公民教育延伸，新一轮中小学德育课程改革便反映了这一趋向：新课程较大程度地突破了传统的德育课程所固有的目标定位和内容框架的设计，将现代社会对于公民培养的诉求纳入新课程的构建之中。正如某学者所言，“品德与社会课是我国新时期公民课程建设的初级阶段”②。学校公民教育是当前教育领域的一大热点，由北京师范大学“公民与道德教育研究中心”主任檀传宝教授主持的“学校公民教育研究”项目能成功获得国家社科基金“十一五”重点课题资助，从中可见一

① 陈弱水．公共意识与中国文化．北京：新星出版社，2006：29—30.

② 高峡．从公民教育的视角看品德与社会课．全球教育展望，2007(8).

斑。有的学者为了突显公民教育的重要性，专门编撰了公民教育读物，拟作为校本教材，有代表性的如北京理工大学杨东平教授主编、由北京大学出版社出版的一套面向中小学生的《新公民读本》，把公民教育的内涵概括为"公民道德、公民价值、公民知识和公民能力"。值得注意的是，现代公民教育观既有强调以人权为基础的公民教育，也有强调以道德为基础的公民教育，而公民教育在我国本土化过程中倡导的是以道德教育为核心的公民教育①。近年来各地方/大学纷纷建立以"公民与道德教育研究中心"命名的机构，以及诸如"以道德教育为中心的公民教育""以德行为基础的公民教育""公民道德教育""公民与道德教育"等提法，在一定程度上反映了这一特征。因此，尽管公民教育所涵盖的内容远远不止公德教育，但是公德教育却是我国学校公民教育的核心组成部分。

综上所述，学校教育"新民德"、学校公民教育都是传统学校德育在新的历史条件下的转型和拓展，它们和现行学校德育载体是融合的，可以统一在"学校德育"这样一个称谓里，只是更强调挖掘以往未曾受到观照的"公德"教育意义上的课程价值。不过，学校教育"新民德"和学校公民教育二者并不能因为共同高度关注"公德"这一核心而等同。学校教育"新民德"可以简化为学校公德教育，它可以被包含在学校公民教育内涵之中，即后者的内涵更广。同理，研究学校教育"新民德"，可以从学校公民教育中提取素材，如民国时期中小学就曾开设过公民课。

当今世界发达国家的学校公德教育一般以公民教育为主渠道；而我国近代以来的中小学校只断断续续开展过公民教育。不过，应该指出的是，虽然在有些历史时期，我国未在学校教育中设有以"公民"命名的课程，但也均不同程度地关注过公德教育的内容。

三、相关研究综述

迄今为止，学校教育领域鲜有专门以"新民德"为主题进行的研究。学术界关于"新民德"的研究主要有以下两种视角：

第一，中国思想史研究角度。这个角度的研究可细分为两种情形：一是把"新民德"放在"新民"思潮（想）或"国民性改造"思潮（想）研究框架内研究。这是

---

① 高峡．从公民教育的视角看品德与社会课．全球教育展望，2007(8).

"新民德"最常见的研究形式。代表性的研究成果专著如俞祖华著《深沉的民族反省：中国近代改造国民性思潮研究》(济南：山东人民出版社，1996)，这是第一部系统研究近代中国改造国民性思潮的专著。该书以波澜壮阔的社会变革为背景，注意到人的文化心理问题在中国近代社会发展历程中的地位，凸显了人的近代化这一主题。就人物论，该书没有局限于个别剖析国民性的国手、大师，而兼及龚自珍、魏源、洪仁轩、严复、邹容等近代的思想界巨子，乃至许多普通的知识分子对传统国民性所抒发的忧思。此外，该著不囿成说，对史实人物常有颇富新意的评判。另有王德复著《民族复兴新论：国民性重铸与改革》(北京：中央文献出版社，2005)；袁宏亮著《人的现代化——中国近代国民性改造思想研究》(北京：人民出版社，2005)一书，将国民性改造限定在鸦片战争前后至戊戌维新之前、辛亥革命后至五四运动爆发前、五四运动后期至第一次国内革命战争前三个阶段，分别考察了中国近代国民性改造思想的发展历程、基本内容及其所隐含的主要内在冲突，并对其做出了中肯和深刻的评价。该著作的不足是将研究停留在第一次国内革命战争前期，没有继续考察和研究中国近代国民性改造思想对当代中国人的解放和开发问题的启示。

代表性的研究成果期刊如《论梁启超的启蒙"三民"主义》①指出，梁启超的启蒙"三民"主义是开民智、新民德、养民力，它是渐进的、启蒙的资产阶级救国纲领，急起急落，以1902—1906年《新民说》的发表为确立和发展标志。其中，关于"新民德"，所论甚多，是全书的主干和精华所在。该文还指出，梁氏首次在中国思想界提倡"发明一种新道德"，即提倡公德。《"新民"与强国——严复、梁启超"新民"学说评析》②认为，"新民说"是中国近代史上维新思潮中的重要内容。文章从"新民说"的产生、内容、价值、实质等层面对其进行了评析。既肯定其历史的价值，又揭示其阶级局限性；力图通过对历史的回溯，诠释我们以教育为本，科技立国，提高民族文化素质，促进社会主义四化建设的历史起点和现实要求。《"四有"新人论是对中国近代以来国民性改造的科学总结》③指出，"国民性改造"是戊戌维新失败后出现的一个词语。

① 方志钦．论梁启超的启蒙"三民"主义．广东社会科学，1986(4).

② 田文军．"新民"与强国——严复、梁启超"新民"学说评析．武汉大学学报(社会科学版)，1992(3).

③ 谭献民．"四有"新人论是对中国近代以来国民性改造的科学总结．毛泽东思想论坛，1997(2).

系指思想文化道德建设方面的问题，即是精神文明建设——人的素质问题。邓小平提出的"有理想、有道德、有文化、有纪律"的新人，科学地总结了中国近代以来一个半世纪国民性改造的历史经验。《解放个性与强化整体的双重变奏——严复人生哲学论纲》①指出，近代中国思想家面临双重的启蒙任务：既要解放个性以反对封建专制统治，又要强化整体以抵抗帝国主义侵略。为回应时代课题，严复通过改造达尔文、赫胥黎、斯宾塞等人的进化思想，又吸收中国传统人生哲学素养，形成了以突出人的因素在世界进化过程中的作用为特征的天演观。他明确提出"民"为国之"本"，救国之"根本"在于"鼓民力、开民智、新民德"；强调"民"是个体与整体的统一。文章还指出，严复所谓的"新民德"就是运用西方的民主、自由、平等观念教育人民，培养人民的爱国心和社会公德，增强每个人的自信心和自尊心。《"新民"的理想　市民的现实——关于社会主体力量的转移》②指出，中国在走向现代化的起步阶段就意识到，实现社会的现代化，首先有赖于实现人的现代化，至少二者需同步进行，不可偏废。对此，一个有力的佐证，就是发生在20世纪初的一件极具象征意义的事：1902年，改良主义的宣传家梁启超开始发表他的有名的《新民说》，正式提出了他的"开民智，鼓民力，新民德"的思想纲领。从那时起，100年来少数先进人物，一直以"新民"为己任。一部中国百年史，简直可以说就是一部记录"新民"的理论与实践的历史。《鲁迅国民性改造思想的发展轨迹》③认为，鲁迅国民性改造思想伴随着他思想的进步在不同时期有不同的表现：早期以资产阶级民主主义思想为指导，表现为"立人"的个性解放思想；中期则以批判现实主义为指导，注重对国民劣根性及其产生原因的"文明批评"和"社会批评"；后期以马克思主义思想为指导，用阶级分析的方法系统地阐述了国民劣根性的深层根源和"民族魂"的铸造。此外，还有《论严复的启蒙"三民"主义》《对中国思想史中人的素质思想的考察》《略论晚清"新民思潮"》《近代国家观——梁启超新民思想的理论基础》《论孙中山改造国民性的思想》《论五四时期陈独秀的改造国民性思想》等诸多论文。

二是把"新民德"放在伦理思想史范畴内研究。代表性的研究成果专著如

① 阮青．解放个性与强化整体的双重变奏——严复人生哲学论纲．齐鲁学刊，1999(4).

② 庞树奇．"新民"的理想　市民的现实——关于社会主体力量的转移．学术月刊，1995(4).

③ 郭国祥．鲁迅国民性改造思想的发展轨迹．兰州学刊，2005(2).

吕滨著《新民伦理与新国家：梁启超伦理思想研究》(九江：江西教育出版社，2000)。该书指出，由“价值道德观”向“规则道德观”的过渡，是西方伦理思想由传统向现代转变的一个趋势。梁启超一方面从理智上推崇“规则道德观”；另一方面又无法从感情上与本国伦理传统割裂，这种理智与感情的冲突，使得梁启超的伦理思想显得十分庞杂，观点也难免时常冲突和多变。代表性的期刊论文有《严复与道德重建》①指出，中日甲午战争失败后针对当时“智卑德漓”的社会现状，严复提出了新民德的口号，呼吁开展道德重建，并考察了当时中国社会之所以道德败坏、人心散失的原因，把自由、平等的原则引进伦理领域，提出先有平等的社会，才会有独立自主的人格，进而才会形成新的社会道德品格。他把自利第一、合理利己作为理想的新道德的内容，期望以此来革除旧道德，形成新的社会习尚。严复的理论对封建道德腐朽没落的一面作了无情的揭露，分析了其来龙去脉，并且提出道德重建要有政治背景、经济基础、人格条件，这些看法对开展新道德的建设很有意义。《梁启超对新民伦理的探讨》②指出，改造国民道德是梁启超伦理思想的根本任务。梁启超认为，新民伦理居于新民的中心地位，道德建设是人的现代化的中心环节。他的《新民说》形成了中国近代第一个系统的改造国民性理论——新民理论，从公德与私利、利己与利他、独立与合群、权利与义务、自由与服从五对道德规范探讨国民新道德；《严复与传统伦理道德思想近代化》③指出，面临中、西文化的激烈碰撞，严复从哲学角度认真审视传统伦理道德观念，提倡“鼓民力，开民智，新民德”，坚持引用西学与改造中国传统伦理道德，以增强国民素质，顺应历史发展潮流。《梁启超与中国伦理思想的现代转型》④，以书评形式介绍了吕滨著《新民伦理与新国家：梁启超伦理思想研究》《论公民伦理——兼谈梁启超的“公德”、“私德”问题》⑤并认为，公民伦理是人们在公共生活或公共交往中可以相互地提出的那些有效性要求，即诉诸于对于他人的恰当的尊重的态度和出于这种态度的恰当的行为习惯。公民关系的自然基础是由兄

① 汪海萍．严复与道德重建．学术月刊，1998(9).

② 吕滨．梁启超对新民伦理的探讨．江西社会科学，2000(7).

③ 林平汉．严复与传统伦理道德思想近代化．世纪桥，2001(2).

④ 尤迪勇．梁启超与中国伦理思想的现代转型．江西社会科学，2001(5).

⑤ 廖申白．论公民伦理——兼谈梁启超的“公德”“私德”问题．中国人民大学学报，2005(3).

弟关系引申的同邦人关系。公民伦理只在同陌生人的关系对人们来说成为重要的生活关系，人们对陌生人的排斥心理已经基本消除，并且把他(们)当做与自身地位同等的公民而相互对待时才是生活的伦理。梁启超曾试图用“私德”“公德”概念分析私人生活、私人交往与公共交往生活的不同准则含义，但由于没有引入对交往的分析，使得这两个概念一个变得过于宽泛，一个变得过于褊狭，都不具有分析的意义。《严复进化论伦理思想述评》①指出，严复的伦理思想深受西学尤其是达尔文生物进化论的影响。严复认为，中国在近代被动挨打的现实应验了“物竞天择、适者生存”的自然规律，所以中国要想改变自己的历史命运就必须首先对中国人落后的国民性和低下的国民素质进行彻底的改造。为此，严复将进化论的自然法则运用到了人类社会发展的历史领域，形成了其独特的以“鼓民力、开民智、新民德”主张为核心，以倡导西学、道德重建、人格重塑为实质内容，以功利主义为特征的进化论伦理思想。此外，还有《梁启超的“公益之道”思想探析》等。

第二，从学校教育研究角度。这个角度的研究也可细分为两种情形，一是把“新民德”放在严复或梁启超的教育观中或者是从素质教育角度研究。代表性的研究成果主要是多篇期刊论文，例如：《试评严复的“教育救国”思想》②，从严复教育救国思想的形成与确立、教育救国思想的内涵、严复自身教育救国的努力与实践、教育救国思想的历史评价四个方面，肯定了严复作为资产阶级启蒙思想家对大批热血青年的教育启蒙，同时指出严复片面夸大了思想启蒙、教民治愚的作用，注定要走进死胡同。《简论严复“鼓民力、开民智、新民德”的教育观》③，以严复“自由为体，民主为用”的中西文化观为理论基础和逻辑起点，阐述了严复想从改良深层土壤即国民心理中的文化劣根性(国民心理结构)的角度提出改造传统文化、学习西方文化。严复认识到“土壤改良”不能“期之以骤”，是一个长期的潜移默化的过程，这一过程需要发挥教育的作用，通过教育“鼓民力”“开民智”“新民德”，以此改造国民的智力结构、伦理结构和病态的国民精神状态，这是中国走向富强的根本所在。《梁启超教育思想论略》④认为，梁启超教育思想的核心内容可以用“新民德”“开民

① 邹顺康．严复进化论伦理思想述评．西南师范大学学报(人文社会科学版)，2006(3).

② 张红．试评严复的“教育救国”思想．天津师大学报，1995(6).

③ 张永新．简论严复“鼓民力、开民智、新民德”的教育观．教育评论，1997(1).

④ 赵越智．梁启超教育思想论略．求是学刊，1995(2).

智”“鼓民力”来概括；《梁启超的教育思想研究》①，研究了戊戌变法时期至20世纪20年代梁启超先后发表的《变法通译》等十几篇教育论文，指出梁启超对教育宗旨的认识有一个从培养“政治人才”到培养具有国家思想、进取冒险精神、权利义务思想、自治能力等“公德”的“现代国民”(新民)的转变过程，并且为了培养“新民”，梁启超提出了从家庭教育到学校教育的一套较为完整的教育主张，其中关于义务教育思想、近代教育制度、新式学校、女子教育思想等，对我国传统教育向近代教育转型具有重要指导意义。《素质教育：两个世纪之交共同关注的焦点》②认为，19—20世纪之交，严复提出力、德、智的素质教育；20—21世纪之交，江泽民提出全面推进素质教育。二者虽然在形势背景、指导思想、素质内容、社会效果等方面有所不同，但都是回应时代的挑战，目的同是为了振兴中华，同是为了人的现代化，都推动了中国社会的发展。此外，还有很多相关方面的期刊论文如《论严复“三民”思想及其对当代教育的启示》《严复对教育革新的倡导及其实践》《梁启超对近代中国教育的主要贡献》《梁启超与中国教育近代化》，《论“新民”与近代教育——梁启超新民教育思想研究》《改造国民性应成为素质教育的重要内涵》，等等。

二是把“新民德”放在学校公德教育或学校公民教育的框架中研究。代表性的研究成果专著如学者刘国强和谢均才编著《变革中的两岸德育与公民教育》(香港：香港中文大学出版社，2004)，该著导言指出，德育和公民教育关系密切，其课程乃学校教育中直接推行学生价值教育的重要管道。中国自清末正式建立现代学制以来，德育和公民教育课程便受到相当重视，它起先被称为“修身”，内容强调人伦道德；其后为培育健全公民，超越狭隘个人本位主义范围，乃改为“公民”，内容包括政治、经济、法律与国际关系诸范畴。后因政治因素，于1929年改“公民”为“党义”，以三民主义思想为依归，着重于民族主义与爱国主义之教育。旋复于1932年改回“公民”，再度强调建国之理想与公民之重要性。是以两岸德育和公民教育课程可谓延续1949年前之传统。中国大陆与台湾自1949年起，虽经五十多年分隔，然而在德育和公民教育课程方面，均同样于义务教育阶段正式课程中设有专门科目；台湾学者陈弱水著《公共意识与中国文化》(北京：新星出版社，2006)，该书是一本对中

① 杨晓梅．梁启超的教育思想研究．学术交流，2004(5)．

② 江道源．素质教育：两个世纪之交共同关注的焦点．厦门特区党校学报，2001(5)．

国文化中的公共意识和社会公德理论非常具有解释力的著作。陈著初步考察了日本近代思潮与教育中的社会伦理问题，阐述了它对我国清末梁启超提倡于学校教育中实施以“公德”为主的“新民德”的影响。硕士学位论文如华东师范大学王晓莉的《论公德教育——社会转型期学校道德教育新内涵》和南京师范大学唐秀美的《学校在公民道德教育中的特殊作用研究》。前者基于对传统德育思想发展的历史梳理以及对社会转型的分析，从养成基本行为规范的底线道德教育，到基于公益、公平原则的公德教育，分三个层次逐渐深入剖析转型期学校公德教育的伦理基础和教学方式，并指出，学校进行公德教育应从基本的行为规范入手，逐渐引导学生学会以公益、公平的原则思考和解决社会问题；后者在分析公民道德教育不同实施者的不同作用基础上，着重阐述了学校在公民道德教育中特殊作用的表现，如学校是儿童从家庭走向社会的中介；学校向学生传授的是原理性知识，能从根本上解决学生的价值观问题；学校能为学生提供更多的公共道德生活的环境。主张学校进行公民道德教育的关键在课堂，辅之以社会实践活动，学校应以公民意识和道德的方式进行管理，还要整合社会和家庭中的公民道德教育资源。

相关期刊论文有《中国近代新公德观略论》[①]，指出，近代思想家们包括严复和梁启超等，都把公德问题作为“新民德”的重要方面，将其提升到救亡图存、爱国保种的高度，这种公德观是广义“公德”，即国家公德或全民公德，不是我们今天所说的狭义的社会公德。前者(近代新公德观)多是从个人与群体、个人与国家关系的角度进行论述的，并且为一定的政治目的服务，因此内容较为单一；后者(现代社会公德)大致包含三方面内容：公众交往道德、公共场所道德、环境道德；《严复的三育救国论与近代公民教育的发轫》[②]认为，严复在19世纪末提出的“鼓民力，开民智，新民德”的三育救国论不仅在中国首倡德智体三育并举的新教育，而且对民国初年兴起的公民教育起着重要的思想启蒙作用。这一理论为中国近代由人才教育向公民教育的转轨奠定了雄厚的基础，把国民素质问题与民族的生死存亡联系起来，并构建了以公民道德教育为核心、德智体全面发展的教育模式，为中国公民教育的发展指

① 关健瑛．中国近代新公德观略论．求是学刊，1997(4)．

② 黄仁贤．严复的三育救国论与近代公民教育的发轫．福建论坛(文史哲版)，2000(5)．

明了方向。《严复的“新民德”学说与近代公民道德教育》①，详细阐述了严复“新民德”的具体内涵，包括“民德薄”的显著标志——恤私、作伪、无耻；造成“民德薄”的根本原因——历代统治者剥夺了人民的天赋人权和贫穷；以何新民德？——用资产阶级自由、民主、平等、博爱等道德观念，取代中国传统的封建家族宗法制度和伦理道德。文章认为，严复“新民德”学说所揭示的近代道德重建的基本内涵及其所要实现的主要目标，为中国近代公民道德教育的兴起，奠定了一定的理论基础。《梁启超的〈新民说〉与近代公民教育理念的形成》②认为，梁启超《新民说》所构架的国民模式，一则取之于西方国家当时的公民模式，二则是为使中国国民适应新时代而针对传统国民性的弊端提出彻底改造国民性的理论探讨。从他所罗列的“新民”的主要特征来看，他的国民性改造更偏重于国民道德的重建。文章认为，《新民说》不仅是中国20世纪初的“人权宣言书”，在中国近代思想启蒙与道德革命中发挥了重要作用，而且其对中国教育的近代化，尤其是公民教育在中国的兴起作出了重大贡献。《试论梁启超新民德思想的内在特点》③指出，梁启超的新民德思想的一个内在特点就是强调“两手抓”，要既抓“青少年”德育，又抓“全民”德育；既抓“私德”教育，又抓“公德”教育；既抓“破”旧德，又抓“新”民德；既抓“淬厉”中国旧道德，又抓“采补”泰西新伦理；既抓“理论之理论”教育，又抓“实事之理论”教育。这个特点在今天的公民道德建设中仍有现实的借鉴意义。《“私德外推即为公德”吗？——兼论梁启超的公德私德观》④认为，源自梁启超的“私德外推即为公德”的观点，忽视了公德生成的长期性、复杂性和规律性，是对私德与公德关系的一种简单化、表面化的理解。辩证考察私德公德之间的内在联系，不能否认和抹杀二者在交往对象、适用范围和道德准则等方面的本质区别。历史和现实充分表明，无论公德还是私德都是社会利益关系的反映，尤其是特定交往关系的产物，各有自身的特点和变化轨迹。批判性地接受梁启超的观点对于当今中国的公德建设尤为重要。

如上研究对本书的参考价值在于：从中国思想史角度的研究，对清末民

① 黄仁贤．严复的“新民德”学说与近代公民道德教育．教育评论，2002(5)．

② 黄仁贤．梁启超的《新民说》与近代公民教育理念的形成．教育评论．2003(1)．

③ 虞文华，陈勇军．试论梁启超新民德思想的内在特点．广东社会科学，2004(2)．

④ 程立涛，苏建勇．“私德外推即为公德”吗？——兼论梁启超的公德私德观．河北师范大学学报(哲学社会科学版)，2007(3)．

初“新民”思潮的萌芽、发展进行了梳理，对不同阶段“新民”形象及“新民德”内涵做了具体解读，并指出“教育”是“新民”的重要途径之一，不仅为本书提供了重要的立论基础，而且为本书研究学校教育“新民德”提供了借鉴；从学校教育角度研究的参考价值更为直接，自不必多言。上述研究值得肯定之处甚多：严复、梁启超、鲁迅等作为近代学校教育“新民德”的发起者、重要推动者，他们有关“新民德”的理论基础、思想渊源、形成过程、具体内涵、特征等，被无数后来人放在聚光灯下，进行了多角度、全方位的透视。此其一；其二，研究者抓住了严复“新民德”的资产阶级“人权学说”和“进化伦理”以及梁启超“新民德”的“国家公德”而非“社会公德”特点；其三，研究者认识到学校教育“新民德”与学校公民(道德)教育之间的联系，指出了社会转型时期的学校传统德育应向公民教育延伸这一趋势，等等。

然而，现有的研究也存在明显的局限性：首先，对学校教育“新民德”的研究缺乏历史的延续性，研究“点”多，“线”和“面”少。如上研究专著少，期刊论文多，所以对个别关键者的学校教育“新民德”思想观念及实践的研究居多，缺乏将不同时期、不同思想先驱的学校教育“新民德”思想观念“串”起来的“线状”研究，系统研究；其次，在少有的时间跨度较长的“国民性改造”思潮框架内的研究，也因研究者将“国民性改造”思潮从时间段上界定为清末民初而只能算作阶段性研究。其实，极少数研究者已经认识到，“新民”(包括“新民德”)是一项浩大工程，说它是“世纪”话题，一点也不为过；再次，已有的研究分布极为不均，集中在严复、梁启超、鲁迅等极个别人物的“新民”教育观方面。而且，尽管不少研究者在肯定严复、梁启超等人学校教育“新民德”思想的积极意义的同时，也指出了他们“新民德”的理想受历史发展水平(经济、文化、政治等)制约，只能是一幅朦胧的蓝图。但多数指证属蜻蜓点水式，至今还没有人系统论证经济、政治、文化等因素对“新民德”的重要影响。最后，已有的研究多从学校教育“新民德”观念上入手，缺少学校教育“新民德”的实践研究。

四、本研究的逻辑

本书由纵横两条思路交织：纵向体现为在“国民性改造”思潮的背景下与框架内审视世纪之交的学校教育“新民德”概况与目标任务的达成情况，横向体现在以外部宏观社会环境(政治、经济、文化与社会心理等)因素对学校德育的影响为视角来展开探讨。

第一章我国学校教育“新民德”的提出，首先概述了我国近代国民性改造思潮及其研究，在此基础上提出了不同于以往对国民性改造思潮研究的两个观点，作为本著的立论基础：一是认为国民性改造思潮的时间段应后延至今，而非停留在五四新文化运动时期；二是就既往关于国民性改造思潮研究中众多论者认为其重“新民德”轻“开民智”的观点提出质疑，认为事实恰恰相反，即“新民德”更多的停留在口头上，相对而言，“开民智”才更多地被付诸实践，因此，重“新民德”只能算一个“假象”。

第二章学校教育“新民德”的政治学分析，具体论证了学校教育“新民德”是如何随着政治民主进程而演变。由于我国存在着根深蒂固的“政教合一”传统，所以学校教育、尤其是德育与政治生活有着密切的联系，以至于学校教育的育人传道往往被简单地等同于政治教育和意识形态灌输。近代中国在进行民族民主革命的过程中，频繁的政党更替更是加剧了囊裹着政治外衣的学校教育“新民德”的摇摆和偏离，尤其是以民族国家为本位的爱国公德对以个人生活为本位的社会公德的僭越。总而言之，我国近代民主进程可谓“一波三折”，相应地，学校教育“新民德”从目标、内容、课程、教材编审等也是“几易其稿”，并使得公德教育缺乏连贯性、一致性、系统性。如果 21 世纪的学校德育还跳不出“政教合一”的思路，那其对于“民德”培养的意义就仅仅只能是口头“宣传”！

第三章学校教育“新民德”的经济学分析，以“道德存在依附一定的经济基础”作为切入点，主要通过说明伦理观随着生产力和经济关系、经济体制的变化而变化，借此证明公德是工业文明的产物，是社会化大生产中经济关系带来的人际交往范围的扩大、突破“亲情圈”的要求，是经济发展带来的城市规模的扩大和社会公共生活发达的需要。我国在 20 世纪上半叶一直没有跳出以农立国的藩篱，计划经济时代人为地为人员流动设置障碍(如城乡二元分割体制)，这些都削弱了人们对社会公德的需要程度，从而制约了学校公德教育的效果。随着改革开放的日益深入和市场经济的发展，人们对公德的呼声才日益高涨，学校公德教育也被提上了重要议事日程。总之，社会公德需要建立在商品经济的基础上。市场经济是较为发达的商品经济形式，虽然不成熟的市场经济体制可能会导致人们唯利是图，见利忘义，但市场经济到底提供了社会公德生存、发展的经济基础。

第四章学校教育“新民德”的文化学分析，着重探讨社会心理和文化认同对学校教育“新民德”的重要作用，此乃因为整个社会的思想文化氛围和社会心理是学校教育“新民德”的养料。自近代“西学东渐”以来，我国传统儒家文化认同危机便随之产生，并随着封建政权的坍塌，传统文化秩序也逐渐瓦解。在传统政治秩序与文化秩序整合下所形成的观念和价值，自然容易遭受怀疑和攻击。由于缺乏持续、深入的思想启蒙运动，新的社会心理和文化认同也一直难以建立，社会公德的建立所需要的平等、权利、责任、公正、独立、民主等价值观还未深入人心。缺乏社会心理和文化认同的学校公德教育很容易培养出知、行不一的“双重人格”。

第五章总论：学校教育“新民德”的反思与展望，主要在对学校教育“新民德”的世纪进程进行概括的基础上，通过对率先步入现代化行列的西欧和美国，以及后继步入现代化行列的日本，这些公德水平相对较高国家的社会公德建设的观照，以反思我国“新民德”世纪历程，并再次证明公德建设乃是一项系统工程，孤立无援的学校教育难以实现“新民德”的世纪之梦。最后对我国学校教育“新民德”的未来之路略作展望，以求抛砖引玉。

研究认为，就社会系统论而言，学校教育“新民德”离不开文化认同的思索、辩论，离不开社会教育、家庭教育的支持，更离不开国家的政治民主、经济自由发展的推动。一句话，学校教育新民德需要新政治、新经济、新文化的同步发展。诚如鲁洁先生在《德育社会学》一书中所指出的：当现代经济、政治的发展实质上使学校德育与社会政治、经济及社会的每一个方面都已融为一体时，孤立地进行学校德育已成为死胡同，代之而起的出路是德育社会化课题的提出。因此大德育观既是社会经济、政治发展的产物，同时又是学校德育对社会经济和政治体制的一个反向诉求。① 只有当公德成为当下经济生活的需要，当全社会都能意识到公德的重要性，当国家公德不再僭越社会公德，学校教育“新民德”的成效才值得期待！否则，学校德育在“新民德”过程中所发挥的重大作用的确不可代替，其价值也不容抹杀。但是，单纯的学校德育无疑苍白无力，不足以承担“新民德”的全部重任；仅仅依靠学校德育来培养社会公民良好的品格不切实际，无异于痴人说梦！

① 鲁洁．德育社会学．福州：福建教育出版社，1998：79.

第一章 我国学校教育“新民德”的提出

诚如著名学者金耀基所云：“熟悉中国现代化史的人都知道，对于中华民族的文化品格、性格特征的关注，很大程度上起因于面对强大的西方现代文明而产生的自尊和自卑交织的复杂情感。由于模仿西方文明（包括器物和制度、文化）而产生的对于自身固有文明的理智和情感的冲突，构成了一百多年来中国人观念世界发展的主旋律。”①这段概述表明，以“鼓民力”“开民智”“新民德”为目标任务的“国民性改造”思想与活动，从时间来看，不仅仅只限于清末民初，而且延续至今。

第一节 学校教育“新民德”提出的社会背景和思想渊源

一、社会背景

（一）积弱积贫，急需救亡方案

自鸦片战争以降，接踵而至的内忧外患使中国一步步滑向苦难的深渊，逐渐呈现出“衰世”景象：经济萧条，吏治腐败，民不聊生，形容枯槁，整个中国封建社会已是“日薄西山，气息奄奄”②，急需救亡方案。

① 金耀基．从传统到现代．北京：中国人民大学出版社，1999.

② 龚自珍．龚自珍全集．上海：上海人民出版社，1975：87.

根据社会学关于社会变迁的基本理论，社会变迁按性质可分为“渐变”和“突变”，分别是通过“改良”和“革命”两种途径实现。其中，渐变是社会变迁的主导形式，突变是社会变迁的非常形式。也就是说，当社会面临变迁需要时，人们一般首先会选择“改良”来实现“渐变”；当“渐变”被认为不能满足需要时，人们才会主张“革命”。我国清末封建社会救亡图存方案的选取也不例外。

爱国先驱们首先想到的是改良——仿照西方增设人才培养机构(同文馆之类)、改革取才制度(科举取士制度)、改革政治制度(戊戌维新、清末“新政”)。在改良的过程中，爱国先驱们越来越认识到提升国民素质的重要意义。在魏源“师夷长技以制夷”思想指导下，福建船政学堂、上海制造局等西学机构渐次设立，主要学习西方军事(或说器物)；洋务派在继承魏源思想的基础上，提出了“中学为体，西学为用”的文化模式，将近代向西方学习的思想推进至以实业技术为主的更广层面，即所谓的洋务自强运动。1894 年甲午战争的惨败，既检验又否定了前一阶段向西方学实用技术以强国的可能，中华民族危机进一步加剧。近代资产阶级维新思想家认识到中国正面临“千年未有之变局”，强烈呼吁“变法维新”。所谓维新，就是在保留清朝皇权的前提下，用和平的方式推行自上而下的改良，建立君主立宪的政治体制，使中国走上资本主义道路。“戊戌变法”以谭嗣同等“六君子”喋血街头而告终。1900 年八国联军野蛮入侵北京，中华民族备受屈辱，清政府的统治也危在旦夕。面对内忧外患，爱国志士发出了“四万万人齐下泪，天涯何处是神州”的痛心自问。清政府也感受到了其统治地位岌岌可危，为了适当顺应时势，收买人心，以图“自救”，于 20 世纪初年宣布实施“新政”。只可惜，各派政治力量都已预见到清政府行将就木，各思以其道易天下。

当社会改良的气候已尽时，革命的号角最终吹响。革命派虽然认为改造中国的第一步是推翻封建专制统治，但也认识到了国民素质对于革命的重要性。

(二)西学东渐，人心思变

探讨国民性改造基于一个假定的前提，即国民性存在问题。众所周知，“国民性”是客观存在的东西，它从每个民族产生之日起就与之相伴随。但“国民性”的存在并不必然带来“国民性问题”。只有一个国家的“国民性”被认为是严重阻碍这个国家的发展时，“国民性”才可以说存在问题，才需要接受改造，而且这种改造并非仅仅通过单独地“闭门造车”就可得以完成，而必须通过向别国、尤其是向发达国家学习、借鉴。我国近代国民性改造思想在鸦片战争的败阵中埋下了伏笔：中国长期以来以“文明中心”自居，蔑视和排斥四围文化，更不用提向其他文化虚心学习。这一特性在清末闭关统治时期表现的尤为明显。不过，鸦片战争的失败，以及随之而来的中国在外交事务上的连连挫败，用事实反证了西器、西政和西学不可否定的先进性。这一切不仅摧毁了中国绵延数千年的“华夏中心”之梦呓，同时也把国人昔日的自尊自大击得粉碎！以至于被动或主动向西方学习成为不可阻挡的历史潮流。用“洋务”代替“夷务”，用“西学”称呼“西方文化”，再到后来用“新学”代替“西学”，这种称呼褒贬色彩的转变，首先表明了中国对西方文化由轻视到承认，再到赞赏和效法的过程和态度。

伴随社会改良的是向西方学习。学的过程用梁启超的一句话概括叫“学然后知不足”。梁启超在 1922 年所著《五十年中国进化概论》中，把鸦片战争以来 50 年的中国近代化进程划分为三个阶段，认为它是一个“否定之否定”的过程，依次是向西方学习器物(技艺)、制度(政治)、文化(思想)。这种划分基本上获得了学术界的认同。

这一向西方学习的过程包含了“西学东渐”的过程。“西学东渐”主要指西方资产阶级启蒙思想中国化，也称“启蒙的中国化”。得益于少数率先大量接触过西学的进步知识分子成为资产阶级启蒙思想家，清末民初每一次大的政治变革都充当了一次具有深远影响的思想解放运动，例如“戊戌维新”。欧榘甲在《论政变为中国不亡之关系》一文中，谈及戊戌政变后的民心时写道：“人知危亡，不肯安于守旧，自八股之废也，翻译书籍出版者，人人争购，市为之空。家家言时务，人人谈西学，有力者则自请舌人译之，而快新睹。斯时智慧骤开，如万流湔沸，不可遏抑也。”①国民“知爱国”“知自主”可谓蔚为潮流。“国民性改造”思想与活动之所以能够在清末民初时一次比一次得到更大范围的呼应(梁启超的“新民”之于严复的“三民”；五四新文化运动时期的“国民性改造”之于梁启超的“新民”)，显然与“西学东渐”的影响范围密切相关。

---

① 欧榘甲．论政变为中国不亡之关系//中国史学会．戊戌变法(第 3 册)．上海：神州国光社，1953：156，158.

二、思想渊源

学校教育“新民德”既是近代中国特定历史条件下的产物，又与以严复、梁启超等为代表的早期资产阶级启蒙思想家打下深厚的中学功底和大量接触西学有着密切的联系。

(一)严复与资产阶级进化论

资产阶级进化论可以说是维新启蒙的理论武器，在我国它是由近代资产阶级思想家严复首次系统输入。严复早期曾留学英国，为挽救日益严重的民族危机，启蒙国民大众，他孜孜不倦地钻研西学，并颇得西方进化论和斯宾塞社会有机体论的真谛。他系统翻译介绍了包括《达尔文进化论》《社会契约论》《天赋人权论》和开明自营的社会伦理思想，并在宣传、介绍西学的过程中，结合中国的现实国情，阐述了自己的伦理道德思想。强调“变”是进化论最基本的信条。严复接触达尔文的进化论后，对其中的“物竞天择，适者生存”之原理推崇备至，进而联想到其时的中国因顽固派故步自封而处于亡国灭种的境遇，认为只有像生物界那样引进竞争机制，才能进取，才能“自强保种”。于是，严复在综合阅读了达尔文的《物种起源》、赫胥黎的《进化论与伦理学》以及斯宾塞的“社会达尔文主义”后，根据中国当时救亡图存的时代需要，有目的、有选择地把赫胥黎的《进化论与伦理学》述译成《天演论》①。《天演论》以“变”为核心，强调主动去变，以变求生存，以变求发展——“天不变，道亦不变”“祖宗之法不可变”的呓语不攻自破；《天演论》认为“优胜劣汰，适者生存”也是人类社会发展的规律——一切抱残守缺、不思进取的陈腐观念只能被扫进历史垃圾堆；《天演论》宣传与天争胜、人定胜天的思想，即强调人在社会进化中的决定性作用——“君权神授”的神话破灭。严复强调指出，一国之贫富强弱治乱，归根到底取决于民力、民智、民德之高下，中国富强之源就是“鼓民力、开民智、新民德”。这一基于资产阶级进化论的“三民”主张已经从根本上超越了儒家的纲常礼教体系。总而言之，《天演论》这本薄薄的小册子，否定了君主专制制度的合理性，在戊戌启蒙运动中，起到了振聋发聩的作用。

---

① 严复．天演论．郑州：中州古籍出版社，1998.

(二)康、梁与辗转日本的西学

其实，近代以来很多西方学说并非直接传入中国，而是经日本辗转而来，这主要归功于留日学生的译介与影响。日本和中国是一衣带水的邻邦，文化上都是东方文明，日本还有“明治维新”的成功经验，加上当时留日的学生远比赴欧的人数多，故思想上对近代中国的影响不容小觑。

事实上，维新变法的理论工具除进化论以外，还有康有为的孔教论。只不过，同样是主张变法维新，孔教论是“托古改制”，而进化论是径袭西说。进化论凭借着中国不敌西洋的现实依据在思想界、尤其是广大青年学子中获得认同。戊戌变法前，康有为就曾旅居过日本，受到日本启蒙思想家的启发，在主张进行一场自上而下的变法过程中，意识到国民素质对政治优劣的影响，从而也大力倡导改革科举制度，引进近代西方学制，培养近代国民。而且，康有为在“戊戌变法”前后一直主张“定孔教为国教”，这很可能跟日本启蒙思想家中村正直的思想密切相关，因为中村正直一方面认为西方的强盛在于基督教精神；另一方面又提出了“古今中西道德一致”的著名论断。

近代思想界的改造国民性重点从“开民智”转向“新民德”，是自梁启超东渡日本始。“戊戌变法”前，梁启超虽然也接触过严复的进化论思想，但总的来说，还是承袭其导师康有为的思想。“戊戌变法”失败后，梁启超栖身于日本，大量研读日本福泽谕吉(1835－1901)、中村正直(1868－1911)的著作和西方近代资产阶级启蒙思想家的著作，深受启发诱导，思想也随之发生了很大转变。正如他自述的那样，“自东居以来，广搜日本书而读之，若行山阴道上，应接不暇。脑质为之改易，思想言论，与前者若出两人”①。

在举国皆谈革命的形势下，为什么梁启超力主“新民”为第一急务，且以“新民德”(公德)为核心？这跟他寄居日本时受福泽谕吉的思想影响密不可分。福泽谕吉作为明治时期最重要的启蒙思想家，他的启蒙思想最本质的内容，若用日本学者松本三之介的一句话来概括，那就是“文明主义，也可以说是对文明尊重的精神”②。福泽谕吉将他的文明论完全放在进化论的理论框架中，认为人类社会的历史就是一个由“野蛮”到“半开”，最后达到文明的不断发展

① 梁启超．夏威夷游记//饮冰室合集·专集之22．上海：中华书局，1936：123.

② 郑匡民．梁启超启蒙思想的东学背景．上海：上海书店出版社，2003：57.

变化的历史，"归根结底，文明应谓人类智德之进步"①，其中隐含着"落后就要被制"的思想。梁启超几乎是完全接受了福泽谕吉的文明论，他在提倡"新民"、呼吁国人自强时更是发展了这一理论，虽然其本意并非为帝国主义的侵略开脱罪责，但仍因此而遭受攻击。另外，福泽谕吉有关"文明之形质"与"文明之精神"的区分，也深得梁启超认同，使梁启超认识到若要使中国转弱为强，并非"今日变一法，明日易一人，东涂西抹，学步效颦"②，还是要从自下而上从教育人民做起，用他自己的话说是从培养国民之"元气"(或叫"新民")做起。至此，梁启超所持之论更加强调民众的启蒙教育工作。

福泽谕吉最先在《文明论之概略》中将道德分为"公德"和"私德"，并认为，传统东亚的道德观念基本上只是私德。"这个想法间接表示，公共道德可能是'文明开化'(我们或可称为现代化)过程中的一个重要问题"③。梁启超接受了福泽谕吉的"私德"与"公德"的提法，并进一步作了发挥：何谓私德？即"人人独善其身"及"一私人与他私人交涉的道义"；何谓公德？即"人人相善其群"。④在梁启超眼里，中国道德之发达，不可谓不早，但"偏于私德，而公德殆阙"。梁启超把"人也者，善群之动物也(亚里士多德语)"作为"公德论"的一个重要理论依据，认为"为群""利群"的公德是联络群体的重要因素。梁启超还把强调"公德"的伦理学说称为"泰西新伦理"，也叫做"社会国家伦理"。福泽谕吉被松本三之介称为"国家主义者"，由此不难理解为何《新民说》通篇的主旨以民族国家为本位。

中村正直是日本明治时期又一位著名的启蒙思想家，他曾留学英国两年，对斯迈尔斯(Smiles Samuwl)的《自助论》(*Self-Help*)推崇备至，回国后立即将这本书翻译成日文，最后以《西国立志编》为名出版。中村正直通过研究西方政治文化，亲身体会到西方的"治化之美""文艺之善""机器之巧"不过是西方的"末流"，而"教法"所孕育的民族精神才是西方富强背后的本原，也就是说"教法"造就的国民的品行才是其国家强盛的原因。中村正直还认为，西方人民的品行根源于其后的基督教精神，不过作为东洋文明的儒家与西方的基

① [日]福泽谕吉．文明论之概略．上海：商务印书馆，1995：183.

② 梁启超．论新民为今日中国第一急务//中国启蒙思想文库(新民说)．沈阳：辽宁人民出版社，1994：3.

③ 陈弱水．公共意识与中国文化．北京：新星出版社，2006：209.

④ 梁启超．论公德//中国启蒙思想文库(新民说)．沈阳：辽宁人民出版社，1994：16.

督教精神不存在矛盾，"古今东西道德一致"。因而主张日本应向英国学习支撑在军事、经济、技术、制度等形质东西后面的民族精神及社会风气。基于以上认识，中村正直和明治时期许多其他启蒙思想家一样，均认为维新的意思并不是"政体之一新"，而应是"人民之一新"，主张从教育问题入手，先提高民众素质，才能谈到其他。① 梁启超对中村正直的《西国立志编》在"明治维新"中的启蒙作用大加赞扬，并希望自己也像中村正直那样，从国民的道德教育入手，做好民众启蒙工作，他在《新民说》中表达了这种愿望："苟不及今急急斟酌古今中外发明一种新道德者，而提倡之，吾恐今后智育愈盛，则德育愈衰，泰西物质文明尽输入中国，而四万万人且相率而为禽兽也。呜呼，道德革命之论，吾知必为举国之所诟病。顾吾特恨吾才之不逮耳，若夫与一世之流俗人挑战决斗，吾所不惧，吾所不辞，世有以热诚之心，爱群爱国爱真理者乎，吾愿为之执鞭以研究此问题也②。"

(三)儒家思想

最后，中国儒家传统经典《大学》也是"新民"理论的重要渊源。"新民"是儒家经典《大学》中的一个重要概念，《大学》开篇提出："大学之道，在明明德，在亲民，在止于至善。"朱熹在《四书章句集注》之《大学章句》中注解道："程子曰：'亲，当做新。'"故"亲民"即"新民"。这里，"明明德"是"新民"的内容和途径，"止于至善"是"新民"达到的最高境界。这就形成了中国传统"新民"之学的基本框架和价值取向。而《新民丛报》的宗旨就是新民说的主旨所在："本报取《大学》新民之义，以维新吾国，当先维新吾民。"有必要指出的是，严复、梁启超以及后来的一批启蒙知识分子，早期接触的都是传统儒学教育，打下了坚实的儒学基础，以至于中国传统文化价值观在他们思想深处留下了终身抹之不去的痕迹，所以中国传统文化的精华潜意识地成为"新民"理论的思想渊源。这就不难理解为何研究近代国民性改造思潮的不少学者均认为，"在思想渊源上，中国近代国民性改造思潮有两个源头，在表面上，它直接受惠于西方的进化论，社会有机体论以及日本近代启蒙思想的影响，但在内在理路上，却与借道德人心以治理国家的儒家思想模式一脉相承"③。

---

① 郑匡民．梁启超启蒙思想的东学背景．上海：上海书店出版社，2003：117.

② 梁启超．论公德//中国启蒙思想文库(新民说)．沈阳：辽宁人民出版社，1994：22.

③ 袁洪亮．人的现代化——中国近代国民性改造思想研究．北京：人民出版社，2005：37－38.

第二节　学校教育“新民德”提出的过程

根据教育社会学的基本原理，社会变迁或迟或早、或多或少都会对教育产生影响，且最终将导致教育变迁①。清末爱国思想先驱为救亡所设计的改良和革命方案使触及教育、谋求教育变化成为必然。近代中国思想先驱由国家被动挨打的现实反观教育，从现象看到本质，有一个艰苦的自上而下的认识过程。

一、渴求人才与谋求人才教育

(一)增设同文馆

鸦片战争以降，尤其是中法战争之后，我爱国志士在中西对比基础上注意到西方人擅长器械，而我国人对此一窍不通，故想要通过在我国科举考试制度之外增设类似西方的训练机构，加速培训出这样的人才。随着洋务运动的开展，更加扩大了实用技术层面人才培养的机构类型。到光绪末年，清廷开设与传统教育方式不同的、单科训练班性质的外语学堂 8 所、水师学堂 18 所、兵工学堂 2 所、路矿学堂 8 所等，共 43 所。人们一直误认为这就是“西式教育”，并寄希望于这类机构的发展。

(二)讨伐科举制度

在 19 世纪 70 年代，当时整个中国思想界还热衷于探讨怎样学习西方“技艺”，多数人还沉浸在对科举制度之外设立的同文馆之类的短期培训机构寄予厚望时，极少数有识之士已经认识到关键要改革现存的科举取士制度。如知识分子王韬在《原才》《原士》《变法》等文章中提出废除科举是变法中第一要事。王韬认为，“(八股)时文不废，人才不生，必去时文尚实学，乃见天下之真才”，主张“以学时文之精神才力，专注于器艺学术”。② 此后郑观应明确提出了兵战不如商战，商战不如学战的思想，进而主张最好能“选材于学校”，如不能做到，也应改革科举，在经史、时事、例案等传统学问之外另立一科，

① 吴康宁．教育社会学．北京：人民教育出版社，1998：155.

② 王韬．原士//璩鑫圭，童富勇．中国近代教育史资料汇编·教育思想．上海：上海教育出版社，1997：49.

"挂牌招考西学"。① 另外，郑观应还认为中国传统教育不可能培养出适应近代工商业发展的人才，从而提出了仿照西方建立近代学制的初步设想。

这些有识之士把鸦片战争后整个社会呈现出的"衰世"征象归结为人才的匮乏：不仅政治上是一些品行不端、才华平庸之辈掌握了朝廷权柄，而且整个社会充斥的尽是些日渐消沉、不思进取之徒，认为救亡图存的关键在于通过改革旧的科举制度、大办新式教育培养新型人才。

二、关注国民素质与提倡学校教育"开民智"

救亡方案中触及教育、谋求教育变化成为风气是在甲午战后。从甲午战后到戊戌维新前后，越来越多的进步思想人士由对吏治腐败的思索开始追踪官吏选拔、检讨科举制度。这段时期，各种改革科举、广开学校的言论、书籍、谕折纷纷涌现，如严复的《救亡决论》(1895)、黄遵宪的《日本国志》(1895)、梁启超的《学校总论》(1896)《学校余论》(1896)《戊戌政变记》(1898)、康有为的《请开学校折》(1898)等，不胜枚举。

(一)国民性改造思想萌芽与学校教育"开民智"的提出

首开风气之先的是严复，他在1895年与人合办《直报》，连续发表五篇救亡文章。在其中一篇题为《原强》的政论文中，严复在中西国民素质对比的基础上，将当时中国国民整体素质概括为"民力已苶，民智已卑，民德已薄"②，进而提出"鼓民力、开民智、新民德"的"三民"主张。"三民"主张被后人称作"国民性改造"思想的萌芽。又在另一篇《救亡决论》中指出："救之之道当如何？曰：痛除八股而大讲西学。"③严复在抨击八股取士制度的种种弊端时，指责它是封建统治者的愚民之术，也是导致中国贫弱的一大根源，"今日中国不变法则必亡，而变法莫亟于废八股""夫八股非自能害国也，害在使天下无人才"④……指出当时文化为少数人垄断："中国以文字一门专属之士，而西国与东洋则所谓四民之众，降而至妇女走卒之伦，原无不识字知书之人类。"⑤又介

① 郑观应．考试上//璩鑫圭、童富勇．中国近代教育史资料汇编·教育思想．上海：上海教育出版社，1997：75.

② 严复．原强修订稿//王栻．严复集(第1册)．北京：中华书局，1986：18—21.

③ 严复．救亡决论//王栻．严复集(第1册)．北京：中华书局，1986：43.

④ 严复．救亡决论//王栻．严复集(第1册)．北京：中华书局，1986：40.

⑤ 严复．救亡决论//王栻．严复集(第1册)．北京：中华书局，1986：42.

绍斯宾塞的理论：社会已经到了知识决定的年代，而且“各国皆知此理，故民不读书，罪其父母。日本年来立格致学校数千所，以教其民，而中国忍此终古”①。显然，严复是从“国民素质乃国家振兴之本源”的角度阐述废科举、兴学校，更准确地讲，他是从“开民智”的角度主张变革旧的学校教育制度。与此前一些思想家从“急于通过新式教育获得实用人才”的角度提倡广兴新式学校，有着根本的区别。

年底，黄遵宪的《日本国志》②发表。书中所介绍的日本义务教育制、学制、经费保障、日本学校数和在校人数以及女教员和女学生数等，都是我国读书人闻所未闻的。因正值甲午战败之后，所以其书主旨“日本普及教育后国力强盛”不证自明，对国人极具冲击力。可以看出，黄遵宪的《日本国志》所宣扬的国民义务教育思想和严复主张普及学校教育、广开民智本质相通。

受严复、黄遵宪思想影响，废除科举制度、普兴学校、广开民智的主张越来越得到认同和深化。例如，早期的梁启超接受了西方强盛的本原是西方的智，即西学的观念。他指出，西方之强在于其声、光、化、电、农、矿、工、商之胜于中国之考据辞章，“故国家欲自强，以多译西书为本，学者欲自立，以多读西书为功。”③此期梁启超还认为，西政是比声光化电等更重要的方面，中国变法应先要学习西方的政法。梁启超斥责洋务派学习西方是“仅袭皮毛……忽其政本之大法”，提倡建立新式学堂，学校教育内容应“以政学为主义，以艺学为附庸”，“政学”就是指古今中外治理国家的大法。同时期梁启超还把民智和民权联系在一起，认为：“权者生于智者也。有一分之智，即有一分之权，有六七分之智，即有六七分之权，有十分之智，即有十分之权。”而中国当时的大患就在于民智未开，民智不开，人才不足，则人虽假我以权利，亦不能守。因此，梁启超总结陈词说“昔之欲抑民权，必以害民智为第一要义，今日欲伸民权，必以广民智为第一义。”④又如，唐才常也指出：“支那而幸存也，则必首废科举，别研新学，始有肄应

---

① 严复．救亡决论//王栻．严复集(第 1 册)．北京：中华书局，1986：48—49.

② 黄遵宪．日本国志．上海：上海古籍出版社，2001.

③ 梁启超．西学书目表序例//饮冰室合集·文集之 1. 上海：中华书局，1936：123.

④ 梁启超．上陈宝箴书论湖南应办之事//饮冰室合集·文集之 3. 上海：中华书局，1936：41.

之人才”①；曾任维新报纸《时务报》经理的汪康年说：“今日振兴之策，首在育人材；育人材则必新学术；新学术则必改科举、设学堂、立学会、建藏书楼。”②

总体上讲，起初阶段只可能是极少数进步人士主张变革中国封建社会几千年的科举取士制度、普及学校教育、开启民智，还谈不上在当时的整个思想界取得共识，更谈不上在普通民众间一呼百应。尤其是这时期的一些资产阶级启蒙思想家在宣传中更多地将“废科举”“兴学校”“育人才”当做一个连贯的整体，容易给人一种误解，以为还是上一阶段“人才”教育的延续。所以说，这时期国民性改造思想虽然萌芽，但学校教育之于“开民智”的意义还只是少数先进人士的共识。但不容否认的是，将救亡图存的关键从寄希望少数习得西方“技艺”的实用人才转向大多数开启民智的民众，这一思想认识萌芽了。

(二)国民性改造思想取得共识与学校教育“开民智”深入人心

“戊戌政变”失败后，维新思想家们渐渐醒悟：西方国家的政治体制以一定的文化教育为前提，而中国则缺乏这种前提，如果不做开民智的工作，发展近代文化教育事业，政治改革便只会是一句空话。于是，越来越多的人认识到“人才教育不可寄托”。

进入 20 世纪，思想界对学校教育的意义还在进一步宣传之中，如康有为认为西方强盛的原因在于学校教育(这只是他认为西方强盛的多方面原因之一)，因而多次以奏章、谕折等形式上书光绪帝，提倡学习欧美、日本等西方国家创办近代学校制度。他指出：“泰西之强，吾中人皆谓其船械之精、军兵之练也，不知其教育之详也。故五十年来，吾中国亦渐讲军兵炮械，费孥万万，而益以借寇兵赍敌粮耳。此中西强弱之大键，不可不明辨也。”③另有进步舆论认为：“察今日之时，度今日之势，救中国之亡，拯吾民之危，必以教育为第一义。”④连民间出版业者也说：“顾兴亚之原因不一，而兴学育才，实乃

---

① 唐才常．砭旧危言//湖南省哲学社会科学研究所．唐才常集．北京：中华书局，1980.

② 汪康年．论中国求富强宜筹易行之法//中国史学会．戊戌变法(第 3 册)．上海：神州国光社，1953：134.

③ 康有为．日本书目志//蒋贵麟．康南海先生遗著汇刊(第 11 册)．台北：宏业书局，1986：409.

④ 刘增合．二十世纪初趋新社群对国民性问题的关注．江西社会科学，1998(2).

兴亚之一大原因。凡开矿造币筑路诸端，犹其后焉。"①不过，此时对教育的关怀进入另一层次，即研究教育。② 以1901年4月罗振玉创办《教育世界》半月刊为代表。《教育世界》连续创刊达7年之久，是我国历史上对教育的最早的系统研究。该刊以介绍东西方各国教育制度和教育方法为主，并发表有见地的国内人士的意见。1902年1月张元济在《教育世界》刊物上发表《答友人问学堂事书》。其中一条说：办学"勿存培养人才之见。非谓学堂不足以育人，然念念在育才，则所操者狭而所及者浅"③。这一"石破天惊"的论断可谓实现了晚清思想界对教育认识的一大跨越，从此确立了普通(国民)教育的观念。

我国近代进程中各阶级和各派别对于如何实现现代化的主张和做法尽管有很大差异，但运用教育、普及教育这点是完全相同的。即使是资产阶级革命派也不例外，这就为教育发展形成了合力。资产阶级革命家从造就推翻封建专制统治所需革命人才的目的出发，继承了维新知识分子发展国民教育的思想。不过，他们更多的是把国民教育与推翻清王朝封建统治的革命运动联系起来。邹容在《革命军》中论述必须推翻清廷后又说："欲大建设，必先破坏，欲大破坏，必先建设，此千古不易之定论。吾侪今日所行之革命，为建设而破坏之革命也。虽然，欲行破坏，必先有以建设之。善夫！意大利建国豪杰玛志尼之言曰：'革命与教育并行'。吾于是鸣于我同胞前曰：'革命之教育'。更译之曰：'革命之前，须有教育；革命之后，须有教育'。"④陈天华也说："中国此时尚不广兴学堂，真是无从救了。"⑤还有些革命民主派人士，把国民教育与"革命教育"联系起来，把"奴隶"与"国民""奴隶教育"与"国民教育"对立起来。他们认为国民教育的主要任务就是要使中国人民能够"脱奴隶就国民"，能够摆脱满族的压迫"以复我天赋之人权"，能够具备独立、自由的精神——"任教育者，而不能养成国民独立之精神，是之谓奴隶教育"⑥。显然，革命派也认识到政治革新与国民素质相辅相成的关系，故提出了及时兴办教育的主张。

---

① 亚洲课本·4册序．上海：商务印书馆，1901.

② 汪家熔．民族魂——教科书变迁．上海：商务印书馆，2008：4.

③ 张元济．答友人问学堂事书//张元济诗文．上海：商务印书馆，1986：170.

④ 邹容．革命军．北京：华夏出版社，2002：35—36.

⑤ 陈天华．猛回头．北京：华夏出版社，2002：26.

⑥ 教育泛论//中国启蒙思想文库(民声——辛亥时论选)．沈阳：辽宁人民出版社，1994：26.

国民教育的思想进一步发展到清末“新政”时期，就逐渐与“普及教育”或“义务教育”等同起来。如陆尔奎于1909年在他的《论普及教育宜先注重宣讲》一文中指出：中国封建传统的教育是偏重于所谓“人才教育”，旨在培养少数为封建统治者服务的“人才”；国民教育则反之，它是“普及教育”，其目的在于培养全国人民具有“统同齐一”的国家思想，认识“本国立国之宗旨”。所以在当时新的历史时期，“国民教育，视人才教育尤重，无一人不为国民，即无人不当受国民之教育”①。贾丰臻等人还把国民教育与“义务教育”等同起来，说“国民教育乃义务教育，谓国民之受教育如纳税当兵之不得免除者也”②。

值得注意的是，这一时期逐渐认识到提高国民素质重要性的进步人士，承袭了前一阶段严复将“开民智”作为国民性改造重点的思想。严复虽然将“鼓民力”“开民智”“新民德”并列作为国民性改造的三个目标任务，但他相对更强调“开民智”，对“新民德”关注不够。表现在：严复不仅早在甲午战后接连为刊物《直报》撰文，呼吁通过变革学校教育来广开民智，而且在他的呼吁看似得到思想界的呼应时(提倡从“人才”的角度谋求教育变化与提倡从“开民智”的角度谋求教育变化二者之间有本质区别)，仍念念不忘将强国理想寄希望于国民素质的提高。例如，戊戌政变后，针对民间仍然在办同文馆之类的“洋学堂”的现象，严复感叹道：“自客秋以来，仰观天时，俯察人事，但觉一无可为。然终谓民智不开，则守旧维新两无一可。即使朝廷今日不行一事，仰所为皆非，但令在野之人与夫后生英俊洞识中西实情者日多一日，则炎黄种类未必遂至沦胥；即不幸暂被羁縻，亦将有复苏之一日也。”③

三、关注国民道德素质与学校教育“新民德”的提出

梁启超是近代资产阶级知识分子中首倡重视“新民德”的第一人，他的思想转变是国民性改造思想的重要转折点，也为学校教育注入了新内涵。

(一)“新民”与“新民德”

“戊戌政变”失败后逃亡日本的梁启超，思想相较于从前发生了重大转变：不但比先前更重视提高国民素质，认为比政治改革更根本的问题在于国民性

① 陆尔奎．论普及教育宜先注重宣讲．教育杂志，1904(1).

② 陈景磐．中国近代教育史．北京：人民教育出版社，1983：253.

③ 王栻．严复集(第3册).北京：中华书局，1986：525.

改造，而且从首重"开民智"转向首重"新民德"。戊戌维新时期，梁启超本认为政治制度变革为一切之根本，他说："变法之本，在育人才；人才之兴，在开学校；学校之立，在废科举；而一切要其大成，在变官制"①；而戊戌维新失败后，旅居日本的他在《新民丛报》上连载《新民说》，认为"中国第一急务"在于"新民""苟有新民，何患无新制度、无新政府、无新国家?"②不仅如此，梁启超还在《新民说》中把"新民"的具体形象塑造出来——有国家至上的团体意识；自由、自治、进步、合群的公德意识；敢于进取、敢于冒险的竞争意识；维护权力、恪尽义务的法律意识等。梁启超那饱含感情、简洁、酣畅淋漓的笔触达到了很好的宣传效果。尽管清廷一再严令禁止《新民丛报》在国内发行流通，但它仍能畅销无阻，几乎成了士子们的必读教材，使"新民"思想几乎渗透到每一个知识分子的内心世界，如胡适、毛泽东、蒋梦麟等后来都承认自己受《新民说》影响极大。

(二)对国民义务教育有了更进一步的认识

戊戌维新时期，黄遵宪关于日本国民义务教育发达带来国力强盛的《日本国志》一书至少在知识分子之间普遍流传，而且对包括梁启超在内的知识分子产生很大触动。有资料显示，梁启超当时读完《日本国志》后半喜半责地说，读了该书才"知日本之所以强"，又责备书出版太晚："乃今知中国之所以弱，在黄子：成书十年，久谦让不流通，令中国人寡知日本，不鉴不备，不患不悚，以至今日也。"③据此可以推断，更多有关日本国民义务教育的详情和对中国学校教育的借鉴之处，应该会是梁启超在日本期间非常关注的一个方面。

的确，梁启超在日本吸收了欧美、日本近代思想家的政治、教育思想，多次以政论文或谕折的形式表达其关于教育的主张。他提出学校教育的变革不应只是枝节的修修改改，而应系统规划。梁启超在《戊戌政变记》中严厉批判了戊戌时期的学校教育："以教育论之，但教方言以供翻译，不授政治之科，不修学艺之术，能养人材乎？科举不变，荣途不出，士夫之家，聪颖子

---

① 梁启超．论变法不知本原之害//饮冰室合集·文集之1. 上海：中华书局，1936：10.

② 梁启超．论新民为今日中国第一急务//中国启蒙思想文库(新民说). 沈阳：辽宁人民出版社，1994：3.

③ 梁启超．日本国志后序//张品兴．梁启超全集(第1册). 北京：北京出版社，2001：126.

弟皆以入学为耻，能得高才乎？如是则有学堂如无学堂。且也学堂之中，不事德育，不讲爱国，故堂中生徒，但染欧西下等人之恶风，不复知有本国。贤者则为洋佣以求衣食，不肖者且为汉奸以倾国基，如是有学堂反不如无学堂。……然则不变其本，不易其俗，不定其规模，不筹其全局，而依然若前此之支支结节以变之……则于中国之弱之亡能稍有救乎？”①梁启超在1902年撰写的《教育政策私议》一文中，又对教育次序发表了看法，认为“教育之次第，其不可以躐等进”，而清政府以往创办新式学堂时，但见中学、大学之议，小学却被忽视；故“今中国不欲兴学则已，苟欲兴学，则必自以政府干涉之力强行小学制度始”②。显然，梁启超栖身日本期间对国民教育有了更深入的认识。

(三)关注并倡导国民义务教育中进行公德培养

梁启超在关注日本国民义务教育的同时，显然注意到了当时日本社会伦理讨论热潮对学校教育的影响。梁启超寄居日本时，恰逢日本自“明治维新”后逐渐酝酿的社会伦理(公德)讨论逐渐升温，舆论界开始出现很多有关社会伦理的词语，如公共心、公益心、社会道德、公共的道德、公德等，到明治三十年代，即19、20世纪之交，日本就出现了一个讨论和宣扬社会伦理的高潮，在1901年达到顶峰。日本第一次国定小学修身教科书编写时，梁启超接触了这套书的编纂资料，对社会伦理所占比重之高，印象非常深刻，以至于他在1902年6月发表的《东籍月旦》，特别提及此事，并慨叹中国人讲伦理之狭隘③。因此，梁启超在流亡日本期间阐发其启蒙教育思想及国民义务教育观点时，一直都很强调“新民德”。他指出“民德、民智、民力，实为政治、学术、技艺之大原”，又认为“智与力之成就甚易，惟德最难”④。梁启超还说：“今世士夫谈维新者，诸事皆敢言新，惟不敢言新道德，此由学界之奴性未去，爱群、爱国、爱真理之心未诚也。”⑤1902年，梁启超在其创办的《新民丛报》出版章程的第一条就规定：“本报取《大学》新民之义，以为欲维新吾国，

---

① 梁启超．戊戌政变记//饮冰室合集·专集之1.上海：中华书局，1936：21.

② 梁启超．教育政策私议//饮冰室合集·文集之9.上海：中华书局，1936：32.

③ 梁启超．东籍月旦//饮冰室合集·文集之4.上海：中华书局，1936：85.

④ 梁启超．饮冰室合集·专集之4.上海：中华书局，1936：6，131.

⑤ 梁启超．论公德//中国启蒙思想文库(新民说).沈阳：辽宁人民出版社，1994：21.

当先维新吾民。中国所以不振，由于国民公德缺乏，智慧不开，故本报专对此病而药治之，务采合中西道德以为德育之方针，广罗政学理论，以为智育之原本。"[①]显然，相较于先前思想同仁把普遍立学、广开民智作为提升民众素质的主要内容而言，梁启超旗帜鲜明地要求为提升民众素质注入新的内涵，即"新民德"(培养国民公德)。梁启超甚至提出在中国普及国民义务教育时应把培养"特色之国民，使结团体，以自立竞存于列国之间"作为教育的宗旨[②]。可见其对通过学校教育培养国民公德的重视。

第三节　学校教育"新民德"提出的意义

学校教育"新民德"的提出有着重要意义，它为我国近代学校公民教育的兴起充当了思想启蒙和舆论先导，主要体现在使学校德育目标发生重大变化和为学校德育内容注入新内涵两个方面。这既可以从清末资产阶级启蒙思想家所提倡的"新民德"具体内涵看出，又反映在清末新式学校修身课内容的变迁中。

一、使学校德育目标发生了重大变化

我国几千年的封建社会很崇尚道德教育，整个的社会教化和代表学校教育的私塾和科举制度均以封建纲常伦理为范本，形成了一个大一统的教化体系，把全体民众都驯服或培养成为服从专制制度的、带奴性人格的"臣民"。"君为臣纲、父为子纲、夫为妻纲"显然强调的是人与人之间的不平等，以此"不平等"为基，教化民众安分守己、安于天命，最终目的就是维护"一人独尊"的政权稳定。

严复、梁启超等资产阶级启蒙思想家所提倡的学校教育"新民德"，目标是培养有主体精神、国家观念、自由、独立的"公民"。例如，严复以德、智、力为其理想人格之三目，主张"德育当主于尚公，体育当主于尚武，而尚实惟智育当之"[③]。严复指出，中土民德薄的显著标志就是"恤私""作伪"和"无耻"，其中"恤私"又是罪魁祸首。他认为"西方教平等，故以公治众而贵自由。自

① 梁启超．本报告白//丁文江，赵丰田．梁启超年谱长编．上海：上海人民出版社，1983：272.

② 梁启超．论教育当定宗旨//饮冰室合集·文集之10．上海：中华书局，1936：53.

③ 王栻．严复集(第2册)．北京：中华书局，1986：282.

由，故贵信果。东之教立纲，故以孝治天下而首尊亲。尊亲，故薄信果。然其流弊之极，至于怀诈相欺，上下相遁，则忠孝之所存，转不若贵信果者之多也①。”在严复看来，中国自秦以来，人民的地位愈来愈卑贱，人民不将自己当做国家的主人看待，国家观念因此十分淡薄，甚至养成了一批只知效忠其主的奴仆，而不知报效于国的主人。要使人民能“深私至爱于其国”首先要做到两点：一是要倡扬平等。平等才能使人民知道自重，自重的人才能以“善”的态度处世。即所谓“平等义明，故其民知自重，而有劝于为善”；有了平等，才能“以公治众而贵自由”，人民才会将自己看做国家的主人，才会“私之以为己有”地去爱属于自己的国家。二是要“设议院于京师，而令天下郡县各公举其守宰”，其实就是实行民主政治，要“合天下之私以为公”。只有将私有的“家天下”变成公有的全民的国家，人民才会真正爱护她。严复所谓的“新民德”就是要用资产阶级的平等自由和民主政治来取代中国封建主义的伦理道德和封建宗法制度，确立新时代的公民意识、国家观念、主人翁精神和新的道德风尚。

梁启超《新民说》通篇的主旨就在于塑造近代社会的理想人格形象“新民”——有国家至上的团体意识；自由、自治、进步、合群的公德意识；敢于进取、敢于冒险的竞争意识；维护权力、恪尽义务的法律意识等。梁启超在对比分析西方国家富强昌盛的经验和中国贫困羸弱而变法维新不能取得成功的惨痛教训后，意识到“欲其国之安富尊荣，则新民之道不可不讲”②。在民德、民智、民力三者之中，梁启超又特别指出：“吾以为学识之开通、运动之预备，皆其余事，而惟道德为之师。”③梁启超把青少年作为新民德的重点对象，认为私德、公德都要培养，但在当时的形势下，以公德培养为要。“知有公德，而新道德出焉矣，而新民出焉矣！”④梁启超所阐发的“公德”含有两个主要元素，用他的话来说，一是“爱国心”，一是“公共心”或“公益心”；一是国家伦理，一是社会伦理，而尤以前者为重。概括而言，梁启超所谓的“新民德”主要是指资产阶级的独立、自由、利群、进取、冒险等有利于国家和国人与其他国家民族竞争的道德。

① 王栻．严复集(第1册)．北京：中华书局，1986：31.

② 李兴华，吴嘉勋．梁启超选集．上海：上海人民出版社，1984：206.

③ 李兴华，吴嘉勋．梁启超选集．上海：上海人民出版社，1984：264.

④ 李兴华，吴嘉勋．梁启超选集．上海：上海人民出版社，1984：216.

二、为学校德育注入了新内涵

中国传统学校德育主要包括两方面的内容：一是个人道德修养方面，如温良恭俭让；二是人与人的关系方面，主要是“三纲”“五常”（仁、义、礼、智、信——是用以调整、规范君臣、父子、兄弟、夫妇、朋友等人伦关系的行为准则）及其衍生出的其他德目。总的来讲，确实如清末启蒙思想家所批判的那样，中国传统学校德育偏重个人道德修养及熟人圈子人与人交往的伦理准则，而且还有一个突出特点就是“人与人之间不平等”，强调上下尊卑，男尊女卑（女子根本就没有受教育的权利），并且不同身份的人之间遵循不同的伦理准则。

清末资产阶级启蒙思想家提倡的学校教育“新民德”有“破”有“立”：“破”主要指破除封建三纲五常这种不平等的旧道德对人们思想观念的束缚，以及由三纲五常所造成的自私、懦弱、虚伪、奴性、保守等妨碍国家和国人积极进取的旧道德；“立”主要是引进与培植资产阶级民主政治所宣扬的自由、平等、民主、权利，以及与之相生的公德心（公益心）和爱国心。

自由、民主、平等、权利观念和公德德目对当时的中国人而言非常陌生。但得益于启蒙思想家的宣传和提倡，在清末时候已经逐步地进驻了学校教育这块阵地。一本评论商务印书馆1904年出版的《最新初等小学国文教科书》的史书说：“但由于时代的局限，其内容除了忠、孝、仁、义、尊孔、崇道和资产阶级宣扬的自由、平等、博爱等口号外，没有别的什么进步的东西。”①从这句评论中显然可以看出自由、平等、博爱等都已经被纳入小学国文教科书了。再看清末的修身课本。据资料显示，修身课本是清末新旧学校教育更替时品种最多的课本②，由此可以看出清末新旧伦理“破”与“立”的争锋。其中一本文明书局光绪三十一年（1905）八月出版的《小学修身唱歌书》，全书歌词按德目相同聚在一起，共27个子目，汇于7个大题目，包括总纲；对己，对家，对人，对社会，社会、公义（务）、公德；（对社会3个子目所列歌词最多，共计27则）；对国家：国、尊王（不是皇）、爱国、守法、兵役；对庶物。提纲挈领似乎类同梁启超说的家族伦理、社会伦理、国家伦理。再试举歌词一首：“改良社会从实践，人格须完全。竞争场上着先鞭，吾曹幼稚年。强弱淘汰，虽

①② 汪家熔．民族魂——教科书变迁．上海：商务印书馆，2008：76.

说天演，人尽人事神无权。"再以文明书局阳湖庄俞主编的另带图画册的《初级蒙学修身教科书》为例。该书光绪二十九年(1903)八月出版，特点是正文不以德目作题目，而是在课文结束后另起一行用小字点明旨趣，其中第三课的旨趣是"做人之不可不智"，第四课是"人当有为人之能"；另有彪蒙书室的《绘图蒙学修身实在易》，其德目中也涉及合群、尚武、自力、爱国爱种等；最后再举中国教育改良会的《最新女子修身教科书》一例。该书光绪三十一年(1905)九月出版。书中宣传了很多新思想，如兴办女学；自立、戒缠足、劝阅报、平权、自由、自由婚姻等课目。显而易见，这些教科书为学校教育注入了新内涵。从此以后，以资产阶级民主政治下的公民道德教育为准的"新民德"与中国传统学校旧德育展开了长久的交锋、更替和交融。

第二章 学校教育“新民德”的政治学分析

“马克思主义认为，道德领域的重大冲突常常是政治变革的前奏。一个社会的道德状况，往往是当时政治状况的重要表现，并且既容易被人们直接感受到，又容易激发人们的政治情绪。所以，历史上发生的许多重大政治变革，往往是以抨击旧道德作为前导的，又在此政治变革运动的发展过程中，加速旧道德体系的衰落，推动新道德体系的形成。”①我国自清末以来的“新民德”进程与民主政治的推进便是这样一个相辅相成的过程：追求民主政治，就必须破除与封建专制王权互为表里的封建伦理道德；反之亦如此，要臻至“新民德”，就必须推翻封建旧道德所赖以寄存的封建专制制度。在此意义上可以说，“新民德”的效果受中国近现代民主进程的制约。

第一节 新民德的成就需要与之相适应的社会制度环境和制度资源

一、制度与道德互动的一般原理

（一）何谓制度

从字面意义上看，“制”有节制、限制的意思，“度”有尺度、标准的意思。这两个字合起来，表明制度是节制人们行

① 谭献民．传统文化与社会主义精神文明建设．长沙：湖南师范大学出版社，2000：32.

为的尺度。[①] 新制度经济学派的代表人物诺斯指出：“制度是一个社会的游戏规则，更规范地说，它们是为决定人们相互关系而人为设定的一些制约。”[②]其实，制度不仅约束人们的行为，而且也为人们提供了可以自由活动的空间，换言之，制度不仅告诉人们不能做什么，同时也告诉人们可以自由地选择去做什么。

（二）制度与道德

“制度与道德原本就有着亲缘关系，起源上同根同源，内容上相互渗透，功能上相互支撑，特点相异而又义理相通。”[③]制度需要以道德为基础，道德需要借助制度来生长。正因为如此，才有“制度伦理”这一制度与道德两种社会规范体系的结合称谓。

从道德实践的角度来看，道德规范可分为两个层面，即制度性的道德体系和日常生活的道德体系。这两方面既有区别，又有联系，往往交织在一起。[④] 制度性的道德体系是指存在于社会基本结构，并体现在社会制度如经济制度、政治法律制度中的道德原则、道德规范的总和。制度性的道德体系在整个道德体系中占据什么样的位置？我们知道，人类的道德生活是一个具有不同层次的综合性系统。这一综合性系统大致可分为三个基本层次，即终极信仰层次、社会交往层次和个人的心性修养层次，分别对应于伦理学家们常常所谓的“信仰伦理”“规范伦理”和“美德伦理”。制度伦理以社会规范伦理为基本理论维度。“信仰伦理”“规范伦理”和“美德伦理”三个层次本应结合起来进行研究，不过，因为中国传统道德有过分注重形而上的道德理想主义和把个人心性修养推向极端的倾向，所以“规范伦理”应得到加强，相应地，对以“规范伦理”为基本理论维度的“制度伦理”也要加强。

制度以规则和理念共同作用的方式对国民道德的更新产生作用[⑤]，这种作用有两个重要的特点：一是制度的规范和精神具有全局性、公共性、共享性的特征，这就使得它所面对的对象具有最大的广泛性，制度将其规范和所蕴涵的

---

① 董建新．制度与制度文明．暨南学报(哲社版)1998(1).

② [美]诺斯．制度、制度变迁与经济绩效．上海：上海三联书店，1994：3.

③ 梁禹祥．制度伦理与道德建设．道德与文明，2000(3).

④ 陈筠泉．制度伦理与公民道德建设．道德与文明，1998(6).

⑤ 隋淑芬，余灵灵．新制度生成新民德．思想教育研究，2007(3).

制度精神均衡地辐射到每一个国民，对全民的道德理念都产生最重要的直接或间接影响；二是制度通过一系列设定规定了人们的选择集。例如，封建专制制度向近代民主制度转型的制度变革，将使社会由传统的“身份社会”向“契约社会”转型，专制制度下人身依附的身份关系向独立主体间的契约关系转化，等级关系向平等关系转化，新制度消除政治歧视、身份歧视、地位歧视等，使整个社会关系结构发生根本性的变化，确立了人与人、人与社会新型关系基础上的制度规范与伦理规范。因此正是制度设计和制度安排鲜明地摒弃了旧的选择集，供给新的选择集，规定了国民道德的发育方向、选择目标和选择空间。可见，制度对国民整体的道德诉求、道德结构、价值理念、行为方式产生着直接的、根本性的影响，诚如严复所言，“民亦因法而日化”①。

二、公德建设需要以民主政治制度为前提

（一）新制度生成新民德

有关制度伦理的理论表明，如果根本政治制度本身的正当性发生了问题或引起社会成员普遍的怀疑和否定，社会首先应该进行的是制度变革，而不是道德教化。因为教育固然重要，但是教育所需的资源多、时程长、发展不平衡，而且教育所灌输的新理念，如果缺乏制度支撑，广大民众在选择和实践的过程中，很可能受到损益，因而很难内化为广大民众的价值追求和自觉意识。

首先，新制度为新道德营建了一个保护域，使之能够正常地逐渐发育、生长。在新道德生成和发育的过程中，必然受到来自社会各个方面，尤其是积淀深厚的旧道德、旧风俗、旧习惯的压抑和排斥。在道德博弈中，新道德依托于新制度的安排和规定，释放观念禁区，提供新的选择空间，迫使旧道德以不合制度规则而逐步淡出。

其次，新制度以硬性规定的方式，打破原有的利益格局，确立了新的利益规则，建构了一种基于利益的道德生成与激励机制。只有遵循这些规则，才能获得制度所承诺的收益。制度作为客观的社会存在，不仅不为道德实践主体的个人偏好所左右，相反却对个人的偏好和价值追求起到矫正作用，把它们纳入统一的社会秩序之中。制度的这种全局性、公平性，极大地减少了

① 王栻．严复集(第1册)．北京：中华书局，1986：96.

获利的机会主义。这种利益的规范化和与此相联系的收益的预期判断，直接影响着人们的道德理念与道德选择，使获利——道德认知与道德行为——获利形成一种循环机制。

(二)先谈权利，再谈公德

罗尔斯在《正义论》中论证制度伦理的重要性时认为，对制度的道德评价和选择，应当优先于对个人的道德评价和选择。① 这就是说，人们总是首先选择用于制度的根本道德原则，然后才能选择用于个人的道德准则——义务和责任。罗尔斯认为，“正义是社会制度的首要价值”，一项正义的制度安排就是使其最大限度地实现某种平等。因此，如果说个人负有支持制度的义务，那么制度必须首先是正义或接近正义的。离开制度的正义性来谈个人道德的修养和完善，甚至对个人提出各种严格的道德要求，那只是充当一个牧师的角色。

政治制度和政治理想的阐述，必然揭示国家和公民之间的权利、义务的问题，也就是关于立法和公民道德准则的问题。早在古希腊中期，著名政治哲学家和伦理学家亚里士多德就曾在《政治学》一书中，指明了包括政体和政府在内的国家基本政治制度之于国家政治文明、公民资格和公民美德等政治元素的基础性意义。他在讨论“公民之善”与“人之善”的不同实践和意义时谈到，“公民之善”的成就不仅有赖于公民个体的“实践智慧”——这正是人们成就“人之善”所唯一需要的“中道”基础，而且还有赖于包括国家政体和政府治理在内的城邦政治制度的正当选择与正义运行。②

民主政治制度的核心是以公民个人权利作为合法性基础，它确立了利益主体与权力主体的合一。民主政治制度赋予了广大民众主人翁的社会地位，保障了其参与公共事物与公共决策的权力，促使个人利益与社会公共事务密切相关。这种权与利的合一性，不仅使广大民众具有对自身利益的自觉、自主的现代意识，而且广大民众由有权而达到有利，参与社会公共事务的积极性高涨，为公共意识与公共精神的培育提供了制度鼓励机制。需要与利益的获得，必然引发广大民众对民主政治制度所蕴涵和体现的包括公共意识和公

---

① 罗尔斯．正义论．何怀宏，何包纲，廖申白，译．北京：中国社会科学出版社，1988：105.

② 万俊人．公民美德与政治文明．光明日报，2007-06-19.

共精神在内的价值理念和伦理观念的认同。最终民主政治制度与新理念融为一体并被广大民众作为一个事物来体认和接受。

第二节 中国民主进程的曲折与学校教育“新民德”的扭曲

尽管民主政治制度对于新民德而言，具有成本低、效率高的优势，但是由封建专制制度向近现代民主政治制度的转型本身需要巨大的成本，尤其是对于现代化进程属“外源内生”型的中国而言，民主进程不可能一蹴而就、一帆风顺。因此，“新民德”不是民主觉醒和市民社会形成过程中的自然选择，而为先进分子所发起和推动，缺乏民众基础，造成先天不足。这种政治变换背景下的学校教育一再被赋予富有时代感的政治内涵，一再被改造、扭曲、降解，突出体现在“国家公德”对“社会公德”的僭越，陷入困境。比如，我们长期把“五爱”作为社会主义社会的社会公德，这不仅在《政协临时纲领》这部新中国成立初期的临时宪法中得以确认，而且延续了很长时间。在我们的主流意识形态和主流伦理学中，似乎与“爱祖国、爱人民”等“五爱”相比起来，作为指导人们日常行为规范的社会公德只是细枝末节，只是小事，因此，在我们的主流伦理学体系中或语焉不详或根本不说。

新中国成立以前的近代民主进程是靠民族民主革命来推进。其中，五四运动以前，又是靠资产阶级领导的民族民主革命来推进的。几乎每一阶段的民族民主革命都伴随着有关国民素质的思想论战，并且最终以学校教育为突破口。

一、清末新政与学校教育“新民德”发轫

众所周知，像严复、梁启超等早期资产阶级启蒙思想家起初主张向西方学习并思考的是“新制度救国”论，还注意到新制度之于新民德建设的意义。“但是仅仅以进化论的历史合理性和救亡图存的需求，就以为新制度可以顺理成章地建立，忽略了制度转型本身的巨大成本和曲折过程，这也导致了严复等人后期走入专注于教育救国论的偏向。”①

(一)“公车上书”与“戊戌变法”

1895年康、梁等发起的“公车上书”，是中国旧民主主义革命时期的第一

① 隋淑芬，余灵灵．新制度生成新民德．思想教育研究，2007(3).

个救国纲领。它的主要内容是要求清政府适应世界发展变化的新形势，对中国的政治、经济、文化教育等各个方面进行改革。"公车上书"虽遭到清廷的拒绝，康有为、梁启超等人却将它印发全国，引起了社会各阶层人士的广泛关注，为民主主义政治运动的第一次高潮，即1898年"戊戌变法"维新运动和1900年义和团反对八国联军侵略的抗争拉开了序幕，促进了我国近代意义上民主政治的诞生。

早在"洋务运动"后期，一些接触西方社会较多的改良思想家，开始在西方政治参照下，提出针对中国专制制度的落后性及其带来的社会弊端进行改革的主张：其一，主张"君民共主"；其二，主张设立议院。这多少带有西方民主政治的色彩，反映了人民参政和制约君权的积极要求，但又与民主政治有着本质区别，因为它欲解决的不过是上下隔绝问题，而不是人民当家做主的"权利"。郑观应关于设立议院的理由清楚地表明了这一点："欲行公法，莫要于张国势；欲张国势，莫要于得民心；欲得民心，莫要于通下情；欲通下情，莫要于设议院"①。这可以算作我国近代意义上民主的萌芽。

甲午战争失败后，中华民族危机进一步加深，许多有识之士感到不对封建政治制度进行改革，徒然效仿西方军事技术、生产技术已不足恃，且军事技术和生产技术的有限发展也受制于封建君主专制制度。所以，要求学习西方、进行政治制度改革的呼声空前高涨。"公车上书"就是应这种时局的要求而发起的，并带动了随后的"戊戌变法"。"变法必先变官制"，官制改革是"戊戌变法"的重要内容之一。官制改革的内容可以概括为："并减机构，裁汰冗员，参照西方、日本的政治制度，建立、健全适合当时中国政治的制度"②。总之，此期，一批资产阶级维新思想家在早期民主主张的基础上，进一步提出兴民权、实行君主立宪、通过自上而下的温和改良道路使中国逐渐走上民主道路的主张。自此，可以说，近代意义上的中国民主诞生了。

(二)清末"新政"与君主立宪

1901年的《辛丑条约》签订后，帝国主义开始转变侵华策略，实行"保全"政策，即通过保全清王朝、控制清政府来变相掠夺中国权益，导致清政府"卖国求存"的面目彻底暴露。因此，这一时期中国人民反帝反封建的资产阶级民

---

① 夏东元．郑观应集．上海：上海人民出版社，1982：314.

② 谢俊美．政治制度与近代中国．上海：上海人民出版社，2000：239.

主革命，主要表现为对内推翻清王朝的革命武装斗争。

清王朝在它的最后十年内也作了一番“垂死挣扎”，但统治力量日渐削弱。1901年，清廷迫于内外压力，不得不进行被动的改革，即清末“新政”。朝廷先是设立政务处，作为策划改革的指导机构；其后又于1905年派遣五大臣出洋考察各国政制，酝酿立宪的措施，并于1908年宣布立宪计划，同时颁布“宪法大纲”。但这些改革对清政府当时所处的状况而言，实属“回天无力”。其时，各派政治力量都预见到清王朝的行将就木，都在抓紧时机，大张旗鼓地宣传各自的政治主张，“各思以其道易天下”。其中，以康有为、梁启超为代表的立宪派(保皇派)和以孙中山为首的革命派影响最大，这两种势力在设计中国未来政治走向上，意见存在根本分歧：立宪派主张以渐进、温和的方式改良中国政治制度，想由“开明专制”(君主立宪)向“民主共和”平稳过渡；革命派以反满排满相号召，提倡用暴力革命推翻清王朝的政治统治。不过，尽管两派政治立场迥异，但认为中国必须革新政治，并进行社会和道德、风俗方面的变革，却是他们的一致共识；另外，他们对于自由、平等、博爱、人权等资产阶级政治文明，均采取热烈欢迎态度。

这一时期，无论是革命派还是立宪派，都对未来在中国实行的民主制度进行了相对比较明确的设计。立宪派设计的是君主立宪方案，革命派设计的是民主共和方案，即孙中山的三民主义。与此前不同的是，这时期资产阶级对政治文明的向往，并不仅仅停留在口头上，还付诸实际行动，如立宪派的立宪请愿运动，革命派的反清武装起义等。而其中，“辛亥革命”的爆发，将反清武装起义推向了高潮，并最终导致了清王朝的灭亡。

(三)“中体西用”在学校教育领域的盛行

“戊戌维新”到辛亥革命时期，改良派在进行政治变革时，开始关注国民素质对民主政治的重要作用。他们认为，“开民智、明民力、后厚德”，是使中国由弱变强、变专制为民权的重要条件。因此，主张把变官制与变科举作为变法之本，如维新思想家梁启超在《论变法不知本原之害》一文中提出：“变法之本，在育人才；人才之兴，在开学校；学校之立，在变科举；而一切要其大成，在变官制。”①以政治改革为根本，以教育改革为先导，正是维新思想家主张改革的基本思想脉络。也就是说，资产阶级改良派除了提倡变革封建

① 梁启超．论变法不知本原之害//饮冰室合集·文集之1．上海：中华书局，1936：10.

专制制度以外，还主张广开学校来培养高素质的国民，培养与君主立宪政体相"匹配"的国民。然而，这一阶段学校教育的主旨并没有突破"中体西用"的域限。

"中体西用"很容易让人联想起张之洞其人。"中体西用"本来是早期洋务派政治、经济、文化思想的集中概括。1898年年初，随着维新变法运动的深入，坚守封建纲常名教的张之洞试图在顽固派和维新派的主张之间寻找一条调和折中的路——"旧学为体，新学为用，不使偏废"①。为此，张之洞特作《劝学篇》，将"中体西用"的思想系统化、理论化。《劝学篇》共二十四篇，四万余字，"内篇务本，以正人心；外篇务通，以开风气。"所谓"本"，指有关世道人心的封建纲常名教，不能动摇；所谓"通"，指工商学校报馆诸事，可以变通举办。也就是主张在维护封建制度的基本原则下接受西方资本主义列强的技艺，来化解封建制度的落后所带来的社会弊病。《劝学篇》外篇关于学习西政、西艺的主张，包含不少开明意见，但究其实质它提倡的是"中学治身心，西学应世事"的原则。在维新变法进退两难的微妙时刻，张之洞所著的《劝学篇》深得光绪帝和慈禧太后赏识，命作为"钦定维新教科书""挟朝廷之力以行之""广为刊布"，由此可见其影响力。在张之洞的《劝学篇》后，"中体西用"曾一度成为当时的"流行语"，只不过它除"继续含有学习西方'富强之术'的意味外，更多地包藏着反对近代化政治改革的内蕴"。②

由于这段时期执政的仍然是清政府，所以学校教育自然不能期待清政府会允许培养自己的"掘墓人"。1901年，慈禧太后宣布变法的上谕中说："世有万古不变之常经，无一成不变之治法……不易者三纲五常，昭然如日星之照世。而可变者令甲令乙，不妨如琴瑟之改弦"③。这显然是"中学为体，西学为用"的翻版，故这时期学校教育的宗旨仍是"中体西用"。如张之洞等在1904年奏请颁布《奏定学堂章程》时声明："至于立学宗旨，无论何等学堂，均以忠孝为本，以中国经史之学为基。俾学生心术壹归于纯正，而后以西学瀹其智识，练其艺能，务期他日成材，各适实用，以仰副国家造就通才、慎防流弊

① 张之洞．劝学篇·设学第三//张之洞全集．石家庄：河北人民出版社，1998：9740.

② 冯天瑜．探求过渡之道的两种方案//东方的黎明——中国文化走向近代的历程．成都：巴蜀书社，1988：279.

③ 变法上谕//义和团档案史料(下册)．北京：中华书局，1959：914.

之意。”①1906 年 3 月，学部针对民权思想的流行和资产阶级革命派的活动，拟定“忠君、尊孔、尚公、尚武、尚实”的五项教育宗旨，经奏请朝廷认定，宣示天下，并称前两项是“中国政教之所固有，而亟宜发明以距异说者”，后三项是“中国民质之所最缺，而亟宜箴砭以图振起者”。这五项教育宗旨，虽未脱“中体西用”的窠臼，如“忠君”“尊孔”体现了清政府要求学生效忠封建王朝的政治意图；但同时也反映了一定的近代精神，如“尚公”“尚武”“尚实”三项表明了清政府对培养国民公共心、国家观念、强身健体以及基本生活技能的注意。所谓的“尚公”，是要“务使人人皆能视人犹己，爱国如家”；所谓“尚武”主要是军国民主义精神的反映；所谓“尚实”，要求教学“必人人有可农可工可商之才”。②

君主立宪虽然迈开了走向民主政治的“一小步”，但因为封建统治者不会允许动摇封建统治的根基，所以不会促进实质意义上的民主进展。至于开民权、设议院等业已做出的迈向民主进程的真假改革，也不过是封建统治者不得已的自救性质的努力。他们一方面为民主政治打开了一个小小“豁口”，使得民主政治的道德基础诸如民主、自由、平等、公正观念，不以他们意志为转移地被催生；另一方面，他们又坚决拥护捍卫封建专制统治的儒家三纲五常的伦理道德基础，抵制与西方资产阶级民主政治相配套的道德观念的输入，当然，民主政治所需道德基础中与封建三纲五常不相违背的内容，清政府还是力求让步接受的，如国家思想、公德心等，只不过在国难当头的严峻形势下，清政府赋予它们特别的意义罢了。

二、民国甫建与学校教育“新民德”昙花一现

(一)“三民主义”与“辛亥革命”

“三民主义”是中国旧民主主义革命时期的第二个救国纲领，而“辛亥革命”则是中国旧民主主义革命的第二次高潮。

1911 年爆发的辛亥革命，以摧枯拉朽之势推翻了统治中国长达两千多年

① 张之洞．重订学堂章程折//朱有𤩽．中国近代学制史料(第 2 辑·上册)．上海：华东师范大学出版社，1987：78.

② 学部奏请宣示教育宗旨折//朱有𤩽．中国近代学制史料(第 2 辑·上册)．上海：华东师范大学出版社，1987：151－156.

的封建君主专制，掀开了民主共和的新纪元。1912年1月，中华民国正式宣告成立。辛亥革命的胜利和对封建势力的扫荡，以及新的资产阶级民主共和国的建立，加速了中国政治制度近代化的进程，把中国政治制度改革再次推向了一个更新更高的阶段。孙中山在发布《临时大总统就职宣言书》时，指出中华民国临时政府的任务为"尽扫专制之流毒，确定共和，以达革命宗旨，完国民之志愿"①。

（二）南京临时政府借政策法令保障推行民主共和

民国的建立为"戊戌维新"时期以来思想界倡导的天赋人权、自由、平等学说的实现提供了条件。南京临时政府成立后不久，颁布了具有宪法效力的《中华民国临时约法》，其中规定：中国人民不分种族、阶级、宗教，一律平等；享有人身、居住、财产、言论、出版、集会、结社、通信、信仰等自由；有请愿、诉讼、考试、选举和被选举等权利；有纳税、服兵役等义务。这是中国历史上第一次以宪法的形式对人的平等性作出具体规定。《临时约法》还规定："人民有言论著作刊行及集会结社之自由。"此外，临时大总统孙中山还对于危害社会和人民，危害革命和建设的不良风气和恶俗，在宣传教育的同时，也用行政法令加以禁止和取缔，内容涉及禁卖人口、禁止体罚、解放"贱民"、保护民权、严禁鸦片、禁止赌博、管制娼妓、改革历法、改变称呼、限期剪辫、劝禁缠足、改革礼仪、树立新风等各个方面，都表明了孙中山及革命政府努力建设一个崭新的民主国家，培养一代共和国国民的决心，曾给中国社会带来了新的气象：报刊数量大增、党派社团兴盛、公民参政热情迸发、移风易俗流行、"做新国民"成为时尚等。当然，这些新气象显现的关键在于南京临时政府的"有为"。

（三）民初（1912－1913）国民教育"新民德"昙花一现

民国成立伊始，百废待兴。资产阶级革命派和教育界有识之士，一再强调国民教育的重要。他们认为，国家强盛以国民教育程度为基础；中华民国由专制一跃而为共和，但民众普遍缺乏共和训练，只能通过国民教育予以提高。在临时大总统孙中山对教育事业的重视下，蔡元培领导新教育朝向培养"共和国民"的目标迈进。孙中山指出，"教育为立国之本，振兴之道，不可稍

① 孙中山．临时大总统就职宣言书//孙中山全集（第2卷）．北京：中华书局，1984：545.

缓"[①]。他从"民权主义"角度，认为必须普及教育以便使每一个人都成为国家的主人。这种普及教育的思想更具体地体现在他拟订的《地方自治开始实行法》中："凡在自治区域之少年男女，皆有受教育之权利。学费、书籍，以及儿童之衣食，当由公家供给。学校之等级，由幼稚园，而小学、而中学，当陆续按级而登，而至大学而后已。"[②]虽然结合当时社会经济"赤贫"的现实来看，孙中山的普及国民教育的理想与现实还存在很大差距，但至少可以表明民国初期政府对教育的重视。

南京临时政府成立后，即设立教育部，任命蔡元培为中华民国的首任教育总长，规划并领导教育改革工作。蔡元培认为新教育的根本目标在于"养成共和国民健全之人格"[③]。为实现这一根本目标，蔡元培提出了以公民道德教育为核心的"五育"(军国民教育、实利主义教育、公民道德教育、世界观教育、美感教育)并举的教育方针。关于道德教育的内容，蔡元培认为："何谓公民道德？曰法兰西之革命也，所标榜者，曰自由、平等、博爱。道德之要旨，尽于是矣。"[④]与此同时，蔡元培主张通过普及义务教育来贯彻教育普及性、平等性的原则，他还特别强调必须实行男女平等。在教育普及方面，蔡元培考虑到了教育经费严重不足问题，所以他主张"其所撙节之款，以之多办初、高两等小学，渐立普及教育基础，一洗前清积习"[⑤]。总之，这一时期蔡元培所规划的国民教育改革以反对封建教育、贯彻资产阶级民主思想为主旨；国民义务教育发展比较迅速。

根据"五育"并举的教育方针，教育部先后公布了一系列教育法令、法规，如《小学校令》《中学校令》《小学校教则及课程表文》《中学校令施行规则》《普通教育暂行办法》等，从课程、教材、教育宗旨、教学法等各个方面与培养公民道德挂钩，除旧布新，如规定废止小学读经等。这一时期教科书的革新也体现了摒除封建专制主义，确立民主共和精神。民国元年《教育杂志》刊登了商务印书馆《编辑共和国小学教科书缘起》一文，提出编辑教科书的要点如下：

---

① 李华兴．民国教育史．上海：上海教育出版社，1997：7.

② 孙中山．地方自治开始实行法//孙中山全集(第5卷)．北京：中华书局，1984：223.

③ 蔡元培．蔡元培全集(第2卷)．杭州：浙江教育出版社，1997：64.

④ 蔡元培．蔡元培全集(第2卷)．杭州：浙江教育出版社，1997：131.

⑤ 蔡元培．蔡元培全集(第2卷)．杭州：浙江教育出版社，1997：16.

"一、注重自由平等之精神，守法合群之德义，以养成共和国之人格。二、注重表彰中华固有之国粹特色，以启发国民之爱国心。三、注重国体政体及一切法政常识以普及参政之能力。四、注重汉、满、蒙、回、藏五族平等主义，以巩固统一国民之基础。五、注重博爱主义，推及待外人爱生物等事，以扩充国民之德量。六、注重教育及军事上之知识，以发挥尚武精神。七、注重国民生活上之知识与技能，以养成独立自营之能力……"①显然，这个编辑原则是教育宗旨把公民道德教育放在核心地位的具体体现，从中可见这一时期学校教育"新民德"的详细条目，如自由、平等、合群、独立、博爱等。最后是1912—1913年学制(也叫壬子・癸丑学制)的公布，它突出了对封建专制教育的否定和批判，无疑是这一时期学校教育"新民德"的重要支撑。该学制继承了癸卯学制对义务教育的规定，提倡国民教育的普及；主张初等教育不分设男校女校，破除了男尊女卑的观念；停办了以王公世爵和满汉文武大员子弟为招生对象的"贵胄学堂"，体现了民主、平等精神；还规定在教育工作中禁止体罚学生，以示对个人权利的尊重。

总之，民国初年的学校教育是中国近代教育史上首次明确主张资产阶级公民道德教育，使得学校教育"新民德"受到多方扶持而蓄势待发。只可惜，刚刚破土而出的"公民道德教育"幼芽很快又遭到袁世凯政府尊孔读经的复古逆流的涤荡，学校教育"新民德"如同昙花一现。

三、民主"在野"与学校教育"新民德"异化

民初的民主共和观念还未深入人心，封建复古逆流便滚滚而来。关心中国民主的人们逐渐发现，清末以来中国人前仆后继奋斗得来的"民主共和"，竟然是一块空招牌。封建专制统治事实上依然存在，以复辟帝制思想、尊孔复古思想、封建伦理纲常为代表的封建专制主义思想，依然如乌云般笼罩着中国社会的各个角落。诚所谓"共和方生，专制还魂"②。封建军阀走马灯似的不停移位，你方唱罢我登场。就在万马齐喑之时，陈独秀率先喊出了民主与科学的口号。在陈独秀看来，以前的洋务、变法、革命，最多也只是运动群众去实现反帝或反清的目的；结果"多数国民"并没有得到民主权利，也没有

① 商务印书馆．编辑共和国小学教科书缘起．教育杂志，1911(4).

② 马小泉等．强权与民声——民初十年社会透视．开封：河南大学出版社，1991：6.

自觉的民主要求，所以，革命成果自然容易被少数人攫取。如今的首要问题就是唤起民众的觉悟，来自觉自动地争取民主。陈独秀强调指出："共和宪政，非政府所能赐予，非一党一派所能主持，更非一伟人大老所能负之而趋。共和宪政而不出于多数国民之自觉与自动，皆伪共和也，伪立宪也，政治之装饰品也。"①陈独秀的言论真可谓"一语惊醒梦中人"，立即得到思想界的一致认同与积极回应。于是，一场以改造国民性为目的的思想启蒙运动蓬勃而起。从五四时期开始，随着思想界对民主的大力提倡，政治领域的民主进程开始出现转折：由原来单线追求英美法式资产阶级民主，开始转向资产阶级民主和新民主主义民主并行发展、竞争、演化的路径。

(一)两类民主的产生、共存、发展、演化

1. 民主政治相对比较繁荣的时期

"辛亥革命"后民主成果的流产、第一次世界大战和巴黎和会所直接暴露的西方资本主义社会制度的黑暗以及1917年十月革命给中国送来的马克思主义，促使曾经盲目迷恋和崇拜西方资产阶级民主制度的思想政治先驱开始反省，他们越来越认识到西方资产阶级民主制度脱离我国具体国情、脱离了广大人民群众。所以，为了继续民主未完的事业，推进中国民主进程，在1921年中国共产党成立和新民主主义革命逐渐开展后，以孙中山为代表的资产阶级革命派开始把旧三民主义发展为新三民主义，即联俄、联共、扶助农工，从而又给资产阶级民主革命注入了新鲜血液和活力。

尽管五四后至南京国民政府建立前这段时期内中国民主分化为两条发展主线，但由于进行反帝反封建的革命实践的需要，国共两党在两类民主问题上都注重求同存异，即都注重强调两种民主的共性，或者说二者相通的内容，而对不同之处公开强调较少。而且，孙中山本人此期比以往任何时期都更自觉、突出地把工农民众看成是革命和民主的主要力量。正因为如此，两类民主均把反帝反军阀看做是争取国家民主自由的手段，在国共合作中互相促进，共同发展，没有出现明显的对立和冲突。

2. 两类民主的低迷

大革命失败后，资产阶级民主的接力棒主体从以孙中山为代表的革命的国民党人转变为主要代表上层小资产阶级和民族资产阶级利益的中间势力。

① 陈独秀．吾人最后之觉悟//独秀文存．合肥：安徽人民出版社，1987：40.

这一势力本身成分较为复杂，且民主思想也比较庞杂而不系统，有些主张平民政权，有些提出人权主张，还有的提出全民政治的主张等，总体上都属改良性质，失去了反帝反封建的革命精神。他们一方面鼓吹民主，批评国民党专制统治；另一方面，又把实现民主的希望寄托于国民党当局实行民主改革。而代表中央政府的南京国民政府领袖蒋介石则奉行法西斯主义，所以南京国民政府建立后的最初几年，代表在野党的两类民主发展均受到不同程度的遏制：资产阶级民主失去了实践领地，发展不成气候；新民主主义民主主要围绕反对国民党的专制独裁统治，提出了工农民主专政(即苏维埃)的新的民主制度的构想，但苏维埃政权的建立之路也布满了荆棘。

3. 抗战时期民主空前发展

抗日战争的爆发为中华民族的团结统一提供了一个良好的机遇。在中华民族面临生死存亡的关头，中国各种爱国的政治力量毅然摒弃前嫌，集结到全民抗战的旗帜之下。国共合作的实现，抗日民主统一战线的形成，体现了民心所向。共同的奋斗目标、民主的发展、各条战线的配合，是抗战八年期间以爱国主义精神为核心的国民道德水平不断提升的关键。

抗日战争是一场规模空前的民主运动的催化剂。"九一八"事变后，广大中间势力强烈要求取消国民党"党治"，结束"训政"，实行民主宪政，以便动员全国人民一致抗日。资产阶级民主宪政强调事实宪政是保证抗战胜利的重要条件，宪政的最低要求是各党派平等合作和保障人民的民主权利，主张发动民众运动来促进宪政，提出建立多党制政府的构想等。总之，这一时期资产阶级民主的发展表现出了很大的进步性：不仅反对国民党一党专政，实行民主宪政的要求日益强烈，而且体现出了明显的反帝反封建的精神，民主宪政的内容也更为丰富，甚至体现了对劳动人民某种程度的关注。与此同时，新民主主义民主也不断发展并走向成熟；最关键的是，国民党作为政府和军队中均居于领导地位的政党，不得不在事实上承认各党派的存在。因此，抗日战争时期民主获得空前发展。"如果说五四前后的中国民主运动是以思想启蒙为主要特点的话，那么，抗战时期的民主运动则已不止于民主思想的研讨和宣传，而以推动实施为其直接目标了。"①最能体现战时民主发展的是国民党临全大会的召开和国民参政会的设立，后者相当于抗日统一战线的政治窗口。

① 王建朗．浅议抗战时期民主进程中的几个问题．史学月刊，2004(1).

抗日民主统一战线是抗日战争中爱国主义精神的最高物化组织形式。正是国共两党在中华民族到了最危机的时刻能够顾全大局，化干戈为玉帛，才使得爱国主义精神逐步成为抗日战争时期社会的政治和精神现象。爱国主义精神是国共两党合作的基础，而国共两党的合作又激发了全民爱国主义精神的潜力。在爱国主义精神推动下的国共合作促进了全民族抗战的实现，形成了包括工农商学兵各界各族人民、各民主党派、抗日团体、爱国人士、海外华侨在内的广泛的抗日民族统一战线，为抗战胜利奠定了基础。

众所周知，近代帝国主义对中国侵略的脚步未曾有片刻停歇，但中国一直因碍于军阀混战、党争不断、民智未开、国力不足，而始终未敢以举国之力全面抗战。直到国共两党合作的达成，抗日民主统一战线有了坚实的根基，抗战的火种才成燎原之势。抗战中，一切爱国人士、民主党派都积极响应抗日民主统一战线，同甘共苦，同仇敌忾，前仆后继。

总之，“九·一八”事变后至抗日战争胜利前，由于共同反对国民党专制统治和反对日本帝国主义侵略的需要，共产党人和中间势力关于民主问题都做了一些调整，使得两类民主不像前一时期那样尖锐对立，而是有了很多共同之处，如建立一个反映人民利益的宪法和能保障人民的民主权利的民主国家，通过民主的方式团结全国人民共同抗日救国，关注人民大众的民主要求，注意中国的具体国情，反对国民党一党专政，要求各党派平等合作等。这些共同之处使得两类民主在互相影响，互相促进中共同发展甚至是交叉发展。

总体而言，南京国民政府建立后，资产阶级民主思想对学校教育“新民德”的影响不太显著，因为中间势力发展的资产阶级民主一直没有自己的学校教育实践领地，它们依附于国民党，但相对国民党的“伪三民主义”而言又处于“劣势”地位，或者叫“非正统”地位；它们在发展的后期，虽然与新民主主义民主在很多方面达成共识，但又存在本质区别，以至于在共产党领导的老解放区学校教育中，也不可能占有一席之地。新民主主义民主思想、理念虽然随着苏维埃政权的建设逐渐在苏区和根据地学校教育中得以贯彻实行，但又过于强调与国民政府对立的一面、强调有利于夺取政权的一面、强调革命的一面，这些特征注定它也只可能是片面发展。

(二)“伪三民主义”与学校教育“新民德”的改造

1927 年，蒋介石发动“四·一二”政变，建立了南京国民政府，并逐渐从形式上统一了全国，至此，中国政局进入了国民党控制中央政权的新时期。

1. 蒋介石对法西斯主义政治理论的推崇

蒋介石非常推崇法西斯主义，不过，为了掩人耳目，他在宣扬法西斯主义的时候往往打着孙中山先生“三民主义”的旗号，因此，一般研究者将蒋介石对三民主义的“继承”称为“伪三民主义”。在 1931 年 5 月 5 日召开的国民会议的开幕词中，蒋介石曾公开提出法西斯主义。他指出：当今世界有三种政治理论，即“共产主义之政治理论”“自由民治主义之政治理论”和“法西斯主义之政治理论”。蒋介石在分别指出前两种政治理论不适合中国当下之国情后，对法西斯主义之政治理论作了充分肯定：“法西斯主义之政治理论，本超象主义之精神，依国家机体学说为根，以工团组织为运用。认定国家为至高无上之实体，国家得要求国民任何之牺牲，为民族生命之绵延，非以目前福利为准则，统治权乃与社会并存，而无后先。操之者即进化阶段中，统治最有效能者。国家主权，既为神圣，纵横发展，遑恤其他。国际上之影响，是否合于大同原则，不待智者而知”。要“挽救迫不及待之国家危难，领导素无政治经验之民族，是非藉经过较有效能的统治权之施行不可”，唯有“法西斯之政治理论”，能保证“最有效能的统治权”①。这次会议表明了蒋介石欲把法西斯主义作为国民党统治国家的政治理论的立场和观点。

蒋介石认为中国近代以来对民主政治的追求是根本错误的选择。1932 年国民党的特务组织之一“中华民族复兴社”建立。复兴社宣言道：“回溯四十年来中国所采取之方案，原则上都错了。醉心民主政治，提倡思想自由，结果陷入支离破碎、不可收拾的地步。在这时代，法西斯是我们的对症良药，法西斯独裁是中国的唯一救主。所以，要用以暴易暴的原则来实现中央强而有力的政治独裁主义。”“唯法西斯足以救中国之复亡”②。

法西斯主义政治理论的主要内容就是鼓吹“一个主义”“一个政党”“一个领袖”。蒋介石的“一个主义”就是“法西斯主义”的幌子，即“三民主义”，“一个政党”即国民党（言外之意就是不承认、不允许共产党或其他党派的共存），“一个领袖”自然就是指蒋介石他自己。概言之，蒋介石法西斯主义的核心就是建立蒋介石的个人独裁统治。

---

① 蒋介石．国民会议开幕词//向青等．三十年代中国．北京：北京大学出版社，1996：132—133.

② 所谓中国法西斯批判//向青等．三十年代中国．北京：北京大学出版社，1996：152.

蒋介石的法西斯主义具有浓厚的封建性。蒋介石认为：以孔子为中心的儒家学说是几千年来中国思想界的大动脉，三民主义的基本思想“渊源于中国正统政治思想和伦理思想，是从仁义道德发生出来的”。① 因此，蒋介石的封建性的法西斯主义表现在意识形态上就是对中国“固有的伦理道德(四维八德)”的鼓吹和盲目迷信，对绝对服从的法西斯专制主义的提倡。

2.“三民主义教育”与“新民德”

蒋介石虽然没有对教育问题作过专门研究，但由于他往往把教育纳入他的政治思想轨道，从而也形成了许多他自己关于教育问题的“见解”。因此，从南京国民政府建立到覆亡的22年，蒋介石以独揽党政军大权的领袖地位指点教育，发布“训令”，势必对学校教育方针、政策的制定和各级各类教育的发展走向，产生重大的影响。其中，对学校教育“新民德”产生根本影响的就是蒋介石把教育纳入政治轨道的出发点。反映到他的教育思想上，就是“教”与“育”并重兼顾；反映到学校教育实践领域，就是训育的贯彻实施；反映到整个民国社会，就是“管教养卫”策略的施行。

(1)“三民主义政治”与“三民主义教育”

南京国民政府成立后，蒋介石为巩固其一党统治，宣布“三民主义”为“中国唯一的思想”，不许有其他思想来“扰乱中国”。与政治上实行“一个主义”相配套，蒋介石立即在五四纪念会上提出对广大国民“实行党化教育”的问题，后改称“三民主义教育”。不管是“党化教育”，还是“三民主义教育”，其实质就是推行党义，“以党治国”，蒋介石曾明确宣布：“党员守则是我们教育的信条”，是“一切教育的基本科目”。② 由此可见南京国民政府时期的教育受政治的影响之深。

蒋介石标榜以“三民主义”作为教育的基础和指导思想，但他所谓的“三民主义”名义上是对革命领袖孙中山“三民主义”的继承，而实质上其基本精神就是“忠孝仁爱信义和平”八德，就是“礼义廉耻”四维。

据此，国民政府在学校中全面推行封建伦理道德的“四维八德”，把“四维”(礼义廉耻)作为全国共同校训，以“八德”(忠孝仁爱信义和平)为国训，要

① 蒋介石．三民主义之体系及其实行程序//向青等．三十年代中国．北京：北京大学出版社，1996：157.

② 蒋介石．革命的教育//“总统”言论选集(第9卷)，台北：“中华”文化事业出版委员会，1953：49.

求人人遵循。诚如蒋介石指出：“现在教育要怎样才能使一般人知道礼义廉耻，礼义廉耻四个字从什么地方做起，且能使它马上发生效力？最重要的一点，就是我们现在学校里的教育，不能仅是教，而且要有育，一定要教育并用。”他还认为，日本国家之所以能够称霸，就在于日本教育在科学之外，注重最重要的一个是训育，“在未教一切科学以前，先读他一本国民读本，教训学生做人的道理，先教他们明白自己对国家社会的责任和义务，与他自己做国民的地位。”在蒋介石对“四维八德”中国传统文化的重视与提倡下，“四维八德”成了南京国民政府文化教育事业的精神导向。不仅各级学校都开设“党义”(后改“公民”)“训育”课程，甚至国民政府教育部指令各级学校将“忠孝仁爱信义和平”八字制匾悬挂，“窃维人民非经训迪，难期至善，道德亦非提倡，无以久存”①。蒋介石强调“教”“育”并重，这一点是值得肯定的，只可惜他所谓的“育”的精神实质与民主政治的时代要求相悖离。

(2)“训育”：“三民主义教育”的“杰作”

“中华民国之教育，根据三民主义，以充实人民生活、扶植社会生存、发展国民生计、延续民族生命为目的，务期民族独立，民权普遍，民生发展，以促进世界大同。”②这就是南京国民政府时期颁布的“三民主义”教育的宗旨。1932 年，蒋介石在长沙各界代表会上作关于教育重要性的讲演中指出，寻找救国与复兴民族的途径，确定立国的方针和计划，始终不能忘记越王勾践在越国快被吴国侵略灭亡时所定的两句口号“十年生聚，十年教训”，生聚就是经济，教训就是教育。显然，这两句口号与“三民主义”教育宗旨的精神是一致的。

“三民主义教育”很重视以“四维八德”为核心的国民道德的培养，不过也赋予了新的时代内容。根据“三民主义”教育宗旨，南京国民政府于 1931 年颁布《三民主义教育实施原则》③，其初等教育(幼稚园小学)实施纲要规定：课程“应注重伦理知识及实践，以助长儿童忠孝仁爱信义和平之德性”；还详细规

① 中国第二历史档案馆．中华民国史档案资料汇编(第 1 编·教育 1)，南京：江苏古籍出版社，1994：76.

② 教育部次长马叙伦播讲教育宗旨稿//中国第二历史档案馆．中华民国史档案资料汇编(第 1 编·教育 1)，南京：江苏古籍出版社，1994：5.

③ 三民主义教育实施原则//中国第二历史档案馆．中华民国史档案资料汇编(第 1 编·教育 1)，南京：江苏古籍出版社，1994：1032.

定了“训育”的实施，如“注意训育和课程之连贯，并谋学校训育与家庭社会相连贯”“由史地时事及各种纪念会之讲解，以启发儿童爱民族、爱国家之精神”“由团体运动集会等训练，以养成儿童守时重律的习惯”“于公共场所揭示有关公德之标语，以养成儿童注意公共卫生、爱护公物之美德”……还涉及养成儿童爱劳动、勇敢、克己奉公、审美、节俭、民权等精神和观念。另外，1936年国民政府教育部公布《修正小学规程》，规定：“小学训育应以公民训练为中心，由教员利用儿童课内外各种活动，并联络家庭及本地公共机关加以积极之指导”①，其精神与1931年公布的《三民主义教育实施原则》基本相符，此外，还增加了“不得施以体罚”一项。

1931年颁布的《三民主义教育实施原则》规定：中等教育(包括初中高中及相当程度之学校)目标是“确定青年三民主义之信仰，并切实陶冶其忠孝仁爱信义和平之国民道德”，课程之教学，也要求与训育的实施相关联，还要注重童子军(初中)、军事训练(高中)及看护实习(女生)；对于“训育”“应根据团体化、纪律化、科学化、平民化、社会化的原则，使无处不含有三民主义的精神”，要求注重养成青年爱护国家发扬民族之精神、勤苦耐劳之习惯、强壮的体格、潜心学问的兴趣、自治的能力、协力互助的精神、服务社会的情意、优美情操的陶冶、对于家庭的责任、对性卫生的注意等与青年实际生活密切相关的各个方面。初中阶段的训育明确要求“务使与实际生活相接触，并谋家庭及社会间之联络”。

另外，1935年教育部公布《修正中学规程》中对于“训育”又作如下规定：“中学训育应遵照中华民国教育宗旨及实施方针所规定，陶融青年‘忠孝仁爱信义和平’之国民道德，并养成勇毅之精神与规律之习惯”；中学学生“除劳作科作业外，凡校内整理、清洁、消防及学校附近之修路、造林、水利、卫生、识字运动等项，皆须分配担任”；还要求中学校长及全体教员均负训育责任，且要以身作则，甚至要求“校长及专任教员均以住宿校内为原则，与学生共同生活”，等等。

(3)学校教育管理的掌控

从学校教育管理来看，国民党很注意对学校教育的统治。1931年6月1

---

① 修正小学规程//中国第二历史档案馆．中华民国史档案资料汇编(第1编·教育1)，南京：江苏古籍出版社，1994：544.

日公布的《中华民国训政时期约法》，以根本法的形式，明确规定"全国公私立之教育机关，一律受国家之监督，并负推行国家所定教育政策之义务"。国民党对学校教育的控制，突出体现在对特定教职人员的遴选和"三民主义"教育教材的编审两个方面。

a. 对特定教职人员的遴选"严格把关"

南京国民政府对选择党义教师和训育主任以及后来代替党义课教师的公民教育教师的态度都非常审慎。为使全国各级学校党义教师思想一致起见，要求各级学校组织党义教师检定委员会；颁发审查党义教师资格条例，严格遴选；还颁发国民党中央训练部检送各级学校党义教师、训育主任工作大纲与考核办法函等。1931 年 8 月 4 日颁发的《各级学校党义教师、训育主任工作大纲与考核办法函》中提到："查各级学校党义教师及训育主任所负推进党义教育，所负之使命至为重大，极应共同努力以策进行。"这一方面表明了党义教育与学校训育在目标上具有一致性；另一方面也表明了国民党对党义教师和训育主任的要求高于一般教师。《各级学校党义教师及训育主任工作大纲》规定了各级学校党义教师及训育主任共同的工作以及分别属于训育主任或党义教师的工作。前者主要是辅助学校行政、指导学生生活、加强自身修养等项。其中，指导学生生活包括"时时与学生接近，藉以匡正其思想言论行动"，对中等以上学校"随时调查学生平时所阅刊物及其所发表之言论""随时调查学生平时交友种类及其行动"等，这显然有违孙中山以教育"回复人格"，使国民为"国家主体"并享有"平等自由之权"的初衷。

b. 三民主义教育教科书的编审

南京国民政府成立后，一直对教科书的编审采取严格的审定制和国定制，对教科书的内容、形式、文字等都提出了明确要求，从而在一定程度上保证了教科书的品种和质量，基本满足了各级各类学校的教学需要。但党义课程教科用书和"三民主义"教科用书的审查与出版，也体现了南京国民政府强化管理体制的作风。

为使学校教科书服从"党义"，符合"三民主义"教育宗旨，1927 年 8 月，国民政府教育行政委员会通过了《组织教科书审查会章程》，饬令各书店限期将小学用新学制国文、国语、公民、社会、常识、历史、地理各种教科书呈会听候审核。1927 年 10 月，中央教育行政机构由中华民国大学院替代教育行政委员会。在大学院教育行政处下，专设书报编审组。同年 12 月，大学院公布《教科图书审查条例》，内容涉及：中小学教科用图书，“非经中华民国大学院审定者，不得发行或采用”；教科书“以不背党的主义、党纲及精神，并适合教育目的、学科程度及教科体裁者，为合格……”显然，这个条例已经明确将是否违背蒋介石国民党的党义、党纲和精神，作为教科书合格与否的首要条件。1928 年，大学院重新改为教育部。1929 年 1 月 28 日，国民政府教育部公布《教科图书审查规程》和《审查教科图书共同标准》。在《审查教科图书共同标准》中再次明确强调：关于教材精神，必须“适合党义，适合国情，适合时代性”等。为厉行思想统制，教育部规定各中小学必须一律课授党义，“凡足以羽翼三民主义的作品，皆定位学生的课外参考书。除党义课程外，凡学校各项功课皆须与党义相联络，组织成一整个系统的党化课程。”①

南京国民政府于 1932 年 6 月设立的国立编译馆，是民国时期存在时间最长的编审教科书的学术机构。编译馆以“发展文化，促进学术暨审查中等以下学校用书”为宗旨，其编审体制大体延续到 1949 年国民党败走台湾。1933 年 4 月 22 日，国民政府裁撤教育部编审处，公布《国立编译馆组织条例》和《办事细则》，重申了学校教科书的国定制和审定制。此外，国民政府教育部还于 1935 年 5 月专门设立中小学教科书编审委员会，1942 年又被并入国立编译馆，实行统一管理，明确规定中小学各科教科书，由商务、中华、正中、世界、大东、开明、交通 7 家书局联合刊行。抗战胜利后，1947 年 7 月 1 日，国民政府开始施行《印行国定教科书暂行办法》及《实施细则》，使各种教科书再次在政治上受到官方的严格控制。

(4)“三民主义教育”“新民德”的特征

南京国民政府时期经济的稳步发展，加上蒋介石个人对教育的重视，教育经费的逐年增加，使得“三民主义”教育取得了不少成绩，教育稳步发展、趋于定型，教育质量逐步提高。但是，如何评价“三民主义教育”“新民德”，却是一个比较复杂的问题。

“三民主义教育”严重地染上了浓厚的政治色彩。“党化教育”“三民主义教育”中的“训育”“新生活运动”，尤其是反共的“特种教育”“国防教育”，在培养国民道德时，主观上无不强调为国民党统治服务或为挽救民族危亡服务。正因为如此，以往很多学者在评价“三民主义教育”时，最根本的观点总是联系

① 陈青之．中国教育史．上海：商务印书馆，1936：792－793．

国民政府政治上的独裁主义，"国民政府不遗余力地宣传'四维八德'之教，增设'党义课'(后改公民课)，宣传'一个政党、一个主义、一个领袖'，颁行《青年训练大纲》以'整饬学风'，实行童子军训练和军事化管理。凡此种种，都在很大程度上体现了国民党独裁统治的专制性和封建性"①。这种评价无疑是正确的，但并不全面。

纵观"三民主义教育"的整个实施体系，的确可以找出很多有违五四以来教育民主的精神，如强调盲目服从，剪除异端，阻碍学术思想自由、学生个性发展等。但是，国民政府对国民道德的重视却也是不容否认的事实，很多道德观念与要求虽然不"新"，但非常有价值，是中华民族的精华和宝贵的精神财富，"如新生活运动提倡的第一要义的礼，其中的礼貌条款要求的尊长、爱幼、保护妇女、公共场所不高声谈笑、不酗酒、不惊扰他人等都应视为中华民族的美德，应长期倡导与发扬"②。此外，从内容上讲，学校"训育"中有关学生团体道德、社会公德等公民道德的培养也有合理因素；从道德培养方式讲，强调"教育并重"，强调学校、家庭和社会的联络、合作，也是值得肯定的，它一定程度上贯彻了教育和生活密切联系的原则，使对学生公民道德的培养不至于纯粹流于口头说教。但总的来讲，南京国民政府道德的出发点仍是民族国家，而不是五四时期倡导的个人，如 1932 年国民政府教育部颁发的《中小学训育工作应特别注意事项》中明确说明了群育方面，应"指导学生组织自治团体，养成团体生活，并应注重严密组织，竭力限制个人自由，对于服从互助等习惯，尤需注意养成。须求国家与民族之自由，放弃个人之自由，若在团体中求个人之自由，就是自私自利"。在德育方面，要"宣誓雪耻救国，并训练学生，认定本人将来应为事业，作救国救民族之准备"③等。

(三)苏维埃政权的建立与共产主义道德教育

"四·一二"反革命政变以前，中国共产党没有建立自己的政权，而是在寻求国共合作的民主革命实践中通过国民党政权表达自己的民主意愿。从

---

① 黄书光等．中国基础教育改革的文化使命．北京：教育科学出版社，2001：23.

② 张静如，卞杏英．国民政府统治时期中国社会之变迁．北京：中国人民大学出版社，1993：227.

③ 中小学训育工作应特别注意事项//中国第二历史档案馆．中华民国史档案资料汇编(第 1 编·教育 1)，南京：江苏古籍出版社，1994：1064.

1927—1931年，中国共产党处于探索武装斗争夺取政权道路的时期，经过几次“试错”，最后终于决定走“农村包围城市”的夺取政权路线。中国共产党先后在国民党势力比较薄弱的偏远的农村地区建立了多个革命根据地，并建立了苏维埃政权。在此期间，中国共产党人没有太多的余暇静下心来发展教育。虽然中国共产党也在建立苏维埃的农村地区开展教育工作，但主要是为武装斗争夺取政权服务。另外，由于中华苏维埃政权是在共产国际指导下建立，故具有效仿苏联民主制度模式的特点，这种受苏联民主影响的特点也带到了教育领域。

革命根据地经济发展严重滞后，又长期遭受国民党“经济封锁”和多次“围剿”，很不稳定；另外，由于交通闭塞，根据地的民众智识尚未开化，封建道德意识浓厚……都限制了学校教育的发展；更关键的是，革命根据地的教育主要任务服从于武装斗争的需要。所以，这里的干部教育、社会教育(群众教育)很受重视，而普通教育(即基础教育)被放在次要位置，普通教育中往往只有小学教育开展起来了；条件艰苦的地区，甚至还只是“初小”获得发展，而且一般采用半日制。此外，从教育内容来看，对成人教育而言，“设置旨趣，不仅在于扫除文盲，更重要的在于扫除‘政治意识盲’。”[①]对儿童教育而言，同样如此，“它不以升学为目的，不具有基础性、预备性或附属性”[②]，而是为了培养“革命的新后代”。如1933年7月中央人民教育委员部发布的“第四号训令”曾强调指出：“一切服从战争利益这一国内战争环境，苏区文化教育不应是和平的建设事业，恰恰相反，文化教育应成为战争动员中一个不可少的力量，提高广大群众的政治文化水平，吸引广大群众积极参加一切战争动员工作，这是目前文化教育建设的战斗任务”。[③] 也就是说，根据地的教育，重政治意识的启迪超过文化知识的系统普及。

根据地的社会教育是学校教育“新民德”的重要补充，也是五四时期平民教育发展的继续，即农民教育。早在五四后期，共产党人领导的革命斗争已经使农民教育如火如荼地开展起来。在老解放区，社会教育同样办得有声有色，它充分考虑到了群众的便利，形式灵活，并利用群众喜闻乐见的浅白文

---

① 喻本伐，熊贤君．中国教育发展史．武汉：华中师范大学出版社，1991：4.

② 喻本伐，熊贤君．中国教育发展史．武汉：华中师范大学出版社，1991：617.

③ 中央教育科学研究所．老解放区教育资料(第1卷)．北京：教育科学出版社，1981：34.

字，将识字和思想政治教育结合起来，既使工农民众增长了文化知识，又使他们懂得了革命道理。根据地的社会教育在创办过程中，充分发挥了马克思主义理论的指导作用，坚持具体问题具体分析的原则，敢于打破旧有常规，不拘泥于形式，形成了“新民德”的系列特色，如依靠和发动群众来掀起社会教育的高潮，有利于在“全区”范围内形成了一致的思想导向和精神风貌。但用共产主义道德规范来教育文化基础比较薄弱的农民，在当时显然是不合时宜的。

四、人民民主专政与学校教育“新民德”的起伏

抗战接近尾声时，中国共产党被迫采用彻底的革命的方式来争取民主——人民民主专政最终得以确立。新中国成立后，中国共产党从革命党上升为执政党，面临着自上而下、由局部到全国全面推进政治民主进程的新任务。如何在中国共产党执政的条件下，不断扩大民主，保证社会主义建设事业的顺利进行，保持国家的长治久安，是新中国成立后民主政治建设的主要内容和目标。迄今为止，中国共产党致力于当代中国民主政治建设业已六十年了，有过辉煌，有过挫折，还有继续坚持的决心和努力。

(一)良好的民主政治开端与“五爱”国民公德教育

1. 民主在众人期盼中展魅力

新中国成立后，喜悦和激动情绪在广大人民群众之间荡漾开来。人民群众翻身当主人的自豪感极尽挥洒与洋溢，主人翁感空前强烈，对社会政治生活表现出了前所未有的参与热情。这既是党领导社会主义民主政治建设的强大动力，同时也可以说是一种巨大的压力。如何不负众望，在全国人民中确立以“国家政权属于人民”“人民当家做主”为基本内容的政治意识，创建新型民主政治规范和行为准则，保障人民民主权利，中国共产党表现出了实现民主政治的坚定决心，在经济关系和阶级关系的巨大变动中，对中国的政治制度进行了比较彻底的改造，初创了社会主义民主政治建设的基本格局。其一，确认了人民民主专政的国家性质，使民主的主体最大限度地扩展至全体人民，并以法律的形式赋予了人民广泛的民主权利；其二，创建了一系列有利于民主政治发展的政治制度和政治规范，并扎实地推进了民主参与和实践；其三，初步建立了人民民主专政国家的法律制度体系，为新中国民主政治建设起到了较好的保障作用。总而言之，新中国成立初始七年间，充分发展社会主义

民主政治，乃众望所归。整个社会的民主氛围和人民群众对民主的满意度均超出了实际民主基本框架的建设。政治领域民主发展的良好势头充分调动了国民在一穷二白的经济基础上重建家园的积极性、主动性。

民主在意识形态领域表现为在肃清封建的、买办的和法西斯主义的思想的同时，要求在马克思列宁主义指导思想下，提倡"百花齐放，百家争鸣"的科学发展和文学艺术繁荣方针，力求通过经常性的宣传教育和知识分子思想改造的学习运动，逐步改变旧社会的思想意识和观念形态。与之相应地，学校教育"新民德"要求肃清封建的、买办的、法西斯主义的旧思想，提倡为人民服务的新民主主义思想，并把爱祖国、爱人民、爱劳动、爱科学、爱护公共财物作为全体国民的公德，努力培养国民新的精神面貌。

2. 进行"五爱"国民公德教育

1949年9月，《中国人民政治协商会议共同纲领》(以下简称《共同纲领》)规定："中华人民共和国的文化教育为新民主主义的，即民族的、科学的、大众的文化教育。人民政府的文化教育工作，应以提高人民文化水平、培养国家建设人才、肃清封建的、买办的、法西斯主义的思想、发展为人民服务的思想为主要任务。"并提出，"有计划有步骤地改革旧的教育制度、教育内容和教学方法"。《共同纲领》还提出以"爱祖国、爱人民、爱劳动、爱科学、爱护公共财物"为中华人民共和国全体国民的公德。

据此，广大中小学在接管、改造旧学校德育的过程中，把培养"五爱"的国民公德作为德育的主要内容。1950年，教育部特发通报，将"五爱"教育作为思想政治教育的三大重点之一。同年，《人民教育》连续发表徐特立《论国民公德》的长文，该文详尽论述了学校"五爱"教育的重要意义①；1952年3月18日，教育部颁发试行的《中学暂行规程(草案)》规定，中学的德育目标是"发展学生为祖国效忠、为人民服务的思想，养成其爱祖国、爱人民、爱劳动、爱科学、爱护公共财物的国民公德和刚毅勇敢、自觉遵守纪律的优良品质。"②与此同时颁发试行的《小学暂行规程(草案)》规定，小学德育目标是"使儿童具有爱国思想、国民公德和诚实、勇敢、团结、互助、遵守纪律等优良品质"。

---

① 徐特立．论国民公德//中央教育科学研究所．徐特立教育文集．北京：人民教育出版社，1986.

② 关于第一次全国初等教育会议的报告//北京师范大学教育科学研究所．中小学教育政策法令选编(1949—1966·上册)．北京：北京出版社，1979.

1954 年，中央人民政府政务院在“关于改进和发展中学教育的指示”中再次重申，根据目前学生的思想状况，继续努力培养“五爱”的国民公德，“并注意培养集体主义精神，自觉地遵守纪律及坚韧、谦逊、诚实、节俭、朴素等品质。目前应特别看重加强爱国主义教育、劳动教育和自觉纪律教育”。① 于是，学校教育取消了一切旧德育体系和相关内容，增设了“五爱”教育内容，还建立了“中国少年先锋队”新德育社团组织，开展了各富特色的“五爱”教育形式，如校外参观实践、社会公益劳动等。以“五爱”为中心的国民公德教育是创立新德育的重大举措，在新中国成立初期，不仅得到国民的热烈欢迎，还得到广大师生的衷心拥护，具有较强的生命力、凝聚力。

(二)民主失误导致对公德教育的忽视

1. 民主不慎误入歧途：愈走愈远

就在社会主义民主政治建设刚刚迈入辉煌的 1956 年，苏联斯大林个人专断和个人崇拜造成严重后果，中国共产党因此提高了警惕，开始注意到新中国成立以来党和国家各级组织领导的民主问题，如政治体制权力过分集中、党政不分、缺乏有效制约等。为了避免步苏联后尘，纠正因政治体制方面的弊端造成的某些党内同志滋生特权思想以及脱离人民群众、脱离实际的官僚主义、宗派主义和主观主义的不良作风，加强和改善党的领导，充分发扬人民民主，1957 年夏天，党中央开始在全党开展整风运动。

1957 年 4 月，中共中央为了达到通过整顿作风以解决党内和国家机关内存在的官僚主义等问题的目的，决定向党外开门实行整风。在整风过程中，党外人士和知识分子指出了官僚主义、脱离群众等现象与党的领导方式有关，国家政治生活中党政不分、以党代政，导致党的领导干部不尊重国家权力机关和党外人士的意见，高高在上，不察下情，为此，他们强调制度建设的重要性。应该说，这些批评意见和建议是非常接近问题实质的。但遗憾的是，阶级斗争的矛头指向这些提出宝贵意见的党外人士——一大批不是右派的“右派分子”，把他们的呼声视为对社会主义根本制度的蓄意进攻，把这次党外整风比喻为“诱蛇出洞”。接着，1959 年的“反右倾”运动，又把矛头指向党内民主，错误地将党内不同意见的争论等同于阶级斗争，也就是把阶级斗争扩大

---

① 北京师范大学教育科学研究所．中小学教育政策法令选编(1949－1966)·上册．北京：北京出版社，1979：93.

到党内。“反右派斗争”扩大化和“反右倾”运动，不仅使党内外群众失去了参政的勇气和热情，更严重的是，党内坚持原则、敢讲真话的人越来越少。从此，“党和国家的民主生活逐渐不正常，一言堂、个人决定重大问题、个人崇拜、个人凌驾于组织之上一类家长制现象，不断滋长”。①

在反右派斗争和“反右倾”运动中，所谓的“群众专政”的“大民主”——大鸣、大放、大字报、大辩论等方式被认为是民主的合适形式。它激起了群众盲目的政治激情，导致了疯狂的、频繁的、失去理性的群众政治运动。后来的“文化大革命”正是所谓的“群众专政”愈演愈烈的产物。在“文化大革命”期间，中国共产党组织在“打倒一切”的全面动乱中陷入瘫痪，新中国成立以来形成的民主政治制度也遭到严重破坏：“革命委员会”以阶级斗争扩大化为基本职能，唯恐天下不乱；三大基本民主制度名存实亡；“群众运动”“无法无天”，司法制度形同虚设；意识形态领域遭遇空前浩劫。总之，以“阶级斗争为纲”的错误决策既破坏了既有的民主政治建设，又充分暴露了以往民主政治建设中存在的各种弊端，如民主集中制不健全、领导者个人权力高度集中、缺乏民主监督制约等。

2. 思想政治教育地位：越拔越高

由于新中国成立初期巩固新生政权的需要，政治思想改造也被放在与国民公德培养并列重要的地位，尤其是关于马克思主义辩证唯物论世界观教育和社会主义政治方向的形势教育，如配合抗美援朝而进行反帝教育，为配合社会主义改造而进行“三反”“五反”教育等，取得了不少成绩。特别是经过抗美援朝的爱国主义、国际主义教育之后，学生的政治情绪高涨，爱国热情激昂，思想道德面貌焕然一新。1957 年社会主义改造完成后，中小学德育由以往的政治思想教育和国民公德教育并重，逐步转到以政治思想教育为主。1958 年社会主义建设在工农业生产方面已经出现了大跃进的形势，文化革命已经开始进入高潮，学生的政治觉悟越来越受关注，学校德育的重要性越提越高，学校德育内容充斥着阶级斗争和政治斗争。

此外，随着国民经济体制进一步向社会主义转变，各种意识形态领域纷纷开展树立社会主义(共产主义)思想领导地位的斗争。在这一过程中，学校德育责无旁贷地担负起了拥护党和政府“旨意”的宣传和教化，如政治思想教

① 邓小平．邓小平文选(第 2 卷)．北京：人民出版社，1983：330.

育、思想改造、阶级斗争、社会主义思想教育、马克思列宁主义等，为在社会思想领域确立共产主义（社会主义）主流（甚至可以说“统一”）意识形态、彻底批判和清理封、资、修，立下了汗马功劳。当然，也正是因为德育具备的政治功能，使得它在特定的历史条件下在学校教育中占据中心地位。

（三）新中国成立三十年学校教育“新民德”的特征

中国共产党的奋斗理想是实现共产主义社会。所以，新中国成立以后，一直比较注意对学生进行共产主义道德教育，如为人民服务的思想、集体主义精神等，特别是在社会主义改造完成后，党在领导农民走“合作化”道路的过程中，更是强调对学生进行大公无私、舍己为人、“毫不利己，专门利人”等共产主义道德品质的教育。在社会经济发展还未达到“按需分配”的条件下，要求所有人都达到“大公无私”的共产主义道德境界显然是不现实的。

新中国成立初期，为推动经济发展和国家建设，学校教育“新民德”以“五爱”国民公德教育为核心，伴随着巩固新生政权的政治思想教育，开展得如火如荼，取得了不少成绩，尤为重要的是学校教育内外要求的一致性使得德育在实践中对青少年学生品德发展影响很大，即德育在实践层面很有作为。但是，随着时间的推移，学校政治教育在注重配合党和国家的工作总方针、配合各种社会政治运动，为政治斗争服务的过程中，其重要性被提拔得越来越高。

事实上，这一时期，学生的政治思想教育被摆在学校教育的首位，就连“五爱”国民公德教育也带有浓重的政治思想意识，而真正作为每一个社会成员都必须遵守的社会公德和行为规范被视为小节而置之不理。基础文明、个性发展、人格养成、人的价值与感情等非功利性的教育价值被从学校德育内容中剔除出去了。

五、民主的恢复、发展与学校教育“新民德”的归位

（一）恢复与重建民主阶段对基础文明教育的重视

1. 伴随着改革开放有中国特色的社会主义民主政治逐步确立和发展

1978 年 12 月，党的十一届三中全会确立了解放思想、实事求是的思想路线，制定了改革开放的基本国策，实现了全党工作重心的转移——从“以阶级

斗争为中心”转移到“以经济建设为中心”，社会主义民主政治建设随之进入了新的历史发展时期。

以邓小平为中心的党的第二代领导集体，首先通过“拨乱反正”，使民主制度得到恢复与重建。邓小平复出后，从各个方面提出了加强社会主义民主建设的思想。他认为民主之所以具有重要意义，一是因为过去在相当长的时期内，民主集中制没有真正实行，离开民主讲集中，民主太少；二是因为民主是解放思想的重要条件。邓小平在十一届三中全会闭幕式上作了题为《完整地准确地理解毛泽东思想》的讲话。他在这个讲话中指出，毛泽东在1957年所概括的党的建设的目标，即“又有集中又有民主，又有纪律又有自由，又有统一意志、又有个人心情舒畅、生动活泼，那样一种政治局面”，应该扩展到党和国家政治生活的各个方面。邓小平的这一论述可谓是“拨乱反正”、恢复与重建民主政治制度总的指导思想。1979年，叶剑英在庆祝中华人民共和国成立三十周年大会上，首次把社会主义民主政治建设作为现代化建设的重要内容提了出来。经过两年的恢复与整顿，社会主义民主终于摆脱了教条主义的藩篱，走上了稳步发展的道路。

在接下来的近十年间，社会主义民主政治建设伴随着改革开放政策的贯彻执行而持续推进，表现在中国共产党带领中国人民着手改变权力过分集中、党政不分的状况；恢复“人民民主专政”的提法；全面建设人大制度；拓展多党合作的指导原则，切实落实统一战线各项政策；完善民族区域自治制度，提出“一国两制”设想；等等。正是有了上述的政治保障和制度上的规范，党内党外关心民主政治的人士再次积极参与政治，在民主决策、祖国统一、加强法治等方面作出了重大贡献。这段时期，社会主义民主政治建设的突出特色是：民主政治建设与改革开放的基本国策紧密联系在一起。随着改革开放逐渐进入到自觉探索有中国特色社会主义现代化建设道路的阶段，中国共产党领导集体不得不思考民主政治的发展模式和目标模式怎样才能体现中国特色这一问题；另外，改革开放为我国带来了宽松、自由的文化政治氛围，同时也容易给资产阶级自由化倾向以可乘之机，怎样在保持安定团结的政治局面的前提下推进政治体制改革、发展社会主义民主，也成了党领导集体需要慎重考虑的另一重要问题。正是对这两大问题的集中思考与回答，邓小平建设中国特色社会主义民主政治的思想逐渐臻于成熟。

从“拨乱反正”到民主政治稳步、深入发展阶段，中国普通大众对政治的态度也经历了一个变化过程：先是因关注“拨乱反正”而对民主政治密切关注，但同时因为十年“文革”给人们心灵上留下的创伤，导致人们关注民主政治的态度非常谨慎，对党的第二代领导集体关于民主政治建设的主张和努力持观望态度；随着改革开放的深入，人们在将注意力转移到经济建设中的同时，也开始将资本主义制度与社会主义制度进行比较。而20世纪80年代的青少年，由于生长于十年动乱、成长于纠正冤、假、错案和落实政策的拨乱反正过程中，所见所闻多是共产党领袖的批评与自我批评，自然容易产生一种怀疑社会主义的情绪，或者是故意淡漠政治、放弃责任、崇尚实惠。但总体而言，这一阶段，人们对政治建设还是相当关注的，1989年的政治风波的发生，从某个角度也说明了这一问题。1989年政治风波平息后，邓小平同志曾深刻指出，十年改革，最大的教训是一手硬，一手软，因而提出要在大力发展社会主义经济的同时，抓好社会主义精神文明建设，尤其是思想道德建设。1992年春，邓小平在“南巡”讲话中，再次强调了“发展就是硬道理”“两手抓，两手都要硬”等重要原则。这说明，邓小平同志在坚持发展经济的同时，也已经意识到思想建设对民主政治的重要作用。

2. 基础文明教育

“十年动乱”给国家带来的精神创伤之一，便是国民素质低下，缺乏基本的文明礼貌和公德心。因此，改革开放以来，学校德育的首要任务就是大力配合社会基础文明重建。打倒“四人帮”之后的1977年，邓小平曾指出：现在我们的青少年中，有些人有些坏风气。改变这种风气，要从小学教育开始。新中国成立以后相当一段时间，整个社会的风气、秩序和纪律是好的。学生自觉地遵守纪律，可以经常看到红领巾拿着喇叭，维持交通秩序。后来由于“四人帮”的破坏，风气不好了。要数罪状，把一些青少年带坏，是“四人帮”的一条很大的罪状。我们现在要把风气扭转过来，这就是要求学校培养好的风气。要有爱劳动、守纪律、求进步等好风气、好习惯。① 江泽民同志对学校德育中道德教育的基础性也十分重视。1990年，在全国少先队代表大会上，他曾郑重指出，希望少先队员“要培养优良的道德品质。”“要培养以集体主义为核心的社会主义道德，努力做到心中有他人，心中有集体，心中有祖国。

① 邓小平．关于科学和教育工作的几点意见//邓小平文选(第2卷)．北京：人民出版社，1994：54.

要继承中华民族的传统美德，勤俭节约，热爱劳动，热爱人民，爱护公物，珍惜他人劳动成果。要从小事做起，遵纪守法，文明礼貌，助人为乐，团结友爱，见义勇为。在学校成为全面发展的好学生，在社会成为维护社会公德的好少年，在家里成为勤快礼貌的好孩子。”①

我国近代以来的基础文明建设一直未受到应有的重视。虽然说，清末以来的一些社会风俗改良团体断断续续在某些方面做出了少许努力；南京国民政府推行的“新生活运动”以及“新生活教育”也有建设社会基础文明的本意，可惜由于主客观原因也没有坚持贯彻执行，收效甚微。新中国成立后，个人的政治品质被置于首位，并且动辄提倡高尚的共产主义道德品质，基础文明作为细微小节没有得到足够的重视；十年“文革”不仅将基础文明的某些做法扣上“资产阶级”的“帽子”而大加批判，还动辄打、砸、抢、骂……因此，改革开放以来，为建设富强、民主、文明的社会主义现代化国家的需要，党和政府大力提倡重建社会基础文明。1981 年 2 月 28 日，中共中央教育部联合宣传部、文化部、卫生部、公安部等发出了《关于开展文明礼貌活动的通知》，向全国人民特别是青少年发出倡议——开展以讲文明、讲礼貌、讲卫生、讲秩序、讲道德和心灵美、语言美、行为美、环境美为主要内容的“五讲四美”文明礼貌活动②。这一活动得到全国各界的热烈响应，大中小学校都积极参与。

首先，中小学针对学生缺乏辨别是非的能力和行为习惯不良的现状，开展了道德准则教育和文明行为习惯的补课。1981 年 8 月，教育部颁发了《小学生守则》和《中学生守则》；1988—1991 年，试行并正式颁发了《小学生日常行为规范》；1988—1994 年，试行并正式颁发了《中学生日常行为规范》。这些《守则》和《规范》是对中小学生进行文明行为习惯养成教育的基本依据和出发点。此外，中小学还花了很大力气来抓起码的基础文明教育，内容包括“便后冲洗”“人走关灯”“洗完手关水龙头”等日常行为规范和“见面问好”“告别时说再见”“做错事说‘对不起’”等文明礼貌教育，以及进行同情人、关心人、帮助人的人类良知的启蒙；教学生分辨真善美与假丑恶，提高其分辨是非的能力等。

---

① 江泽民．向赖宁学习，做社会主义事业接班人．人民日报，1990-10-13.

② 中共中央宣传部、教育部、文化部、卫生部、公安部关于开展文明礼貌活动的通知//教育改革重要文献选编．北京：人民教育出版社，1986：361.

其次，着重对德育的主渠道——小学思想品德课和中学思想政治课(简称"两课")进行改革。如1985年，中共中央颁发了《关于改革学校思想品德和政治理论课教学的通知》，决定对现行的小学思想品德课、中学思想政治课的课程设置、教学内容和教学方法等进行系统的改革。改革后的课程内容和要求分别是："小学：配合语文、历史、艺术课和课外活动的内容，以生动的形象，由近及远地进行以'五讲四美'(讲文明、讲礼貌、讲卫生、讲秩序、讲道德；心灵美、语言美、行为美、环境美)和'五爱'(爱祖国、爱人民、爱劳动、爱科学、爱社会主义)为中心的社会常识(包括法律常识)和社会公德教育，指导学生从小就培育良好的思想品德、各种正确的行为习惯，包括在真理面前和在人格上人人平等的习惯，勤俭、节约和守时的习惯，逐步培养自己管理自己的生活并帮助家庭、别人、公众的能力。"中学主要要求进行道德、法制、纪律、民主等教育。

总而言之，学校教育在培养学生做人的基本行为准则方面下了很大工夫，且由于当时全国上下普遍开展文明礼貌活动，这也给学校这方面的教育提供了良好的氛围，中小学生"学文明、讲礼貌"活动很快初见成效。

3. 培育"四有"新人

随着改革开放的深入，特别是1992年邓小平"南巡"讲话之后，中国社会进入了以社会主义市场经济体制建设为中心的全方位社会变革的新时期。在市场经济体制还不够完善、社会主义法制建设还比较薄弱的情况下，不可避免地出现一些损公肥私、见利忘义、损人利己、只顾眼前利益等不良现象，严重败坏社会风气。与此同时，科技革命带来的通信工具、大众传媒的更新，加强了外界信息对校园的渗透，使得学校无法再通过封闭、净化思想意识来对学生进行道德观念灌输。如何帮助青少年正确认识我国国情和国家性质，引导学生逐步树立正确的世界观、人生观和价值观，防止资产阶级自由化等，这些无疑对学校德育提出了挑战，同时也对国民素质提出了更高的要求。

1986年8月，中共中央在《关于社会主义精神文明建设指导方针的决议》中，明确把培养"四有"新人作为社会主义精神文明建设的根本任务。接着1988年12月，中共中央在《关于改革和加强中小学德育工作的通知》中，要求中小学德育也把培养"四有"新人作为目标："现在的中小学生是21世纪社会主义建设的主力军。他们的思想道德和科学文化素质状况，不仅是当前社会文明程度的重要体现之一，而且对我国未来的社会风貌、民族精神有着决定性的影响，从现在起，就必须努力把他们培养成为有理想、有道德、有文化、有纪律的一代新人。在中小学教育中，德育即思想品德和政治教育，对坚持学校的社会主义性质，促进学生德、智、体、美全面发展，具有重要的作用。中小学校必须把德育工作放在重要位置，始终如一地抓紧抓好。"①1993 年 2 月 13 日，中共中央、国务院正式印发《中国教育改革和发展纲要》(以下简称《纲要》)。《纲要》对学校思想政治教育工作也给予了高度重视，明确提出：必须坚持党对教育工作的领导，坚持教育的社会主义方向，培养德、智、体全面发展的社会主义建设者和接班人。又指出：学校德育即思想政治和品德教育的根本任务是，用马列主义、毛泽东思想和建设有中国特色社会主义理论教育学生，把坚定正确的政治方向摆在首位，培养有理想、有道德、有文化、有纪律的社会主义新人。……要重视和加强德育队伍建设。……中小学要充分发挥思想品德课和思想政治课教师、班主任及共青团、少先队的作用。要严格执行校规校纪，建设健康、生动的校园文化，树立良好的校风、学风等。②

(二)民主和法治社会走向及其对公民道德建设的重视

1. 依法治国与以德治国相结合

在以江泽民为核心的中国共产党第三代领导集体的领导下，社会主义民主政治建设继续向纵深推进，主要表现在民主向着法律化、制度化方向迈进；完善党的领导体制，继续推进政治体制改革；提出"依法治国，建立社会主义法治国家"方略等。显然，中国共产党在推进民主政治的过程中非常注重法治建设，但是，其后不久，江泽民同志发现整个社会对德治的重要性却认识得不够，甚至忽视了德治的作用，结果法治也没能收到预期的效果。鉴于此，2001 年 1 月 10 日，江泽民同志在全国宣传部长会议的讲话中首次提出"把依法治国与以德治国紧密结合起来"的治国新理念。这一治国新理念可谓是对邓小平坚持"两手抓"的继承和发展。江泽民同志指出："我们在建设有中国特色社会主义，发展社会主义市场经济的过程中，要坚持不懈地加强社会主义法制建设，依法治国，同时也要坚持不懈地加强社会主义道德建设，以德治国。

---

① 教育改革重要文献选编．北京：人民教育出版社，1986.

② 中国教育改革和发展纲要．中国教育报，1993-08-18.

对一个国家的治理来说，法治和德治，从来都是相辅相成、相互促进的。二者缺一不可，不可偏废。法治属于政治建设、属于政治文明，德治属于思想建设、属于精神文明。二者范畴不同，但其地位和功能都是非常重要的。我们要把法制建设与道德建设紧密结合起来，把依法治国与以德治国紧密结合起来。”①2001 年 9 月，党中央印发的《公民道德建设实施纲要》(以下简称《纲要》)就充分体现了江泽民同志依法治国与以德治国紧密结合的重要思想。《纲要》指出：“学校是进行系统道德教育的重要阵地。各级各类学校必须认真贯彻党的教育方针，全面推进素质教育，把教书与育人紧密结合起来。要科学规划不同年龄学生及各学习阶段道德教育的具体内容，坚持贯彻学生日常行为规范，加强校纪校风建设。要发挥教师为人师表的作用，把道德教育渗透到学校教育的各个环节。要组织学生参加适当的生产劳动和社会实践活动，帮助他们认识社会、了解国情，增强社会责任感。”②2004 年 3 月 22 日，中共中央国务院又颁发了《关于进一步加强和改进未成年人思想道德建设的若干意见》(以下简称《意见》)的文件，提出要扎实推进中小学思想道德教育。③ 总之，江泽民同志关于“把依法治国与以德治国紧密结合起来”的治国新理念对于加强新时期的学校德育工作起了重要作用。新一轮中小学德育课程改革贯彻了《纲要》和《意见》的精神。值得注意的是，不管是《纲要》还是《意见》都表明：培养青少年思想品德是一项系统工程，它需要家庭、学校、社会的通力合作。

2. 小康社会提出健全民主的目标

以胡锦涛为代表的党中央第四代领导集体提出了进一步健全民主的目标。中国共产党“十六大”正式提出了全面建设小康社会的理论，其中建设社会主义政治文明的目标具体表述为：“社会主义民主更加完善，社会主义法制更加完备，依法治国基本方略得到全面落实，人民的政治、经济和文化权益得到切实尊重和保障。基层民主更加健全，社会秩序良好，人民安居乐业。”④与以往党的民主建设相比，“十六大”突出了“丰富民主形式”和“扩大公民有序的参

---

① 在全国宣传部长会议上的讲话．//江泽民．论“三个代表”．北京：中央文献出版社，2001.

② 公民道德建设实施纲要．人民日报，2001-10-25.

③ 关于进一步加强和改进未成年人思想道德建设的若干意见．人民日报，2004-03-23.

④ 全面建设小康社会，开创中国特色社会主义事业新局面——在中国共产党第十六次全国代表大会上的报告．人民日报，2002-11-08.

与"两个亮点。前者既是对村民自治、社区自治等民主实践所产生的新鲜经验之概括，又是推进我国政治体制改革的一个新的具体目标；后者更是我国公民当家做主的体现。我国公民意识和公德心的发达，要求在民主实践中学着当公民。关于这一点，孙中山早在民国时期追求资产阶级民主政治的过程中就认识到了。孙中山政治哲学的一个十分重要的思想，就是将国家的富强同人权和民权直接联系起来。他曾在《民权初步》序中指出，中国近代之所以落后，之所以不能臻于富强，是因为中国"人心涣散，民力不凝结也"。在孙中山看来，民国"国体初建，民权未张，是以野心家竟欲覆民政而复帝制"。因此，只有一国之主的国民民权发达，纯粹之民国才指日可待。"民权何由发达？则从团结人心、纠合群力始。而欲团结人心、纠合群力，又非从集会不为功。是集会者，实为民权发达之第一步。"①孙中山的《民权初步》就是教国民在"集会"中学着当公民——"而今迈步从头越"。

3. 社会公德教育高潮来临与德育生活化

我国改革开放之前(甚至包括改革开放初期)的学校教育一直极力主导政治意识形态，把学校德育作为重要的教化"工具"，试图影响学生内在价值观。也就是把政治教育放在学校教育的首要位置，以至于狭义的道德教育(包括社会公德教育)——真正能对学生的学习、生活、社会交往起指导作用的教育在实践中总是处于次要地位。那么，对学生而言，如果所教非所需，德育效果从何谈起？

早在我国传统学校教育向近代学校教育转型的初始阶段，不少有识之士就认识到政府对学校教育的过度干预与操纵，他们批判学校沦为政府的预备机构而失去它应有的"培养人"的这一本质任务，如张百熙在 1903 年颁布《奏定学堂章程》时，就提出应让学校教育回归本质；南京临时政府教育总长蔡元培于 1912 年 7 月在南京召集了中央临时教育会议，突出强调在共和政体之下，国民教育的根本目的在于开掘并发挥个人的特长，而不只是为了满足政府的需要。② 蔡元培的意见得到许多与会者的赞同；随后蔡元培又提出"教育独立说"(这里主要指教育独立于政治的主张)。其实，教育独立多半是教育者

① 孙中山．民权初步//中国启蒙思想文库：建国方略．沈阳：辽宁人民出版社，1994：271.

② 蔡元培．蔡元培全集(第 2 卷)．北京：中华书局，1984：262.

在昏暗不明的政治局势下所设计的一种权宜之计，以为教育应当超越于党派政治之上，只有摆脱了政治的羁绊，教育才能对社会、对民族发挥巨大作用，这种作用是通过造就新型自由人格来实现的。蔡元培出任北大校长期间，就一直秉持着教育不参与政治的原则。1922 年 2 月，蔡元培还发表了《教育独立议》一文，阐明教育只有摆脱政党控制，才能完全实现教育的全部目的，即使受教育者全面发展其潜能，造就自有人格。教育与政治不可调和的矛盾在于政党常常为了自己的利益而制造一种特制的群性，而抹杀了个性；它只求近功，与百年大计的教育根本冲突。政权更迭，则教育方针随之改变。改革开放的顺利进行要求中小学德育课程改革重新蕴涵与公民教育精神相一致的内容。

首先以 1997 年中小学德育课程改革为例。这次改革首先在形式上出现了两大变化：一是将沿用数十年之久的“教学大纲”更名为“课程标准”。此二者不同之处，主要在使用功能与规范方式两方面①：(1)课程标准比教学大纲功能扩大。前者可作为审查教材之标准与学生考核之依据，后者仅限于编写教材之纲要；(2)在规范方式上，教学大纲强调针对教材要点做出刚性规定，是属于指令性规范方式，虽然教材也是“一纲多本”，但教学与教材仍缺乏弹性；而课程标准是属指导性规范方式，旨在能力和程度方面提供内容要点之具体要求，以进行教学和评价教学。从指令性规范方式向指导性规范方式的转变，其实就是民主进程在学校教学管理方式上的一个体现。二是将原来初中与高中联结之“中学思想政治课”分离，改为初中与小学阶段德育课程目标，以利义务教育推行。内容上，原国家教委公布的《九年义务教育小学思想品德和初中思想政治课课程标准》序言中强调，该课程是“对学生系统进行公民的品德教育和初步的马克思主义常识教育，以及有关社会科学常识教育的必修课程，是学校德育工作的重要途径，是我国学校教育社会主义性质的重要标志”。虽然仍然强调政治意识形态，但有关公民道德教育的内容也涉及不少，如小学阶段德育课程主题中涉及公共生活中的道德规范有“团结友爱”“文明礼貌”“遵守纪律”“遵守公德”“遵纪守法”“关心集体”等。

其次再审视现行中小学德育课程之改革。为了落实党中央、国务院 2001

---

① 刘国强，谢均才．变革中的两岸的德育与公民教育．香港：中文大学出版社，2004：126.

年5月颁布的《国务院关于基础教育改革与发展的决定》的文件精神，教育部于2001年6月又颁发了《基础教育课程改革纲要(试行)》。其中，在“课程结构”部分首次提出“小学阶段以综合课程为主”，小学低年级开设品德与生活课程。至此，义务教育阶段德育课程分别为小学低年级开设品德与生活、高年级开设品德与社会、初中开设思想品德。2002年6月教育部颁发了《全日制义务教育品德与生活课程标准(实验稿)》和《全日制义务教育品德与社会课程标准(实验稿)》；2003年5月正式颁布《全日制义务教育思想品德课程标准(实验稿)》。这三大《课程标准(实验稿)》都贯彻了《公民道德建设实施纲要》的精神，并且以引导儿童养成科学、文明、健康的生活方式为核心理念。同样在“一纲多本”的教材编写原则下，目前已涌现出多个版本经全国中小学教材审定委员会初审通过的相关实验教材，就小学阶段《品德与生活》和《品德与社会》实验教科书而言，最早的一套教材为南京师范大学鲁洁教授所主编(江苏教育出版社、中国地图出版社)；此外还有华中师范大学杜时忠教授和靳岳滨老师主编(湖北教育出版社)、中央教育科学研究所高峡研究员主编(北京师范大学出版社)等多个版本。这些教材的共同特征是体现了开放性、生活化，关注社会公德教育；反言之，有关政党意识宣传的内容明显削弱，但这并不表明这多个版本的教材没有贯彻爱国主义、集体主义、社会主义三大主旋律，只是将相关内容消解在与儿童生活有关的情境内容中。后续章节将对具体的相关文本进行解读。

最后要指出的是，民主与法治、公德是完全密不可分的。中国传统道德就有“泛政治化”倾向，即借思想文化解决政治问题；同样，政治也“泛道德化”，即试图通过强有力的宣传和教育，灌输某种道德认识。社会公德是建立在个人意识的觉醒、个人主动性的发挥的基础上的，它需要民主政治下完备的法律体系对个人权利的保障。只有在公民权利得以确保的前提下，公德的培育才得以可能。

第三节　两类民主建设尝试与学校教育“新民德”

本章第二节主要是从我国民主政治建设推进的宏观角度审视与之伴随的学校教育“新民德”概况，并且侧重阐述了政治影响下的学校教育对“国家公德”的关注和改造、异化、扭曲等。事实上，“公德”观念自清末引入我国始，含有两个主要元素，一是“爱国心”，一是“公共心”或“公益心”，即一个是“国家公德”，一个是“社会公德”。总体而言，由于民族救亡图存的需要，提倡者对“国家公德”的重视远远超出对“社会公德”的关注，但这并不排除少数人致力于“社会公德”建设。以下内容从微观视角选取了两类民主建设的尝试及其对学校教育“新民德”的影响。

一、“新生活运动”与学校教育“新民德”

南京国民政府从建立到败走台湾，一直欲推行一党专制主义，而且蒋介石还深信不疑：国民素质决定了当时的中国最有效能的国家政治主义只能是法西斯政治主义(虽然后来总是打着孙中山先生“三民主义”的招牌)这唯一选择。这其实也从另一个角度表明，蒋介石认识到了国民素质低下的问题。如果站在蒋介石的立场上看问题，那么，选择法西斯主义之政治理论就是基于国民素质低下的被迫选择。

1934 年 2 月 19 日，蒋介石在南昌行营扩大纪念周上讲演《新生活运动之要义》，发起“新生活运动”时曾指出：“我现在所提倡的新生活运动”，简单地讲，“就是要使全国国民军事化”。他提出要以孔孟的“四维”(礼义廉耻)、“八德”(忠孝仁爱信义和平)为道德标准，统一人们的思想，并结合到日常的“衣食住行”各方面。蒋介石理想化地希望新生活运动能使国民改头换面，具备“国民道德”和“国民知识”，从根本上革除陋习，从而“改革社会，复兴一个国家和民族”。“新生活运动”是一场试图改造中国国民之习性的运动，是一场“精神方面的重大战争”①。

为何需要新生活？蒋介石是这样阐述的：“今日吾国社会，一般心理，苟且萎靡，其发现于行为者，不分善恶，不辨公私，不知本末。善恶不分，故是非混淆；公私不辨，故取予不当；本末不明，故先后倒置；于是官吏则虚伪贪污，人民则散漫麻木，青年则堕落放纵，成人则腐败昏庸，富者则烦琐浮华，穷者则卑污混乱；其结果遂使国家纪纲废弛，社会秩序破坏，天灾不能抗，人祸不能弭，内忧踵至，外侮频仍，乃至个人、社会、国家与民族同受其害；若长此不变，则虽欲苟延其鄙野的非人的生活亦不可得！故欲繁衍

① 蒋介石．新生活运动之要义//张其昀．蒋“总统”集(第 1 册)．台湾：“国防研究院”，中华大典编印会，1968.

我群众之生命，保障我社会之生存，发展我国民之生计，非将上述各种病态，扫除而廓清之，并易之以合理的新生活不为功。"①

为何需要"新生活运动"？蒋介石又从"人的素质"角度来立论："欲建立人民现代之生活，造成一个新社会，自不能无需于政治，尤其是需要教育。但过去中国之教育，乃至一切政治，皆病于虚与伪，唯其虚与伪，故法令无效，技术无用，机械无能。官守相同，效率终异；技术相同，成就各殊；机械相同，功用不一。今欲求法令与技术之有效，其关键不在法令与技术之本身，而在使用法令技术之人；欲求机械有效，其关键亦不在机械之本身，而在运用机械者之精神如何？人之臧否，固关系乎政教，而社会习尚所予人之熏陶锻炼，其效力迅速而普及，实非任何政教制度所能比拟。关于政教制度诸问题，政府方从事于改造，自不必赘；值此国家存亡危急之时，吾人若不愿束手待毙者，应不坐俟其自然的推演，必以非常手段，谋社会之更新；质言之，当以劲疾之风，扫除社会上污秽之恶习；更以薰和之风，培养社会上之生机与正气；负此重大使命者，唯新生活之运动。"②

"新生活运动"也从属于其封建性法西斯主义的政治运动，这正是学术界不少学者否定"新生活运动"的关键原因。但是，它所蕴涵的"从日常生活入手来改造国民性"的尝试和努力所代表的进步意义还是值得肯定的。"礼义廉耻"的提法虽然并不新颖，但蒋介石赋予了其时代新义——抗战前的解释是："礼"是规规矩矩的态度；"义"是正正当当的行为；"廉"是清清白白的辨别；"耻"是切切实实的觉悟。抗战后，蒋介石重新诠释"礼义廉耻"，强调纪律、节约和牺牲精神，要求人民无时无刻不忘抗敌。所以，我们不能仅仅从主观政治目的和封建道德条目方面来武断地完全地否定"新生活运动"。

二、梁漱溟的"乡村自治"与学校教育"新民德"

梁漱溟所倡导的乡村建设运动是20世纪前期中国乡村社会现代化的初步尝试。"梁漱溟的乡村建设运动是从政治入手的，以解决政治问题为目标，但他并不主张乡村建设运动与政府发生直接联系。梁漱溟认为，中国社会的支

①② 蒋介石．新生活运动之要义//张其昀．蒋"总统"集(第1册)．台湾："国防"研究院，中华大典编印会，1968.

点重心向来在社会而不在政治，所以乡村建设者应守定社会运动的立场。"[①]正因为如此，在道德转型问题上，梁漱溟与梁启超等众多思想先驱聚焦于国家伦理的实现不同，梁漱溟先生始终以社会伦理的实现为关切点，主张从基本的社会生活领域入手，逐渐推动传统道德向现代转型。"基于中国社会向现代转型的历史要求，怎样从社会伦理的层面培养现代公德意识、建构合理有序的团体生活，是梁漱溟终生关注的问题"。[②]

(一)梁漱溟乡村建设运动的运思逻辑与"新民德"设想

梁漱溟为什么要倡导乡村建设运动？首要的一点是因为他认为中国的乡村遭到了破坏。梁漱溟主张用什么方式开展乡村建设运动？梁漱溟将乡村遭到的破坏从性质上归结为极严重的文化失调(表现为整个社会构造的崩溃)，从而认为中国问题之解决不能单从政治、经济，甚或教育的哪一方面进行，必须整合进行。"中国问题复杂严重，搅缠一堆，——什么问题都有，什么问题都不轻，什么与什么都相连……必须有眼光辨别得其间本末先后轻重缓急，了解全盘关系而觑定一个要紧所在着手，而后这一团乱丝才解得开。……今愿为国人告者，政治问题实为总关键。撂开政治问题，而谈建设，求进步，无非瞎撞。认得政治问题实为一切先决问题者，比较进了一步。而不知此政治问题系于整个社会构造问题；撂开整个社会构造问题去想办法，完全是无根的。"[③]概言之，梁漱溟由对文化失调、政治问题、经济以及社会改造等方面的通盘思考，认为中国社会诸多问题的解决终须落到乡村建设乃至乡村教育之上。其这里所谓的乡村教育其实是集教育和社会改进于一体的"政教合一"的组织形式。

梁漱溟以西方社会及其文化为主要参照物来追溯弥漫于整个中国社会的散漫性，认为西方文化在竞争中的优势在于其团体组织力，更在于维系团体生机所不可或缺的近代道德理念：公共观念、纪律习惯、组织能力、法治精神。[④] 梁漱溟将这四点概括以"公德"称之。他接着进一步指出，近世以来遍及

---

① 何建华."社会"而非"政权"：梁漱溟乡村建设运动的立场. 社会主义研究，2007(1).

② 石培玲. 梁漱溟的公德观与"乡村自治"构想的伦理困境. 道德与文明，2007(6).

③ 中国文化书院学术委员会. 梁漱溟全集(第2卷). 济南：山东人民出版社，1990：165—166.

④ 梁漱溟. 中国文化要义//梁漱溟学术论著自选集. 北京：北京师范学院出版社，1992：251.

于西方社会的宗教团体、职业团体创造了一个公共利益互动的平台，"他那个圈不大不小，正好培养公德，锻炼团体生活"。① 所以要想培养中国人的公德，首先需要营造公德赖以生成的环境，即突破传统的"天下"与"身家"两个极端道德视域，搭建公德生长平台——这就是乡村建设运动中以乡学村学为单位的机构。

(二)梁漱溟的乡村自治实践与学校教育"新民德"

"从制度形态上看，民国乡村自治大体经历了一个由直隶翟城村自治、山西村制，到南京国民政府乡村自治制度的演化过程。"②梁漱溟关于乡村建设运动的构想与实践诞生在南京国民政府乡村自治制度推行阶段。梁漱溟主张通过"乡村自治"的方式造就团体生活的必备品德，使农民在获得现代性物质利益的同时，养成关注和维护公共利益的基本素质，依靠公德的柔性力量推动乡村社会的现代化进程。梁漱溟反复强调要将乡村组织起来，以推进社会的建设。

梁漱溟非常重视乡村教育。在他看来，乡村建设亦即乡村教育。他说：中国"现在已破坏到体无完肤，不堪收拾，非从头建设起不可！这一点从头建设的工作，全是教育工作。我们一点一滴的教育，就是一点一滴的建设；一点一滴的建设，无非是一点一滴的教育；只有从一点一滴的教育着手，才可以一点一滴的建设！"③需要指出的是，这里的"教育"是包括社会教育在内的广义的教育。

1931 年 6 月，梁漱溟和他的同人在山东邹平正式成立"山东乡村建设研究院"——山东乡村建设实验的首脑机关，正式开始了他的乡村建设实验，后又在实验县菏泽设分院。1933 年，山东乡村建设研究院对邹平实施县政实验计划，废除县以下的行政组织，重新划分十四个乡自治区，自治层次为乡、村、闾、邻四级。乡村各自治区划确定后，暂不成立其正式组织，乡村自治事务，以乡学村学试为进行。邹平的乡农学校演变为村学乡学，村学乡学正式成为

① 中国文化书院学术委员会．梁漱溟全集(第 5 卷)．济南：山东人民出版社，1992：320.

② 张皓．民国时期乡村自治推行之前因后果——从《民国乡村自治问题研究》谈起．史学月刊，2003(5).

③ 唐现之．梁漱溟教育论文集．上海：开明书店．1945：193.

集教育和社会改进于一体的"政教合一"的机构。

村学乡学的工作分为甲乙两项，甲项设成人部、妇女部、儿童部等，施以其生活必需之教育，期于本村社会中之各分子皆有参加现社会，并从而改进现社会之生活能力。乙项倡导本村所需要之各项社会改良运动(如反缠足、早婚等)，兴办本村所需要之各项建设事业(如合作社等)，期于一村之生活逐渐改善，文化逐渐增高，并以协进大社会之进步。村学乡学的工作，甲项中的儿童部，是学校式教育；妇女部与成人部以及乙项各工作，都是社会式教育。无论何种类型，各项教育要因时地制宜。村学乡学的课程宽泛而实用，可主要分为两大类，第一类是各校同有的课：如识字、音乐、精神讲话。其中精神讲话是最重要的，主要讲述中国乡村社会精神破产的缘由，开导农民心理，用中国的旧道理巩固他们的自信力，唤醒农民的进取之心等。第二类是各校不必相同的课，这些课有自卫训练、农业技术、合作社、公共卫生等。

总之，梁漱溟的乡村自治思想与实践与其说折射的是一种政治学的思维，不如说是一种社会学思维。以解决政治问题为目标、重视团体组织和乡村教育、创造新文化等为考量，最终借助乡学村学的平台，培养团体生活必备的社会公德，在当时救亡图存的形势下，实属难能可贵，同时又注定其将因不合时宜而收效甚微。

第三章 学校教育“新民德”的经济学分析

从西方历史经验来看，国民公德心的培养往往与经济的工业化相伴而行。欧美等西方国家社会公德之所以比较发达，关键在于比中国更早地产生了工商业社会，个人利益的满足离不开交换活动和公共生活。尽管自清末以来中国近代工业获得一定程度的发展，但总体而言，并未摆脱以农立国的大格局，即没有实现充分的经济工业化。其对学校教育“新民德”的影响突出表现在两个方面：一是长期以来社会交往和公共生活的不发达，人们对公德还未产生强烈的需求；另一方面也缺乏公德实践机会，进而导致中小学生缺乏观摩。改革开放后，虽然公共生活领域渐趋发达，但是因为经济自由发展受限，[①] 经济规则正处于从无序走向有序的过程中，社会上呈现出许多违背“公德”精神的现象，不可避免地给学校教育“新民德”带来一定的负面影响。二是低下的社会生产力，无法给予“新民德”所要求的国民义务教育必需的财政支持；没有义务教育的高度发展，普及性的学校德育根本不能产生。

众所周知，学校教育发展的规模、速度以及质量都受经济发展水平制约。经济“不仅提供可供教育间接消费的货币形

---

① 这里所谓的自由，乃意指资源配置的市场化；所谓的经济自由，乃意指在国家完成市场经济的初期建设后，解除和放宽各种不必要的经济管理措施，借助合理的市场机制来降低原有体制造成的经济扭曲，充分发挥市场对社会生产的调节作用，从而达到发展经济的目的。经济自由(或说自由主义经济)是一种反对政府管制的经济，但它并不是全盘拒绝政府，因为市场有失灵的时候，尤其是市场的规则要由市场之外的政府来监督实施，况且公共产品的服务在任何一个社会都必不可少。

态的教育经费，实物形态的教育设施，还提供教育间接消费的经济范畴的劳动年龄人口和可用于智力活动的空闲时间”。① 在经济不景气的情况下，学校教育往往因陋就简，压缩内容，简化教程，这自然影响学校教育质量，影响受教育者的素质培养；“新民德”作为高定位也只能被束之高阁。这是经济通过制约学校教育从而制约学校教育“新民德”的表现。本文无意就此过多泼墨，主要想尝试从“道德存在依附一定的经济基础”的角度入手，欲意证明“新民德”观念随经济体制、生产方式、经济生活的变迁而发生嬗变；学校教育“新民德”需要建立在与之相适应的商品经济基础之上。

第一节　学校教育“新民德”与经济关系之研究

一、伦理与经济有着深刻的相互依存性

(一)伦理与经济的内在结合

根据马克思主义的道德发生学——“一切已往的道德论归根到底都是当时的社会经济状况的产物”，② 人类社会的道德现象无法脱离相应的经济生活条件而获得独立自足的解释。相应地，任何一种经济体都会内生出一定的道德要求，突出地表现为对一定经济体系的规范维系和价值支撑作用。

经济与伦理的内在结合与依存是关系共存、机制共建、实践共行、价值共享四个方面的共有互融。③ 关系共存，是指社会经济结构中包含道德结构体系。人们看待经济伦理问题的一种视角是“以道德旁观经济”——以一般性的道德原则或规范来影响经济生活，诸如不应说谎、不许偷窃、不能欺骗等；在这个意义上，道德是外在于经济生活的，道德原则或道德规范应用于经济领域与运用于其他社会领域并无二致。另一种更深层的视角是经济与伦理两者互动，即从社会结构与社会关系的意义上讲，每一种经济关系并不只是经济属性的体现，还包含着各种关系的协调原则，如道德价值的协调原则。这表明，经济关系与经济结构中存在着伦理关系和道德结构体系，这是一种互

① 吴鼎福，诸文蔚．教育生态学．南京：江苏教育出版社，1990：25.

② 反杜林论//马克思恩格斯选集(第3卷)．北京：人民出版社，1972：134.

③ 王小锡．论经济与伦理的内在结合．哲学研究，2007(6).

存性结构，也称之为经济共同体。机制共建，是指即使是最充分的市场经济机制设计及安排也可能出现问题，机制的重组需要各方的共建力量。在此意义上，道德不仅仅是在利益关系发生冲突情况下的调停人——作为固定值或保持不变的假设条件，而应构成共建机制的运行部分。所谓“实践共行”，实际上关乎经济生活中道德行为的可能性问题。经济行为由不雅到正当，再到具有正面意义，逐渐获得了在社会成就评价上的价值优先地位；相应地，道德价值从自足到与经济行为相统一，一步步滑落到失宠的境遇。因此，经济与道德在实践层面的再度融合将不同于以往时代：在行为的效果上，道德评价虽然承认了经济行为的正当性和善意义，但同时也保持了它对经济行为的牵制力和在更高价值层级上的独立性和优先性。价值共享，是指现代西方经济学中流行以非道德主义为标识的经济理性主义，它首先区分出事实与价值两个领域，并把经济行为确定为事实，把道德行为确定为价值，并根据事实和价值的不可通约性而排斥道德价值。事实上，经济现象不仅仅是“事实”，也含有“价值”；道德现象也不仅仅是“价值”，还含有“事实”。经济学中的许多假设条件和知识前提往往是以道德价值为基础的。经济学必须说明它在有助于社会发展以及涉及自由、平等、正义等价值问题上所作的选择和所作出的贡献。这样，道德与经济在价值领域就不单纯是一种价值和事实的关系；它们需要澄清各自的立场，并在对话和共识的基础上共享某些事实与价值。

(二)伦理与经济的外在依存

除了经济内生之道德以外，还存在经济之外在道德。任何经济体实际上都无法脱离一定社会所提供的文化价值、传统基础以及必要的政治条件。而这些市场经济的环境条件所持之价值立场，在事实上往往并不符合经济思维逻辑与价值立场，这就使得市场经济在扩张其行为方式与价值意识时，不可避免地将与其他社会子系统发生价值冲突。这突出地表现在经济之内在道德与外在道德的矛盾关系中。简单地说，当由经济系统内所产生的内在道德与以整体社会为价值立场的经济之外在道德发生不可调和的冲突时，外在道德就会对内在道德提出重组和调整的要求，以寻求一种新的社会价值结构与序列。从这个意义上讲，所谓经济的内在道德是指一切经济活动所具有的道德属性；经济的内在道德客观地存在于一切经济行为当中，对经济存在着依附性。而经济的外在道德是对经济内在道德的一种调整和超越。这种调整首先以“将道德视为社会意识形式和社会规范形式”作为价值立场，剥离了道德对经济的绝对依附性，不再单纯地以经济领域中所产生的道德价值为唯一标识。概言之，经济之内生道德要依据整体社会之效用的普适性价值立场与规范形式来调适。

道德内生于经济，对经济产生相当的依附性，往往容易导致人们对“经济决定伦理”理论范式的认同；经济之外在道德的存在，不仅剥离了道德对经济的绝对依附性，而且显示出道德对经济的牵制。不过，本书主要侧重从“道德存在依附一定的经济基础”这一角度立论。

需要指出的是，“经济决定伦理”是由马克思主义唯物史观演绎出的影响最深广、在一些国家像中国的意识形态和理论学术两大领域，被当做当然前提的最具权威性的理论范式。① 中国古代思想中有不少“经济决定伦理”的代表性观点，如管子的“仓廪实而知礼节，衣食足而知荣辱”；② 孔子的“庶、富、教”(这是孔子重要的政治经济思想，“庶”指人口兴旺，“富”指人民富足，“教”指使人民有教养。这三者共同构成了社会发展的三个层面：先是增加人口，发展生产力，达到民富国强、国泰民安，然后再适时加以教化、引导，提高民众的思想、文化、道德修养水平。它给我们的启迪有二：一是人格的树立、道德的修养与物质生活水平密切相关；二是要建设良好的新的道德规范，提高民族文化道德素质，必须抓全民教育，尤其是要抓好学校教育)③；孟子的“有恒产者有恒心，无恒产者无恒心”，④ “无恒产而有恒心者，惟士为能，若民，则无恒产，因无恒心，放辟邪侈，无不为已”。⑤ 的确，由于经济生活是社会生活的主导方面，经济生活方式是人类生存发展的主要方式，因此，经济生活的不同历史阶段，不同的经济生活方式，自然会形成不同的认知活动、意志活动、情感活动特征和价值取向。就价值取向而言，一定的经济生活内容、方式特征，本身就内生(或说限定)并锻造着人们对经济生活本身的价值指向。例如，自然经济生活状态下自给自足的生产方式以及低下的社会生产力，必然带来黜奢崇俭、贵义贱利、勤劳节俭、重农抑商等价值观，总体上呈现出封闭、狭隘、单调、被动、依赖等特征；而商品经济社会以“趋

① 樊浩．“经济决定伦理”理论范式的合理性限度．复旦学报(社会科学版)2004(6)．

② 管子·牧民．

③ 论语·子路．

④ 孟子·滕文公上．

⑤ 孟子·梁惠王上．

利”为动机的所谓经济理性行为就必然会孕育或滋生出利己主义的道德价值意识，以及会形成讲求效率和效益、惜时、发展等价值观，总体上呈现出开放、丰富、主动、独立、自由等特征。

但是，学术界仍然认为，“经济决定伦理”理论范式存在合理性限度。其合理性限度表现在本体论、价值论和实践论诸方面。在本体论方面，它将对历史唯物主义关于生产力——生产关系、经济基础——上层建筑相互关系和社会有机体的理论由解读引向泛读和误读。在价值论方面，它在揭示伦理的形上基础的同时，以本体论僭越价值论，以真理取代意义，思辨理性混同实践理性。在实践论方面，在由传统向现代的文明转换，和由“意识形态中心”向“经济建设中心”的战略转变中具有一定的合理性，但存在四大实践虚妄：奴婢伦理；孤离的经济；道德责任的消解；价值霸权。“经济决定伦理”的合理性，是决定论的合理性；这种决定论并没有绝对的合理性，是本体论的合理性；一旦僭越价值论和实践论，这种本体论的合理性就很有可能蜕变为非合理性；即使在本体论范围内，其合理性也有其理论和实践的限度。①

二、学校教育“新民德”需要建立在与之相适应的经济基础上

城市发展的实践呼唤社会公德的介入。社会公德主要是工业文明的产物。西方近代工业革命的爆发，打破了传统的生活方式，人与人之间的交往超越了以往熟人圈的限制，市民社会(公民社会)逐渐形成，城市公共生活的发展对公共道德提出了要求。都市经济的发展带来城市公共生活设施和公共场所的繁荣：摩天大楼、立交桥、银行、商厦、游乐场等星罗棋布，这些为城市人创造了公共生活的条件，丰富了城市人公共生活的内容，改变了城市居民的生活方式，帮助城市人建立了公共关系的概念。一句话，都市人介入公共生活的活动越来越多，公共观念开始形成，公共生活的道德要求也随之提出。

众所周知，在市场经济比较完善的西方发达国家，其社会公德水平相对来说都比较高。西方国家走过的道路和事实表明：首先，公共伦理的形成需要具备基本条件——公共生活领域。社会“公共文化”与“公共价值”观念只有在公共生活领域较为发达的社会，才可能成为人们的精神需要；社会公共领

① 樊浩.“经济决定伦理”理论范式的合理性限度. 复旦学报(社会科学版)2004(6).

域的拓展与近代城市的崛起和发展息息相关；同时城市的发展又是现代工业经济发展和现代"市场社会"运动的结果。其次，与公德相关的独立人格、平等精神、自由观念、责任意识等公共素养，是市场经济内生的道德品质，也是市场机制得以有效运转的价值氛围。西方发达资本主义国家社会公德之所以发达，与其发达的市场经济所带来的公民素养的提高分不开。具体分析如下：

（一）自然经济占主导地位的农业文明对公德的淡漠

自然经济是以"家庭"为基础、以血缘地缘为纽带而形成的封闭式的自给自足的小农经济。小农经济的基本特征是每家每户都可以自食其力，并且固定的生产和生活场所使得在同一块土地上的人具有相对固定的交往对象，客观上限制了社会流动和社会交往关系的发展。当然，频繁的天灾人祸和无法避免的生老病死，使得小农经济社会也经常需要团体协作，这时候发挥作用的就是所谓的"乡土人情"。它既是人情的互换，又是经济利益的互助。在"乡土人情"伦理的背后，包含着相互间权利与义务的平衡。"社会关系中权利和义务必须有相当的平衡，这平衡可以在时间上拉得很长，但是如果要一面倒，社会关系也就吃不消，除非加上强制的力量，不然就会折断的。"①人情关系为相互间的信任提供了桥梁，也就是说，这种临时组合而成的团体往往以血缘亲戚或地缘乡亲邻里关系为纽带，它与真正建立在平等基础上的公共生活不同，因为在这种关系下，人人都以自我（或说家庭）为中心，根据他人与自己关系的亲疏远近来"伸缩"（控制）道德张力，很难做到对所有人"一视同仁"，致使"公德之大义未有发明"。② 可以说，在自然经济社会，人际往来十分稀少，人们的公共生活领域极为狭小。对普通民众而言，多数人无法参与国家的、政治的公共生活，乡村的日常交往活动就是所谓的公共生活。在此情况下，人们的社会"公共需要"微乎其微，"公共意识"也极其薄弱，普遍缺乏对于公共利益的关怀，更谈不上在此基础上所谓"公共精神"的培养和"公共人格"的培育了。事实上，自然经济下的社会人对"公""私"的概念很模糊，在他们看来，不特定属于某个人（或某一家庭）的东西，就是可以为己所用，甚至可以据为己有的。

---

① 方舟，雪夫．东方之子·大家丛书：费孝通卷．北京：北京华文出版社，1999：169.

② 梁启超．论公德//中国启蒙思想文库(新民说)．沈阳：辽宁人民出版社，1994：17.

自然经济下的社会生产力本身不够发达，再加上几千年的传统文化始终在告诫中国人“不患寡而患不均”——大多数农民起义的旗帜也是“均贫富”。因此，“对于长期以来处于自给自足的自然经济条件下的中国人来说，社会财富的增加委实有限，于是占主导地位的道德教化，其主要注意力不是教人民如何发展生产，如何增加社会财富，而是如何做到财富分配上的平等”。① 这导致人们必然把安贫乐道、清心寡欲、重义轻利、节制、禁欲等尊为德性，不重开源而重节流。殊不知，财富是人们的养命之需，是人们过一种有尊严的生活的物质基础。物质上的省俭撙节与精神上的萎缩不是没有干系。所谓“财大气粗”，其实也从一个侧面反映了物质财富的富足能在一定程度上给人带来底气和自信。另外，当时的人对土地、气候等自然条件具有很大的依赖性，经济活动简单，主要就是人对土地的简单种植收获关系，而且个人的经济活动与整个家庭融为一体，家庭里面的分工就是社会分工。因此，个人在经济上受到家庭甚至是家族的荫庇，进而导致人格上也不能独立。

综上所述，以“五伦”为主要内容的中国宗法伦理生长于封建小农经济社会，它局限于“熟人”圈子，以“亲亲”为原则，强调爱有差等，并且缺乏一个公共生活领域，因此很难建立起适应公共生活的公德准则。

(二)商品经济占主导地位的工业文明对公德的倚重

1. 市场经济带来公共生活领域的拓展

市场经济就是市场化的商品经济。当历史进入近代工业社会之后，社会化大生产带来了社会公共领域的拓展，从而大大激发了人们的“公共性需要”。以求利为主要目的的交换是市场经济的主要行为，同时，交换关系也是一种人际关系，能扩展到整个社会，突破人与人之间原有交往模式的狭隘性、片面性、固定性。频繁的、大规模的经济活动使市场半径不断扩大，社会流动畅通，经济交往社会化，公共生活领域日趋发达，突出体现在现代城市的发展规模上。

以社会性的普遍分工为前提的大工业的发展开辟了广阔的市场，创造了规模庞大的城市，并且使之成为人流、物流、资金流、信息流的集中地。城市生活打破了乡村生活的自足性、封闭性和单一性，为现代市民呈现出一个开放的、流动的、丰富多彩的世界。不过，对城市居民而言，除了私人住宅

---

① 杜时忠．制度变革与学校德育．高等教育研究，2000(6).

以外，街道、人行道、树木、公园、公共市场、公共汽车等所有的空间基本上都是公共的。个人生活无可选择地介入社会生活的公共联系之中，包括购物、出行、求职、交往等，纯粹私人的家庭生活被压缩在很小的时空内。城市基础设施和环境条件的公共性，为人们形成公共意识创造了条件，并逐渐在广大市民的意识中培育出"公共"的概念。

2. 市场经济内涵着能促进公德形成的价值伦理

首先，市场经济要求相应的独立人格作为它建立和发展的基础。市场经济的内在机制使每一个市场主体都以追求利益最大化为目标，它鼓励个人独立地根据市场规律自发地进行竞争，并通过这种竞争来充分发挥自己的创造力以满足需求，这正是市场经济的活力和生机所在，它能促使各种资源有效配置，加快社会生产力的发展，进而要求人们以独立的主体身份投身其中，成为具有"自主能力、自主意志、自律素质和自由状态性质的个人"。① 因此，市场经济在客观上不断刺激现代独立人格的形成，换言之，独立、自主、自尊、自强的生活方式成就了现实的人格特征。

其次，以践履职责为特点的伦理要求和道德判断，是市场经济时代最典型的道德现象。② 市场组织是由一群陌生人以交换为纽带而建立起来的利益链条，是一个利益共同体。为了保证利益共赢，在具体生产、交换、分配的过程中，人人必须对自己的行为担负责任。也就是说，人人有责任维护经济活动的普遍规则，并有责任使这种活动能够持续存在并形成一种健全秩序。这种行为习惯，对人们的精神气质和心灵品质会有明显影响，表现为法治意识和责任意识的增强。

再次，市场经济的理论假设是"人性恶"，市场机制的运作就在于它能使鸡鸣狗盗之辈都能按市场规则行事，它讲求的是平凡人(百姓)的公德，是一种底线伦理，平等互利是其核心原则，有利于实实在在地建构社会公德。

最后，与前经济时代最关键的区别在于，市场经济时代的道德对求利活动持一种价值中立的立场，甚至把求利看做是一种正当性行为，只是对求利的方式进行道德考量。相比前现代社会，市场经济时代的道德为经济活动提供了一种鼓励的精神价值氛围。市场经济时代的道德课题就是如何

① 高清海．市场经济、个人主体与现代哲学．吉林大学学报，1994(1).

② 詹世友．道德教化与经济技术时代．南昌：江西人民出版社，2002：327.

引导人们自利而不损人，即追求财富获取手段的正当性、合法性规范，它必然带来劳动致富、主体消费自由、科技是第一生产力、创造财富、发展观、尊重人权、重视人的价值和主体性、对人的正当欲望和需求予以肯定等价值观的形成。

总之，在市场经济时代，经济活动成为有体系规模、经常性、有可预期性的公共活动。它作为社会生活的一种制度性的存在，可以塑造人们基本的价值观念和精神气质，如平等意识、权利观念、诚信意识、责任意识、主体意识、独立意识、法治意识等公民素养。同时，由于人们都成了独立的利益主体，公共领域和私人领域明确划分，亲兄弟明算账，私德公德分明，打破了传统道德体系以亲情原则推广公共行为规范，以私人道德修养来维系社会伦理的封闭循环圈。他们不再像以前那样受到家族的荫庇，他们需要到社会组织和政治权威中寻求保护，这必然带来民主自由权利与政治、法律环境的发育和成熟，成为现代政治文明建设的实质性基础。

当然，市场经济也存在着不可避免的弊端。如市场经济以承认和促进个人利益的增长作为起点和动力，但是，对个人利益的承认和有关政策的实施不能规定人们追求个人利益的限度，人类“所创造出的不会腐烂可以贮藏的身外财富使它突破了生理机制对欲望的限定，从而在贪欲上超越了一切生物”。① 在经济利益的追求成为一种风尚和道德上被允许以后，其所造成的矛盾和冲突也显现出来。“一切向钱看”成为一种粗俗的“真理”和基本的人生信条，极端利己主义也“有恃无恐”地抬头……

如果承认道德的存在是有经济基础的，一定时代的社会经济状况就是道德的经济基础，换言之，我们的道德生活中存在的问题必然根源于我们的经济生活。那么，要解决道德建设问题，首先必须解决经济关系和经济生活中存在的问题。我国自清末以来就呼吁国民公德的建立，直至今日，社会公德仍备受指责。这究竟是何原因？如果把社会公德建设与一个世纪以来的国民经济生活状况联系起来分析，或许我们可以略知一二：鸦片战争后帝国主义对中国的经济侵略客观上瓦解了中国传统的封闭式的自给自足的小农经济，中国近代工业发展开始起步，但至今还没有完全走出农业文明，深入工业文明。

---

① 郑也夫．代价论．北京：生活·读书·新知三联书店，1995：76.

第二节　中国传统经济的近代演变及其对学校教育"新民德"的影响

在20世纪以前，资本主义一直是推动人类社会走出传统的最重要的力量。所以有些学者认为："脱离资本主义谈近代演变，正如离开市场谈商品一样，在理论上是不可思议的，在实践上是行不通的，对中国传统社会转型问题的研究也是如此"；[①] 近代社会演变的本质和核心首先是趋向资本主义，"近代演变可以叫做资本主义近代演变"。[②] 中国传统经济近代演变的事实也的确如此：帝国主义对中国的经济侵略客观上瓦解了中国传统的封闭式的自给自足的小农经济，同时也掀开了中国资本主义近代演变的帷幕。

需要说明的是，学术界在使用"近代"和"现代"两个时间概念时，往往并没有严格区分，例如，有人说"人的近代化"，也有人称之为"人的现代化"，一般认为近代和现代是同义的，或者认为近代是现代的早期阶段。具体而言，多数学者认为近代是鸦片战争至五四新文化运动这段时期；而现代则指五四新文化运动之后。本文多数情况下，也是对"近代"和"现代"二者通用。不过，对中国传统经济的演变而言，近代和现代存在明显不同，故这里特意分开阐述。总体上，中国经济的近代演变是单向度的或说资本主义性质的；而现代演变则是双向互动的或说是资本主义与社会主义两种趋势的交锋和消长[③]。

此外，这里所说的"经济伦理"并不是特指目前学术界研究火热的市场经济伦理(即对单向度"经济人"的反思，要求市场经济具有伦理性)，而是指不同的经济体制、经济关系、经济生活所带来的伦理取向。

一、近代中国资本主义的发展及其对学校教育"新民德"的影响

(一)近代中国资本主义的发展

1. 清末中国资本主义的萌芽和初步发展

事实上，近代中国资本主义的发展早在鸦片战争后不久即19世纪中后期

① 高翔．论清前期中国社会的近代化趋势．中国社会科学，2000(4).

② 徐泰来．中国近代史记(上)．长沙：湖南人民出版社，1989：27.

③ 王玉生．中国传统经济伦理思想的近代演变初论．伦理学研究，2005(7).

就已开始，但鉴于本文的研究重点主要始自20世纪初，故对前期的资本主义发展只稍作概述。

(1)“重农抑商”面临时代挑战

传统中国社会是个农耕社会，“重农”本无可厚非，问题是，“重农”往往和“抑商”连在一起。鸦片战争以后，伴随着西方资本主义的侵人，传统的自给自足的自然经济开始解体，一方面人们感受到“农民”的处境更为艰难；另一方面，一些有识之士开始越来越强烈地感受到“商”的作用：“商务所趋给民之食者十之一，给民之用者十之九也。”①从这时起，思想家们认识到农民生计问题的解决之道已经不再是传统的“抑商”，因为这并非“商”之因素所致。此认识自然有助于摒除“商”和“农”的对立与紧张，提升商业和商人的地位，如首任中国驻英国公使郭嵩焘曾指出：“西洋以行商为制国之本”②“日本仿行西法，尤务使商情与其国家息息相通，君民上下，同心以求利益，此中国所不能及也。”③由此不难看出郭嵩焘明显的重商思想倾向。总而言之，此期，大凡对西方社会情形有所了解的人，如王韬、郭嵩焘、马建中、薛福成、郑观应、何启、胡礼垣等，大都认为英国等西方国家的富强有赖于“恃商为国本”政策的实施；西方国家的强大从表象上看是“兵力”过人，其实在它后面还隐蔽着一个更为强大的力量，那就是“商”。反观传统中国社会的“抑商”政策，思想先驱们提出了种种改革的设想，其总的思想主要是围绕提升“商人”的地位和学习西方国家发展近代工商业。

(2)中国近代资本主义工商业发展走向“名正言顺”

虽然说中国近代工商业自鸦片战争后就已开始自发萌芽，但近代思想界提倡发展工商业的呼声真正得到重视，还是在清末“新政”时期。20世纪伊始，疲于应对内忧外患的清政府，面对着“储库一空如洗”的现实和数目庞大的赔款压力，不得不设法营救自身。其营救之策就是在“新政”中调整经济政策，突出表现于对工商的大力支持，如成立以商部为主导的各级工商业管理机构；颁布有关工商实业的章程法令；实施奖商政策；联络工商，劝办商会等。新政的经济政策无疑对近代工商业的发展起到了积极的推动

---

① 夏东元．郑观应集．上海：上海人民出版社，1982：593.

② 钟叔河．郭嵩焘伦敦与巴黎日记．长沙：岳麓书社，1984：56.

③ 钟叔河．郭嵩焘伦敦与巴黎日记．长沙：岳麓书社，1984：364.

作用，使得中国早期资本主义的发展于20世纪初出现了第一次高潮。当然，这次高潮的到来也与之前《马关条约》的签订不无关系：首先，《马关条约》使外国人在中国投资设厂成为合法行为，投资行为的合法化，促使西方各国除继续对中国进行商品输出外，同时也开始向中国大量输出资本。他们在中国办工厂、开矿山、筑铁路、办航运，建立外资企业，扩大投资规模，甚至扩展投资地域；其次，在此背景下，中国民族资本工业也有了较大发展，商办企业甚至成了工业发展的主导力量，不仅企业规模扩大，而且行业结构由重工业尤其是军事工业向轻工业倾斜，地域分布也和外资企业一样，出现了扩展趋势。

2. 民初“三民主义”之“民生主义”的发展

“辛亥革命”胜利后，资产阶级革命者窃以为革命业已“大功告成”，便可以集中精力发展实业以解决民生问题。如1912年孙中山《在南京同盟会会员饯别会的演说》中说：“今日满清退位、中华民国成立，民族、民权两主义俱达到，唯有民生主义尚未到手，今后吾人所当致力的即在此事。”①然令孙中山等资产阶级革命者所始料未及的是，“辛亥革命”的果实不久便被随之而来的封建复古逆流所吞噬。这也从事实上证明了孙中山等资产阶级革命者在这一关键时刻忽视民权建设的重大“失误”，但若换个角度，我们也不难体察到孙中山等资产阶级革命者在中国发展实业的急切心情，以及对国民生计问题的重视。

“民生主义”是“三民主义”理论中最后问世的部分。孙中山“民生主义”的构思，与其在英国伦敦所体察到的欧洲资本主义国家口头上的平等与事实上(经济上)的不平等状况有密切的联系，“欧美强矣，其民实困”，孙中山受此刺激，便欲意未雨绸缪，“诚可举政治革命、社会革命毕其功于一役”。② 其目的之一在于防患于未然，免得“贵贱革命”之后又需“贫富革命”。

无论是初期的“平均地权”，还是后期的“节制资本”，“民生主义”都表达了国家干预经济的思想。所谓的“平均地权”，其方法是核定天下地价，现有之地价仍属于原主所有，其后，社会改良进步的增价则归于国家，为国民共

① 孙中山．在南京同盟会会员饯别会的演说//孙中山全集(第2卷)．北京：中华书局，1985：319.

② 孙中山．发刊词//孙中山全集(第1卷)．北京：中华书局，1981：288－289.

享。其实就是坚持重要的生产资料(如城市宅地和城郊耕地)归全体人民，也就是归国家所有的观点。“节制资本”的思想，于1912年初见端倪，最终形成于1918—1920年间，在此期间，孙中山等人从马克思主义中汲取了营养，主张用国家的力量来发展对国计民生有直接影响、容易形成垄断的企业。究其原因，一方面是孙中山看到了资本主义所存在的弊端，如他在《民生主义》的讲演中所指出的：“在那些私人资本制度下，生产的方法太发达，分配的方法便完全不管，所以民生问题便不能解决”；[①] 另一方面，孙中山也认识到了中国多数人“极贫”的现实必须借助资本主义的优势(生产力发达)来改变。所以说，孙中山是主张在中国发展资本主义的，并千方百计为之创造条件；只是在发展资本主义的过程中，孙中山试图“兴利去弊”——主张国家对经济的干预，即发展国家资本主义。另外，孙中山等民生主义者“却相对忽略了农业资本主义在中国的发展。他们在为中国城市资本主义工商业发展竭尽全力奔走呼号的同时，却为中国农业选择了一条小农经济的发展道路”。[②] 诚如胡汉民在《民报》上著文所指出：“新农学家言，农业异于他事，比较以分耕为利……而机器用之反绌。”[③]为了扶持小农经济的发展，孙中山等民生主义者还在实践层面实施了承认并保护既有土地所有制、维持农村租佃关系现状的一系列政策措施。

第一次世界大战期间，中国资本主义工商业出现了第二次发展高潮。此次发展高潮主要以民族资本工商业的发展为主要内容。这一时期帝国主义国家对中国商品的输出减少，而中国城市规模的日益扩大，城市工商业人口的日渐增长，使得国内工业产品的销售市场也随之逐渐扩大，同时铁路交通事业显著发展，也在一定程度上促进了商品流通和市场扩大。此外，群众性的提倡国货、抵制外国货的爱国运动等诸多方面的原因，有力地支持了中国民族资本工商业的发展。

3. 南京国民政府时期的“统制经济”

五四新文化运动时期，马克思主义在中国的传播以及“十月革命”的胜利，对中国思想界产生的影响是深远的；其后，20世纪30年代西方经济危

---

① 孙中山．民生主义//孙中山全集(第9卷)．北京：中华书局，1986：409.

② 杨天宏．中国的近代转型与传统制约．贵阳：贵州人民出版社，2000：206.

③ 胡汉民．靠非难民生主义者//杨天宏．中国的近代转型与传统制约．贵阳：贵州人民出版社，2000：207.

机与苏联五年计划之间的巨大反差，再次对中国思想界产生了巨大冲击，其直接结果就是20世纪30年代中国资本主义的发展在实践中走向了“统制经济”。关于“统制经济”，当时的很多知识分子都将其与“计划经济”或“社会主义”等同看待，认为就是指国家(或政府)出面干预经济。事实上，“统制经济”在其时就是资本主义经济中糅合了社会主义的成分。抗日战争时期，被迫退守西部地区的国民政府实行的是战时经济统制政策，虽然说这主要是基于反侵略战争的需要，但在客观上也推动了西部经济的发展。正如史全生编的《中华民国经济史》①一书指出：“在某些具体方面的管制是必要的、有积极效果的。”当然，统制经济政策也需为官僚资本的腐败承担重要责任。

南京国民政府时期，确切地说，是抗战爆发前十年，中国的资本主义发展出现了第三次高潮。国民党建都南京后，在形式上统一了全国，出现了一个相对稳定的局面。同时，南京国民政府也适时出台了一些刺激、保护和扶持工商业发展的政策措施，基于此，工商业稳步发展，1936年达到高峰。据材料显示，1928—1936年，中国近代工业年平均增长率为8.4%，1931—1936年，中国近代工业年平均增长率为9.3%。②

(二)近代中国资本主义发展及传统经济伦理近代演变的特征

1. 资本主义生产关系的不充分确定

鸦片战争以后，近代中国在沦为半殖民地半封建社会的过程中，逐渐卷入了世界资本主义体系。但以卷入世界市场为特征的商品交换的发展和以使用机器为特征的资本主义生产的发展既不平衡又不充分，且对发达国家及其控制的世界市场具有依附性等。发展极端不平衡，表现为近代工商业主要以大中城市及东南沿海为圈划；发展不充分，主要表现为在国民生产总值中所占比例很低，且常因战争的破坏而中断。

中国农村自然经济受外界冲击而遭到破坏，逐渐瓦解，但小农业和小手工业相结合的半自然经济的基础依然存在，并且在占全国面积与人口绝大多数的农村及相对闭塞的内地城镇占据主导地位，农业资本主义因素在整个农业经济中所占比重十分微弱，租佃关系以及封建剥削方式继续存在，

① 史全生．中华民国经济史．南京：江苏人民出版社，1989.

② 王询，于秋华．中国近现代经济史．大连：东北财经大学出版社，2004：147.

封建地主土地所有制仍然处于统治和支配地位，生产关系上没有发生根本的变革。

总体而言，新中国成立前，中国半殖民地半封建社会生产力发展水平比较落后；所有制结构多元，经济地位、经济利益、经济性质不同，经济关系错综复杂，在这一时期，农业仍然是国民经济最主要的支柱产业。

2. 传统经济伦理的近代演变特征

中国传统(自然)经济伦理以道义论为基础，崇高的道德往往与个人利益的牺牲联系在一起；而传统经济伦理在向近代演变过程中，"在经济伦理原则上，历时近八十年的近代演变使以道德是非为是非的经济伦理原则得以打破，(民族)功利主义原则得以确立，合理利己主义原则得以确认"。①

虽然整个20世纪上半叶，中国还在继续发展资本主义。但事实上，自20世纪初始，在救亡图存历史使命的压力下，传统经济伦理思想的近代演变开始出现裂变和转向，为现代经济伦理思想的发展埋下了种子。其标志是多数资产阶级革命派人物，在经济伦理原则上，重新将"公"超越"私"，"公"或"公利"成为经济价值判断的标准。孙中山"三民主义"之"民生主义"的构思动机就是一个明证；就连资产阶级改良派的梁启超对于资本主义"私有制度"和"社会主义"两者的取舍态度也是反复无常的；这一时期思想界对"公德"的呼吁也与经济伦理思想密切相关。以至于有学者总结道："尽管辛亥革命是以三民主义相号召，但社会主义思潮实际上已经成了晚清思想界的一支主旋律。"②

五四新文化运动是中国传统经济伦理近、现代演变的分水岭。五四运动爆发后，知识分子进一步认识到，导致不平等的旧道德和社会罪恶的并不是孔子和君王，而是私有制度，这基本上表明了赞同"私有制是万恶之源"的立场。1919年前后，关于"物质"、关于"经济"是社会的热门话题。马克思主义在中国的传播，使得不少知识分子茅塞顿开，他们顿悟到经济是解决社会、历史、文化乃至伦理、社会心理等问题的万能钥匙。于是，相关研讨文章纷纷先后呈现：《从经济上观察中国的乱源》《旧伦理的崩坏与新伦理的建设》《经

---

① 王玉生．中国传统经济伦理思想的近代演变初论．伦理学研究，2005(7).

② 黄岭峻．激情与迷思——中国现代自由派民主思想的三个误区．武汉：华中科技大学出版社，2001：147.

济之历史的发展》《文化运动与劳动运动》《从经济的基础观察家族制度》《实业是不是这样提倡》等。如1920年，李大钊发表《由经济上解释中国近代思想变动的原因》一文。在该文中，李大钊指出："中国以农业立国，在东洋诸农业本位国中，占很重要的位置，所以大家族制度在中国特别发达……中国的大家族制度，就是中国的农业经济组织，就是中国两千年来社会的基础构造。一切政治、法度、伦理、道德、学术、思想、风俗、习惯，都建筑在大家族制度上作他的表层构造。……孔子的学说所以能支配中国人心有两千余年的缘故，不是他的学说本身具有绝大的权威，永久不变的真理，配作中国人的'万世师表'，因他是适应中国两千余年来未曾变动的农业经济组织反映出来的产物，因他是中国大家族制度上的表层构造，因为经济上有他的基础。"①其后，国民党的理论家也认真地钻研了马克思主义这一新思想，并汲取了部分营养。结合俄国十月革命的胜利，这时期不少知识分子在经济制度价值合理性问题上都倾向或支持社会主义。"平等"和"互助"的价值观之所以在五四后期突显出来，甚至超过自由、个性独立等资产阶级价值观，与人们对中国资本主义发展的态度是密切相关的。

（三）近代中国资本主义的发展对学校教育"新民德"的影响

清末"新政"改革，不仅从经济制度上给予了近代中国资本主义发展以鼓励和支持；同时，还在教育改革中确立了有利于近代资本主义发展的经济伦理，如将"尚实"列入教育宗旨之中；另外，还在新式学校课程设置方面做出了增设相关内容的要求。其后近半个世纪，即从清末"新政"至新中国成立前，"尚实"逐渐为不同时期的学校教育所注重。"尚实"与"求真"相通，其时的不少思想先驱已经认识到"善离开了真往往成为伪善"这一至理——对儒家经济伦理（或说自然经济伦理）压抑人性，推崇圣贤之德的反叛。此外，近代启蒙思想中的自由、权利、天赋人权等观念，也与传统经济向近代演变有着密切联系，具体而言，它们是传统经济寻求向近代演变的伦理价值向度。但总体上，由于20世纪初始近代中国的资本主义发展开始和经济伦理之间出现龃龉，即实践中在发展资本主义，但思想观念上却有部分倾向于社会主义，以至于经济生活中的价值观也比较混乱。

---

① 李大钊．由经济上解释中国近代思想变动的原因//李大钊文集（第2册）．北京：人民出版社，1984：178.

1. 社会公共生活领域的拓展不平衡与社会意识分裂

近代资本主义工商业的兴起，引发了城市市民的经济生活、市容市貌、公共交通的改观。近代中国资本主义的发展带来了城市的发展和城市市民经济生活方式的变迁，即社会公共生活渐趋发达，公共设施得到一定的改善，为公德的发展提供了实践条件。表现之一是各地商会和社团对近代城市生活作出了不少贡献，如以天津商会和苏州商会为代表的各地商会组织成立戒烟善会、开设济良所，还对城市消防、治安、市容、卫生、慈善事业、教育事业、改革风水迷信、改良婚丧嫁娶陋俗等方面做出了不少努力。此外，清末城市发展本身在办理学务、改善卫生条件、道路设施、公共营业(电车、电灯、自来水)、慈善事业等公共事业方面也取得了不少成绩，这些都有助于市民公共意识的培养。

但是，近代中国资本主义发展既不平衡又不充分，这导致社会经济生活和社会意识出现分裂。近代中国资本主义发展呈现缓慢滞后性、中断性(频仍的战争破坏)、短期性等特点，而且在地域分布上集中在长江沿线和沿海地区。如上海及其周边地区在鸦片战争后20年间自然经济就已经逐渐解体，并引起社会结构的变动，它驱使时人纷纷摆脱恋土重迁的传统生活方式，转向热衷于商品生产和经商，从而进一步促进了社会价值观念的变迁；又如早在维新时期，一些思想先驱们就从西方资本主义的发展中察觉到惜时、效率应被尊为德性，故在城市风俗改良团体中出现了延年会。熊希龄、谭嗣同等延年会的发起人，有感于中国传统礼仪方面的繁文缛节，批判它使人把宝贵的时间、金钱、精力都用于应酬上，耽误了正当的事业，认为这种缓慢的生活节奏已不能适应近代生活需要，为此，延年会提倡学习西人简捷的礼俗和合理的生活方式，戒除中国人把时间消耗于不必要的礼节、饮宴、娱乐方面，以节省时间用于事业，达到"延年"的目的。毋庸置疑，"得风气之先"的开明人士往往生活在(至少经常出入)资本主义比较发达的地区。而与之相对照，资本主义欠发达的大多数地区，还停留在传统经济伦理的时代，封建宗法伦理表现在日常生活的方方面面。

社会意识的分裂，对学校教育"新民德"的走向产生了直接影响。在资本主义发达的地区，认可工业文明的社会各阶级各阶层，已经实现了传统经济伦理的近现代演变，人们普遍要求与资本主义发展相适应的工具价值合理性与伦理价值合理性能够被承认，被学校教育所吸纳，如尊重个体，提倡求真、务实、互利互惠意识、平等观念、时间观念、效率观念、效益观念、发展观念等——从民国初年以公民道德教育(自由、平等、博爱)为核心的教育宗旨的颁布，到五四新文化运动的“打倒孔家店”，要求尊重人的个性，提倡民主科学，再到 20 世纪 30 年代日益滋长的自由主义思潮和各种新教育试验，映现的正是这部分人在教育文化领域的不懈奋斗。而以工业文明为导向的“新民德”观念与广大农村地区和内地城镇极端落后的经济形态则是不相匹配的，所以，五四新文化运动中突显出来的“平等”“互助”(而不是独立)的价值观，就是社会意识演化出来的另一支代表平民主义的价值观，引发了平民教育思潮的勃兴——其实是经济体制上倾向于“社会主义”的表现。

2. 重工具价值合理性轻伦理价值合理性

近代中国资本主义在发展过程中，必然要突破传统经济伦理的限制，代之以能促进资本主义发展的伦理价值合理性，如自由平等、天赋人权、“人欲，亦善也”等。这些与民主政治文明相互支撑的价值观，本来与社会公德建设具有内在的一致性。但是，近代中国资本主义发展到 20 世纪初时，由于救亡图存的需要，将资本主义经济伦理的工具价值合理性放在首要地位，如强国富民、民族功利主义等，也就是说，重新将“公”超越“私”，“公”或“公利”成为经济价值判断的标准，这与同时期公德观念上强调民族国家为本位的公德(不同于社会公德)、以“合群”“利群”作为公德判断标准是一致的。但是，资本主义的发展光靠工具价值合理性是不利于其长远发展的，相对其伦理价值合理性，这无疑是“舍本逐末”，就如同以民族国家为本位的公德观念相对社会公德观念是一种偏离一样。反映到学校教育领域就是：随着民族工商业的缓慢成长，实业教育也引起了当权者的重视，但各个时期学校教育对实业教育的定位仅仅是“用”，仅仅强调其有利于国计民生的一面，却没有像西方社会那样倡导渗透在实业教育中的民主平等、自由竞争等工业文明的新理念。就连以张之洞名义撰写的《学堂歌》在宣传移风易俗的时候，也是从揭露恶风陋俗阻碍生产力发展的危害性的角度立论。如《学堂歌》中道，讲求庐墓风水，就“不敢开山与通江，美富多，五金矿，任他抛弃在山岗。”[①]歌词号召将“风水妄”列为劝诫人们抛弃的陋俗之一。

① 张之洞．学堂歌//沈云龙．近代中国史料丛刊(第 48 辑)．台湾：文海出版社，1983：7521.

二、新中国计划经济三十年对学校教育“新民德”的影响

五四新文化运动后，中国思想界逐渐被经济上的政府“干涉主义”的魅力所折服，即崇尚以政府干涉为特色的“公有经济”，而不是以个人竞争为特色的“私有经济”。其实质上反映了随着马克思主义在中国的传播，五四知识分子在经济伦理观上“产生了新的公私观，即公的价值高于私和公有产权拥有唯一的伦理价值合理性”。[①] 从这个意义上说，南京国民政府实行的“统制经济”和新中国成立后实行的计划经济体制其实是中国传统经济现代演变的必然尝试。

(一)计划经济的发展

1. 毛泽东的经济思想

新中国计划经济的实行跟毛泽东的经济思想有直接联系。毛泽东的经济学思想从属于他的政治学思想。在政治上，毛泽东信奉马克思共产主义，追求的是一个“人人为我，我为人人”的理想社会，反映到经济领域就是“人人均等”，大家“一心为公”，故“私”在他眼里是应被排斥的东西。从中央苏区、陕甘宁边区、解放区到新中国成立后的全中国，毛泽东的经济思想基本上是一以贯之的。新中国成立后所形成的农业、财政、金融、物价等方面的计划管理体制，在很大程度上就是沿袭了新中国成立前老解放区财政经济管理工作的实践经验而创建起来的。

从毛泽东的新民主主义经济思想到他的社会主义经济思想，透露出“平均主义思想”“集体主义道路”“共产主义社会”的“三位一体”。毛泽东一心想为全国人民尤其是下层人民创造一个人人平等的社会，所以他在经济上反对任何“私有”和“特权”，反对少数人骑在人民头上作威作福的腐败行为，反对任何人损害国家和集体利益。这就是为什么新中国成立之初毛泽东接连发动了“三反”运动、“整风”运动和“四清”运动，坚决打击市场投机倒把、囤积居奇、哄抬物价、追逐暴利的行为，强化政府对国营经济掌控的原因之所在。毛泽东并不满足农村的土地改革，并不满足“平均地权”，认为那仍然是落后的小农经济。在他看来，只有通过集体化运动这条路线，才能通向社会化大生产的共产主义社会。20 世纪 60 年代，他甚至感觉当时离共产主义已经不远了！

---

① 王玉生．中国传统经济伦理思想的近代演变初论．伦理学研究，2005(7).

2. 计划经济体制和经济生活

从新中国成立到改革开放前，准确地说，是从 1953—1983 年，中国实行了 30 年的计划经济体制。计划经济是一种高度集中统一的经济体制。“计划经济的实质是把整个社会组织成为单一的大工厂，由中央计划机关用行政手段配置资源……它能够有效运转的隐含前提是：第一，中央计划机关对全社会的一切经济活动包括物质资源和人力资源的状况、技术可行性、需求结构等拥有全部信息(完全信息假定)；第二，全社会利益一体化，不存在相互分离的利益主体和不同的价值判断(单一利益主体假定)。”①计划经济也是一种国家干预的经济。计划经济时期，由于国家经济职能扩大，取消了个人作为经济活动主体的独立性，也取消了企业的主体地位，因此，计划经济时代的市场无疑是形同虚设的。

在计划经济体制下，中央政府统一而集中地控制了几乎所有的社会资源，个人和企业生产出来的产品都由中央政府统一调购、统一定价、统一销售、统一发放等，国家无须考虑市场供求关系的变化，个人和企业没有进行交换的机会。也就是说，个人和企业对自己的经济活动没有自主权，对生产产品没有支配权，也就根本不可能去从事给自己带来较大利益的经济活动。每个人都被纳入社会整体体系中，人人都只需要听从国家安排，不需要自己积极想办法，否则就被视为“投机倒把”或者是“走资本主义道路”。长此以往，人们就逐渐满足于低水平下的“等富贵”“均利益”，多数人不再思考超越别人超越自己，而是安于现状、安贫乐道、不思进取，对“单位”、对集体形成强烈的依赖意识。在个人不能成为单独的利益主体的情况下，人与人之间一般没有直接的利益冲突，总体上显出和谐的一面。这种没有竞争、四平八稳和平均分配的经济生活方式，为人们提供了足够的安全感、平等感和满足感。它在一定程度上迎合了中国传统文化中的“不患寡而患不均”的思想。总之，计划经济时代人们的生活简单、封闭，几乎没有个人自主的经济活动和建立在其基础上的交往，社会流动存在很多制度壁垒，尤以城乡分割的二元体制为最。人人都生活在集体之中，主要与固定的集体组织或“单位”发生联系，个人的个性、生产积极性、主动性完全被抹杀，被遗忘，被忽视，片面强调集体利益，否认和轻视个人利益(包括个人正当利益)等。

---

① 吴敬琏．当代中国经济改革．上海：上海远东出版社，1999：28.

由于集体主义经济(计划经济)被视为共产主义社会的过渡阶段，故计划经济时期弘扬的是共产主义道德、价值观，如为人民服务、大公无私、舍己为人等。计划经济时期个人与集体、干部与群众的关系被摆在突出重要地位，社会道德提倡以大局为重、个人利益服从集体利益、干部讲廉洁不徇私情、干群平等，而个人与个人之间是被放在“社会主义大家庭”的概念中，强调互敬互爱、扶危济贫、忠诚、信义、友善等；在物质贫乏的年代，提倡禁欲主义，重思想情操，轻物质享乐等。这些道德观念都与计划经济体制的有效运转分不开。

(二)对计划经济和经济伦理的评价

1. 计划经济的历史作用

客观而言，计划经济对于减少交易成本，彻底消灭剥削制度等都起到了积极作用，而且不可否认，计划经济也为我国社会主义物质文明的发展与进步作出了功不可没的巨大贡献，如主要靠全国人民自力更生和节衣缩食解决了工业发展的资本短缺问题，在短短十几年的时间里(“文化大革命”前)把一个农业国初步建成了具有一定现代化程度的工业国。正是依靠长期的高积累(据长期负责经济计划的薄一波同志生前回忆，我国的积累率一直高于20%，1960年最高曾达到39.6%)，我国才有能力在短短十几年里，从连汽车都造不出发展到造出“两弹一星”等。

2. 计划经济时代的“存公去私”异化了“公德”观念

“以公有制为主体”的计划经济体制视“私欲”为洪水猛兽，必欲除之而后快。新中国成立后，毛泽东虽然还是强调农民是工人阶级的可靠的同盟军，但他又指出“严重的问题是教育农民”。[①] 他所谓“教育农民”，就是“向农民群众不断地灌输社会主义思想，批评资本主义倾向”，使农民认识到“一大二公”式的集体化是他们的“唯一出路”，就是要农民“放弃小私有”。毛泽东称农业集体化运动就是要让小生产绝种，使小私有绝种。但毛泽东深知，农民头脑中的“私”，比阶级斗争要复杂得多，解决它也要困难得多。于是，他在全国果断地发动了一场“触及人们灵魂的大革命”，而在农村就是着重教育农民从灵魂深处爆发革命，彻底净化灵魂。那么如何彻底净化农民的灵魂呢？首先是要求农民参与斗资批修的阶级斗争；其次是为农民树立榜样；再次就是要

---

① 毛泽东．论人民民主专政//毛泽东选集(第4卷)．北京：人民出版社，1991：1477.

求农民进行内心反省，“狠斗私字一闪念”。总之，就是要求农民存公去私，与私有观念划清界限，彻底决裂，达到大公无私的境界，甚至战胜人对物质的需求。

但是，农民的“私欲”真能消除吗？20世纪五六十年代中国亿万农民按照毛泽东“一大二公”的集体化思想，行进在人民公社的大道时，所表现出的两种劳动两样干劲——在生产队里劳动时总是偷工、懒散、生产积极性很差；相反，在自留地里则起早摸黑，披星戴月，精耕细作——恰恰证明，“私欲”是不能消除的。通过“抑制或消除‘私欲’”来成就“大公无私”的高尚道德水平只可能是假象。

事实上，公德与“私欲”并不相互对立。我们知道，西方社会公德发达的国家，都是建立在对个人利益尊重的基础上。如果指望通过压抑或消除个人“私欲”来成全“公德”，那无疑是有违人性和不真实的，不可能持续长久。何况，道德是需要经济基础的。在经济发展未达到共产主义社会物质利益“按需分配”的条件下，要求所有人都具有“大公无私”的共产主义道德品质，显然是对人性提出了过高的要求。因此，片面强调集体利益，轻视甚至否认个人利益（包括个人正当利益），在特定历史时期借助一定的外力（如政治斗争）或许能带来许多值得嘉奖的表象，但实质上其与应该提倡的“社会公德”则是两码事。“社会公德”需要建立在外部经济自由的基础上，而不是在政府掌握了人民的“饭碗”的条件下。①

（三）我国计划经济体制对学校教育“新民德”的影响

为了配合经济领域的“共产”化，新政权注重对所有人（包括中小学生）进行共产主义价值观教育，包括共产主义劳动教育、集体主义教育。

计划经济时期，我国小学教育中没有开设专门的德育课程；中学教育从1950年开设“政治”课，进行思想政治教育。由于语文科教育教学具有很强的思想性，在很大程度上担负起了思想教育的责任，所以我们可以以当时的语文教学大纲为例来证明学校教育对共产主义价值观的重视。

1955年，中华人民共和国教育部编订了《初级中学文学教学大纲（草案）》。关于草案的说明指出：“初级中学文学的教育任务，就是帮助学生树

① 这句话由俄国列昂·托洛茨基曾说过的一段话推演而来：在一个政府成为唯一雇佣者的国度里，反抗意味着慢慢饿死。

立社会主义政治方向；培养辩证唯物主义世界观；培养共产主义道德，特别是爱国主义精神，共产主义劳动态度，集体主义精神，自觉地遵守纪律的精神，爱护公共财物和坚韧、勇敢、谦虚、诚实、俭朴等品德，热爱祖国语言和文学的感情；提高认识能力，发展想象能力；培养正确的审美观，特别是对社会生活的明确的是非、善恶观念和热烈的爱憎感情。”①

与之相一致的是，教育部于1956年制定的《小学语文教学大纲(草案)》(初稿)说明部分，也强调指出，“小学语文科的教育任务是：(一)树立社会主义的政治方向；(二)树立辩证唯物主义世界观的基础；(三)培养共产主义道德；(四)培养爱美的情感和审美的能力；(五)培养对本族语言的热爱。”②

语文科教材教学对中小学生进行“共产主义道德教育”的重视程度由此可见一斑。尽管如此，随后仍有一些地方评价当时的中小学语文科教材教学“少慢差费”，并指出其首要表现是教材内容对学生的“共产主义道德教育”强调不够：“部分教材思想性不强，脱离当前政治斗争实际和生产实际，对培养和提高学生的共产主义思想觉悟、道德品质及树立学生的共产主义雄心大志重视不够”；③ 接着批评教学方法也存在诸多弊端。最后总结道：“总体来说，教材、教法上存在的‘少慢差费’情况，都是由于资产阶级思想和资产阶级教育思想没有得到根除的结果，在教育战线上，还必须深入开展两条道路、两种方法的斗争，进行彻底改革。”

1963—1964年间，上海教育出版社专门成立编辑组，编辑出版了一套“少年儿童思想品德教育参考资料”。这套书共四册，每一册围绕一个主题，选编各地报刊上与主题相关的文章。第一册选编了有关阶级和阶级斗争的三十七篇文章；第二册选编了有关集体主义的十六篇文章——“这些故事反映了各条战线上许多英雄模范人物的动人事迹。他们为了社会主义、共产主义事业，不畏艰难，不怕牺牲，公而忘私，团结互助。他们这种高尚的共产主义思想

---

① 中华人民共和国教育部．初级中学文学教学大纲(草案)．北京：人民教育出版社，1955.

② 中华人民共和国教育部．小学语文教学大纲(草案)(初稿)．北京：人民教育出版社，1956.

③ 西南师范学院，四川师范学院．普通教育九、十年制语文教学大纲(草案)．成都：四川人民出版社，1960.

和风格，是我们学习的榜样"；第三册选编的是各行各业先进人物热爱劳动的故事十八篇——"这些故事反映了党的优秀儿女的高贵品质。他们从不计较个人得失，处处以国家利益为重，哪里需要，就到哪里。……始终如一地以主人翁态度全心全意为人民服务"；第四册选编各条战线上英雄模范人物刻苦学习的事迹十四篇。"编者的话"表明了编辑这套书的目的："为了给教师同志提供一些资料，以便对少年儿童加强共产主义思想教育，加强阶级和阶级斗争的教育，更好地培养坚强的革命后代，我们决定出版少年儿童思想品德教育参考资料。"①

由上可见，无论是当时的小学教育还是中学教育，首要强调的就是政治思想改造，树立共产主义价值观，坚决抵制以美国为代表的西方资产阶级文化观念，坚决与封建剥削阶级旧文化划清界限，其根本目的就是从灵魂深处去"私"，以与集体经济体制相适应；另外，受苏联德育理论影响，在中小学教育中均强调"教学的教育性"，强调教育与生产劳动相结合，强调集体主义教育，强调自觉纪律教育，提倡共产主义觉悟等。可以说，当时的学校道德教育与整个社会的经济体制、文化宣传都是一致的，这是共产主义道德在"文化大革命"前的学校教育中能收到一定成效的一个关键原因。但事实上，共产主义道德已被多数人认为是超越现实历史发展阶段的，它是一种道德高要求的表现，不利于普及。崇尚英雄、榜样的道德指向显然与社会平民的底限道德(社会公德)大异其趣。总之，计划经济时代的共产主义道德对"大公无私"的强调把不少中国人的思想观念引向了一个"误区"——那就是习惯性地把"公德"与牺牲个人利益联系在一起，因而容易产生抵触情绪。

三、中国市场经济的发展及其对学校教育"新民德"的影响

计划经济体制业已被多数人认为是超越客观现实发展阶段的经济体制，其所蕴涵的经济伦理对"公"及"公的价值"的强调可谓是走向了极端。正所谓"物极必反"，党的十一届三中全会以后，在邓小平理论的指导下，我国经济体制开始由计划经济体制逐渐向市场经济体制转型，就经济伦理的角度而言，就是再次确立了私有、个人营利、自由的三大伦理原则。

---

① 少年儿童思想品德教育参考资料(1、2、3、4册)，上海：上海教育出版社，1963.

(一)市场经济的发展带来日趋发达的公共生活领域

党的十一届三中全会提出了改革、开放、搞活的重大方针，解除了长期禁锢人们思想的枷锁。改革开放以来，随着农村家庭联产承包责任制和统分结合的双层经营体制的长期贯彻执行和市场经济体制的逐步建立，国民经济一直稳步增长，全社会出现了活——勤——富的良性循环。经济体制的变革引发了一场深刻的社会变革，即所谓的“社会转型”。社会转型带来的重要变化之一就是出现了日趋发达的公共生活领域。

随着社会主义市场经济的逐步建立，国民经济迅速发展，传统封闭式的社会趋于瓦解，社会的人际交往趋向开放。这种开放首先表现为人与人的交往范围的扩大。随着经济的发展，交通状况逐渐得以改善，现代化的通信工具也逐渐被大量运用，这就使得人们逐渐突破了时空的限制，摆脱了过去孤居独处、死守家门的封闭静态的交往状态，交往范围自然也随之扩大。其次，人与人交往的开放，还表现为交往频率的增加。而频繁的人际交往，则要求人人都能乐群合众，懂得尊重人，关心人，从而使得讲文明、懂礼貌等一般社会公德在每个人的生活中发挥更大的行为调节作用。目前，中国的城市化水平已达到30％～40％，这说明现代公共生活在中国已具备相当规模。城市化的生活方式主要以经济活动为纽带，使得每个社会成员都好像是社会这一立体网上的一个结点，都与其他成员发生直接的、间接的经济联系或社会联系。在这种公共生活领域，人的生存、生活和交往的规则都不是建立在亲情或友情的基础之上，而是建立在“平等互惠互利”的经济伦理基础上。

(二)市场经济体制发展尚不完善导致经济生活无序

当前我国市场经济体制本身尚不完善，导致很多经济行为不按市场规则运行，一些背信弃义、见利忘义、贪污受贿、拜金主义、极端利己主义的经济行为还时有发生，严重败坏了社会风气，增加了社会公德的实践难度。

改革开放以后，邓小平同志对市场经济作了科学的解析，发展了具有中国特色的社会主义市场经济理论。在邓小平具有中国特色的社会主义市场经济理论的指导下，我国经济体制开始逐渐转型，社会主义市场经济迅速发展起来。根据邓小平的经济思想，应该允许一部分人通过诚实劳动和合法经营先富起来，先富带动后富，最终实现共同富裕。可是，由于社会主义市场经济体制的不完善，不少人发现：很多先富裕起来的人并不是通过“诚实劳动”

和"合法经营"致富的；或者说，仅仅通过"诚实劳动"和"合法经营"并不能致富，这无疑大大挫伤了还在为富裕的目标奋进的人的积极性。在先富起来的人富得"不能让人心服口服"的情况下，后继者也开始试图与"君子爱财，取之有道"的古训背道而驰。

对"黄猫、黑猫，抓住老鼠就是好猫"①的滥用。刘伯承元帅大战前常引用一句四川俗语"黄猫，黑猫，抓住老鼠就是好猫"。作为他的亲密战友和同乡，邓小平对这个充满民间智慧的"方法论"也非常熟悉。1962 年 7 月 7 日，国民经济调整时期，针对包产到户引起的争论，邓小平就曾用这个形象的比喻说明了自己的观点。1992 年邓小平"南巡"，为鼓励改革开放进一步放开步伐，不要用姓"资"姓"社"的问题束缚了头脑和手脚，邓小平再次借用这一句四川俗语，并因此为人们所熟悉和津津乐道。然而，邓小平借用的这一俗语，在有力地解放人们思想包袱，轻装上阵从事经济建设的同时，却也成了改革开放以来一些人为追逐利益而不择手段的"宣言"与借口，哪管是损公肥私、假公济私，还是非法经营、坑蒙拐骗偷?

"拜金主义"盛行。孔子云："君子喻于义，小人喻于利。"这种义利观绵延数千年，造成了中国传统社会"耻于言利"的习性。新中国成立后，坚持了三十年的集体主义经济也企图杜绝个人的"私欲"和"私利"。而改革开放以来的市场经济体制改革则以鼓励个人追求正当利益为前提，结果长期处于压抑状态的人们恨不得把人与人、人与社会、人与自然的一切关系都纳入个人物质利益的得失范围来算计，在经济活动中，"唯利是图""一切向钱看"之风盛行，更离谱的是，这种思想还扩展到经济活动以外的领域，比如常常见诸报端的救人先讲价、事不关己高高挂起等现象。

行政权力对经济生活的介入。行政权力对经济生活的介入，可以说是目前最为严重的问题。它一方面妨碍社会主义市场经济体制的完善；另一方面又严重败坏了社会道德风气，是引发社会不稳定的因子。这表明"人情、面子和关系在转型背景下依然是中国人不能忽视的价值定位"，② 依然在发挥着强大的作用。

---

① 邓小平．怎样恢复农业生产//邓小平文选(第 1 卷)．北京：人民出版社，1994：323.

② 翟学伟，屈勇．中国人的价值观——传统与现代的一致与冲突．江苏社会科学，2001(4).

总之，虽然说交换和公共生活已经成为当下中国人生活的一部分，但由于经济的不自由，经济规则的多元化，从而导致经济生活无序，社会公德仍然难以建立。我国虽然自20世纪80年代以来就开始逐渐步入市场经济的轨道，但从目前整个经济体制的情况看，还远不能说是真正意义上的市场经济，而只能称之为多样化的或说混合的经济体制。因为在当前中国社会的整个经济系统中，受市场规则和市场力量支配的只是其中的一部分，甚至可以说只是一小部分；行政权力大量介入经济活动之中，形成权力经济和市场经济共存的局面，而行政权力对经济生活的介入可以说是无规则可循的，它不仅加剧了经济生活的无序状态，更导致社会道德败坏。在行政权力干涉、管制经济活动而导致经济规则多元化，贪污腐败、行贿受贿、权钱交易、权色交易等不良现象大量泛滥，以及人的行为不可预测的情况下，人与人之间的诚信何以建立？当人们在不同的社会领域、社会场合和社会群体的活动中，各自分别按照不同的、往往是互相矛盾的道德规则行事，整个社会缺乏基本的道德共识和共同遵守的道德准则的情况下，要求人人遵守统一的社会公德又谈何容易？在市场经济体制尚未完善的情况下，经济规则不能统一，也就是对所有社会个体并不是"一视同仁"，以至于人们越来越表现出浮躁、短视、急功近利、急于求成等情绪，相对忽视人类共同的利益，从而导致诸如污染环境、浪费资源、公德缺失、人文堕落等侵蚀基础文明现象的发生。因此，可以说当前中国国民公德的培养还有赖于市场经济的进一步成熟与完善。

(三)我国当前的市场经济体制对学校教育"新民德"的影响

自市场经济体制确立以来，我国公共生活的领域不断扩大，人们相互间的交往日益频繁，社会公德在维护公众利益、公共秩序，保持社会稳定方面的作用更加突出，并业已成为公民个人道德修养和社会文明程度的重要表现。正因为如此，党和国家从人民群众的日常生活需要出发，大力倡导以文明礼貌、助人为乐、爱护公物、保护环境、遵纪守法为主要内容的社会公德，鼓励人们争做一个合格的社会主义好公民。与之相应，我国广大中小学校也在积极响应党和国家的号召，自改革开放以来一直将社会公德教育纳入学校德育范畴，力图通过学校教育培养合格的小公民。

首先，市场经济提供了社会公德生长、发育的现实土壤，进而为学校教育"新民德"奠定了物质基础。市场经济打破了传统社会人与人的依赖关系，也打破了计划经济时代人对单位和国家的依赖关系，彻底变革了人们生活方式，延伸了人际交往的范围，拓展了社会公共生活领域。公共生活的发展客观上要求建立以公正为基础、以社会成员互相信任为主要内容的社会合作秩序。

其次，市场经济体制宏观上确立了调整社会合作体系中不同利益者合作的基本原则——平等、公正，奠定了良好的社会合作秩序的基础，为社会公德的培育搭建了合乎正义的架构。"作为社会公共生活中都应该遵守的最基本的行为准则只是社会公德的外在表征，其深层的基础却是社会制度合乎正义的安排与伦理的建构。"①

然而，一方面市场经济不断促进个人经济利益意识的觉醒和人们对经济现象和经济行为的关注与投入——诚如有学者所指出的："追逐金钱的活动，在中国从未形成这样一种全民参与、铺天盖地、来势汹汹的金钱潮；对金钱意义的张扬，也从来没有达到这样一种藐视任何道德法则的地步。在这 10 多年商品大潮的强力冲击下，商品拜物观念已渗透到中国社会各阶层的意识深处，以致教养、文化水准很不相同的社会各阶层，在追求金钱的过程中，其行为方式之不道德在本质上竟没有多大的差别"；② 另一方面学校德育工作仍然建立在"道德人"假设的基础之上，习惯于将利他、奉献和自我牺牲视为道德教育的重点，把个人的正当利益排除在道德之外，以至于学生逐渐学会了戴上"有道德"的面具，在压抑"真我"的同时变得"伪善"，最终以表里不一的双面道德人格呈现。③ 学校公德教育的实效可想而知！

利益是道德发展的动力，道德是实现利益的重要保证。当前处于转型时期不健全的市场经济体制还存在很多有失公允的"漏洞"，这些"漏洞"为一些不遵守社会公德者提供了"庇护"，并将他们的行为"成本"转嫁给了遵守社会公德者，使得不遵守公德者的行为"收益"大于成本，而遵守公德者的行为收益小于成本。这也将导致学校教育"新民德"不够令人信服。

---

① 谢金林，陈冬梅．论社会主义市场经济与社会公德的关系．求实，2004(4).

② 何清涟．中国当代经济伦理的剧变//刘智峰．道德中国．北京：中国社会科学出版社，2001：55.

③ 许锋华，杜时忠．从"道德人"到"经济人"——关于德育实效问题的根源探讨与视角转换分析．教育理论与实践，2006(6).

第三节　中国传统经济的近代演变对学校教育“新民德”影响的例证

改革开放至今，我国经济发展状况可以用三句话概括：以农耕为主的小生产方式没有根本突破；市场经济体制发展不完善；经济结构和经济关系复杂。但从改革开放起步到改革开放深入发展的今天，我国经济生活发生的剧变却不容忽视，我国中小学德育改革基本上一直紧跟着社会政治经济发展需要。

从“四人帮”垮台到1984年刚刚打开国门的这段时期，是学校德育拨乱反正、重建基础文明的时期；而20世纪80年代中期至90年代初，则是我国改革开放逐渐放开步伐的时期，社会经济发展势头较好。经济发展带来多元文化和多元价值观的出现，如由于分配体制存在问题，经济收入出现了“脑体倒挂”现象，从而导致了一些急功近利的短视倾向，“读书无用”论兴起，尤以对中学生的冲击为著。总之，广大中小学教师普遍反映学校德育脱离儿童的生活实际需要。于是，从1985—1992年间，中学思想政治课不断进行改革、实验，这突出体现在德育目标改革上。一是目标分层，把高度概括的德育目标变成较具体的、可操作的目标；二是德育目标内容由单一性向多样化转变，由突出政治到强调政治、思想、道德、心理品质的综合。这一改革其实已经初步暗含了学校德育与儿童实际生活接轨的理念。

1992年市场经济进入深入发展阶段以后，人与人之间的关系随着收入差距的拉开而变得越来越紧张，人与人之间的利益冲突越来越直接，社会心理变得越来越复杂；与此同时，随着经济活动的开展，社会流动更加频繁，个人与“亲情”圈以外的人打交道的概率大大提高。因此，社会公共生活和交往越来越发达，公德的重要性日渐突显。如何在全民几乎都把经济活动本身视为价值取向的条件下，教育青少年学生与他人、与社会和谐相处，做到“利己不损人”？培养学生什么样的品质能够使他适应竞争日渐激烈的社会？……所有这些均成为中小学思想品德课与思想政治课课程改革面临的问题。为此，原国家教委于1997年再次启动了中小学德育课程改革。下面将以文本解读的方式分析经济发展对社会公德教育的影响。

一、市场经济确立初期：尊个人、重理性

以人民教育出版社和北京市教育局1994—1998年间编写的小学《思想品德》(第五册到第十二册)教材为例，见表1。

表1　小学《思想品德》①教材的主要内容及分类

归　类	教　材　内　容
1. 直接反映公德培养	拾金不昧；人人都要爱护公物；知错就改(反映坐公汽"逃票"的事)；遵守公共秩序；爱护公用设施；积极参加集体活动；在集体中要守纪律；要分清是非；助人为乐；积极参加公益劳动；讲信用；为别人的进步高兴；真正的勇敢；为人正直；宽厚待人；自觉爱护公共财物；纪律在我们心中；提高警惕；要关心国内外大事；留下最美好的东西
2. 反映适应生产力发展和社会竞争的道德品质培养	主动学习；刻苦学习；专心致志；要勇敢，不蛮干；诚实和我在一起；要管得住自己；做事要有始有终；要有毅力；胜不骄，败不馁；年少志壮；要自尊自爱；积极进取；学习做事要讲效率；要独立思考；相信科学不迷信；要尊重事实；实践出真知；从《刻舟求剑》想到的；《盲人摸象》的启示；艰苦奋斗代代传；珍惜时间；虚心接受别人意见
3. 反映与他人、集体关系的道德品质培养	积极参加集体活动；多为集体做好事；不讥笑他人；同情和帮助残疾人；客人到我家；邻里之间和睦相处；热情大方对外宾；关心父母；关心他人；爱护小同学；谢谢您老师；珍惜集体荣誉；尊重他人的民族习惯
4. 反映劳动教育	做妈妈的小帮手；幸福生活要靠劳动创造；参加简单生产劳动；尊重各行各业的劳动者；劳动光荣；珍惜劳动成果
5. 反映国史、国情教育	新旧社会两重天；最可爱的人；英勇不屈的共产党员；一心为人民的好党员；我爱家乡；为建设家乡作贡献；为中华民族扬威；伟大领袖毛泽东；人民的好总理周恩来；人民公仆刘少奇；朱德总司令；改革开放谱新篇
6. 其他	节约水电；生活要俭朴；坚持体育锻炼；和好书交朋友；读书要分辨好坏；愿小树苗健康成长

① 人民教育出版社政治室，北京市教育局教学研究部．九年义务教育六年制小学教科书思想品德(5—12册)．北京：人民教育出版社，1994—1998.

由表1可以看出，自1992年邓小平同志"南巡"讲话后，伴随着改革开放步伐的加大，社会经济发展所带来的公共生活的发达，公德教育开始在小学思想品德教育中占有重要地位。教材中不仅出现大量直接反映公德教育的内容，还涉及很多反映个人与他人、与集体关系的道德品质的培养主题，这也可归结为公德教育。同时，这套教材还明显反映了与经济发展和社会竞争相适应的道德品质的培养，与计划经济时代宣扬的道德品质相比，诸如惜时、效率、创造性、负责、独立思考、纪律、自尊自爱、积极、主动、进取、务实等方面的道德品质内容更加突出，也就是个人的独立性开始受到关注，这与公德的培养也有着紧密联系。此外，教材还反映了经济发展所带来劳动教育的变化，把劳动与财富联系起来，强调通过诚实劳动致富，而不是靠不择手段谋私利，如"幸福生活要靠劳动创造"，这反映了整个社会要求承认"合理利己"的观念，纠正了计划经济年代给人的错误导向，即以为维护公德就意味着牺牲个人私利的观念。另外，同期由人民教育出版社和江苏教委联合编著的初中《思想政治》教材，也明显反映了经济发展对学校教育提出的要求：其一是公德教育的突出，如爱护公共财物、文明交往、寻求和发展友谊、尊敬老人、尊敬老师；其二是法律、纪律、义务、权利教育的增强，如公民要知法守法、依法同犯罪行为作斗争、养成自觉遵守纪律的习惯、遵守纪律是公民的义务等；其三是劳动教育的变化，除提倡热爱劳动，珍惜劳动成果以外，还直接提出"劳动创造财富"的观念。

综上可知，20世纪90年代中后期，随着市场经济的深入发展，生活社会化的范围越来越广，既为学校教育"新民德"创造了条件，又提出了相应的要求。总体而言，学校教育对中小学生公德的培养开始往"尊个人、重理性"的方向发展。

二、市场经济深入发展时期：回归生活，以生为本

随着我国社会主义市场经济的深入发展，物质文明建设取得了很大的成效，与之相应，精神文明的建设也开始逐渐引起人们的重视。早在改革开放之初的1983年，邓小平同志在强调大力发展生产力、建设高度的物质文明的同时，就曾高瞻远瞩地指出了精神文明的重要性："过去很长一段时间，我们忽视了发展生产力，所以现在我们要特别注意建设物质文明。与此同时，还要建设社会主义精神文明，最根本的是要使广大人民有共产主义的理想，有

道德，有文化，守纪律。国际主义、爱国主义都属于精神文明的范畴"。① 不过邓小平其时强调的主要是共产主义理想、有道德、有文化、守纪律、国际主义、爱国主义等内容。而在市场经济的深入发展过程中，越来越多的人倾向于认为物质文明与精神文明出现反差，主要是指经济生活中具体的道德失范，如是非、善恶、美丑界限混淆，拜金主义、享乐主义、极端个人主义滋长，见利忘义、损公肥私行为时有发生，不讲信用、欺骗欺诈成为社会公害，以权谋私、腐化堕落现象严重等。因此，这一时期精神文明建设的重点，主要是从与人民群众日常生活密切相关的角度，强调具有普适性的基础文明建设，其中，加强公德建设为重中之重。2001 年颁布的《公民道德建设纲要》要求公民道德建设与社会主义市场经济相适应，"要充分发挥社会主义市场经济机制的积极作用，不断增强人们的自立意识、竞争意识、效率意识、民主法制意识和开拓创新精神"②。公民道德建设是一项长期而艰巨的系统工程，要求社会、家庭、学校等互相配合和共同努力，坚持不懈地做好这项重要工作。

现行中小学德育课改贯彻了《公民道德建设实施纲要》的精神，确立了以引导青少年儿童养成科学、文明、健康的生活方式为改革目标。这次课改的核心理念是"道德存在于儿童的生活中"，因此，教材内容的选编紧紧围绕儿童真实的、熟悉的生活展开。它更鲜明地反映了经济发展对经济生活的影响、对中小学生品德发展的影响。如小学《品德与生活》课程标准的核心是强调引导儿童学习做人，"具体地说，一方面要从生存能力上打好基础；另一方面要从健全的人格上打好基础"；③ 又如初中《思想品德》课程的基本理念："初中学生逐步扩展的生活是本课程建构的基础；帮助学生学习做负责任的公民、过积极健康的生活是本课程的追求；坚持正确价值观念的引导与启发学生独立思考、积极实践相统一是本课程遵循的基本原则。"④下面以杜时忠、靳岳滨主编、湖北教育出版社 2004—2006 年出版的《品德与生活》《品德与社会》教材为例，探讨新的课程改革如何体现经济发展对公德培养的影响。

---

① 邓小平．建设社会主义的物质文明和精神文明//邓小平文选(第 3 卷)．北京：人民出版社，1994：28.

② 公民道德建设纲要．人民日报，2001-10-25.

③ 方晓波，陈光全．《全日制义务教育品德与生活课程标准》教师解读(修订本)．武汉：华中师范大学出版社，2003：21.

④ 王淑珍．全日制义务教育思想品德课程标准教师读本．武汉：华中师范大学出版社，2003：26.

表 2　小学《品德与生活》①教材主题

册数	目录	
	单元主题	具体内容主题
一年级(上)	我是小学生啦	我上学了；认识新朋友；走，看校园去；参加升旗仪式
	学校的一天	早早起，上学去；课堂上；课间十分钟；放学啦
	我爱我家	说说我的家；爱心伴我长大；把我的爱传给大家
	银色的冬天	北风吹，冬天到；冰雪世界乐趣多；庆元旦，迎春节
一年级(下)	我和春天在一起	春天，你好；我和小苗一起长；春游去；让疾病走开
	我在健康成长	我的眼睛明又亮；我会爱护牙齿；吃的学问多；瞧我多精神
	欢乐儿童节	戴上红领巾；我们的节日；世界儿童是一家
	小小班集体	说说我们班；我们都是好朋友；今天我值日；装扮我们的教室
二年级(上)	生日的祝福	我们班一岁了；我的生日；共和国的生日；少先队的生日
	美丽的秋天	秋天到了；秋天里的传统节日；秋季运动会；健健康康过秋天
	动物动脑更聪明	玩中有窍门；做有心人；做中学，我快乐
	你好，人类的朋友	亲密的朋友；我喜爱的动植物；可爱的生命；爱护我们的朋友
二年级(下)	我们生活的地方	好山好水好地方；富饶的地方；我们生活的地方变了样
	爱护我们的家园	我喜欢美好的环境；节约水和电；爱惜每一张纸
	我进步，我快乐	我比以前做得好；向别人学习；和诚实交朋友；每天进步一点点
	炎热的夏天	夏天到了；清凉一夏；开开心心过暑假

① 杜时忠，靳岳滨．义务教育课程标准实验教科书品德与生活．武汉：湖北教育出版社，2004.

表 3　小学《品德与社会》①教材主题

册数	目录	
	单元主题	具体内容主题
三年级(上)	我在家庭中幸福成长	我的一家；爱的港湾；安全地成长
	我们一起长大	说说我自己；夸夸我的同学；同学之间
	班级是我们快乐的家	我爱我们班；学习交流站；大家一起玩
	我喜欢我们的学校	画画我们的学校；学校里工作的人们；学校的变化
三年级(下)	社区是我们的大家庭	我生活的社区；身边的"朋友"；不一样的社区
	爱心温暖你我他	远亲不如近邻；心里想着他们；都有一份爱
	感谢为大家服务的人	生活中不能没有他们；行行出状元；让我说声谢谢你
	我是聪明的消费者	到哪儿去买；购物小窍门；不当家不知柴米贵
四年级(上)	在集体生活中	学会合作；当意见不一致时……；诚信是金
	学习更上一层楼	我是学习的主人；和好书交朋友
	我的家乡	我的家乡在哪里？长江两岸是家乡；说说家乡的故事
	家乡的变化	家乡的变化真大呀；我的发现与担心
四年级(下)	我们天天在进步	不经历风雨怎么见彩虹；我是好样的；我懂得了……
	我们生活在信息时代	通信王国探秘；网络漫游；小"窗口"，大世界
	我们出行真方便	日行千里不是梦；安全才能回家；出行指南
	工农业与我们的生活	农业是我们的衣食之源；工业与我们的生活息息相关
五年级(上)	我是阳光少年	健康生活伴我行；天天拥有好心情；阳光少年知荣辱
	我和长辈之间	我有一颗感恩的心；我有一份责任；当矛盾发生时……
	我爱你，中国	祖国，你好；在祖国母亲的怀抱里；宝岛台湾；祖国资源的"博"与"薄"
	我们都是炎黄子孙	我们的祖先；博大精深的文化；世界各地的华人
五年级(下)	奏响我们共同成长的和弦	善待他人；男生女生；与友同行
	我在民族大家庭里	好大一个家；丰富多彩的民族风情；民族团结一家亲
	不屈不挠的中国人	艰辛的求索；星星之火，可以燎原；起来，不愿做奴隶的人们；中国人民从此站起来了
	日益富强的祖国	翻开新的一页；从小村庄看大变化；激动人心的历史时刻；我的"中国结"

① 杜时忠，靳岳滨．义务教育课程标准实验教科书品德与生活．武汉：湖北教育出版社，2004—2006.

由表2、表3可以看出，这套小学《品德与生活》《品德与社会》教材的内容编写完全是根据儿童自身成长的生活主题的变换而展开；随着儿童成长过程中生活内容的丰富、生活世界的扩大，牵引出儿童与自我、儿童与社会、儿童与自然的关系；将家庭、学校、家乡(社区)、祖国、世界等儿童生活中的不同领域涉及的道德问题很自然、很亲切地展现在儿童面前，既可以使儿童的日常生活得到有针对性的指导，又可以使儿童带着自身体验来讨论、来思考、来认知，从而增强德育实效。它同样弘扬了爱国主义、集体主义、社会主义三大主旋律，只是没有采用传统的道德说教口吻，而是将其融合于儿童生活中的具体情境之中，看似了无痕迹，实则潜移默化；这套教材还体现了鲜明的时代特色。总之，这套教材非常符合现行课程标准的要求，如对小学低年级学生，注重引导儿童健康、安全地生活；愉快、积极地生活；负责任、有爱心地生活；动脑筋、有创意地生活；而对小学高年级学生，则体现了促进学生良好品德的形成和社会性发展，为学生认识社会、参与社会、适应社会，成为有爱心、责任心、具有良好的行为习惯和个性品质的社会主义合格公民奠定基础。

下面主要从经济发展与公德培养的角度来探讨相关问题。从表2、表3可以看出，这套小学《品德与生活》《品德与社会》教材也很注重培养学生公德。例如，(1)公共场所的文明行为习惯养成。这一主题是从学生个人安全的角度，教会高年级学生识别最常用的交通标志，引导学生遵守公共交通规则；此外，还密切结合因当代经济发展所带来的旅游业的兴盛，让学生了解旅游过程中如何选择交通工具，熟悉买票、候车、通过安全检查等系列程序，提醒学生在注意安全的同时，还要讲究文明礼貌，不给他人带来安全隐患和困扰等。(2)环境保护。该主题是从人类的朋友和我们的居住家园环境的角度，帮助学生认识动植物与人类的关系，引导学生注意环保，节约资源；这一主题与改革开放所带来的时代变迁内容相互交叉，如一方面让学生了解经济发展给人们的物质生活条件带来哪些改善，家乡出现了哪些喜人的变化；另一方面也引导学生探究家乡的江河、湖泊、池塘等水资源以及鱼虾等水生物在经济发展过程中受到的负面影响，包括生活垃圾的污染，以及因交通工具的发达而导致的汽车尾气排放对环境的污染等，指引学生关注生活环境的保护，教育他们从自身做起，从身边小节做起，如在游乐场不乱丢果皮纸屑，学会将“可回收”垃圾与“不可回收”垃圾分开投入不同的垃圾箱等，进而进一步启发学生：文明怎可缺一点？引导学生注意在公共场所的文明行为习惯的养成，其贯穿的深层理念就是物质文明与精神文明的携手发展。(3)消费公德。该主题主要从消费这一日常生活的重要组成部分入手，向儿童展现不同的消费场所或方式，如综合性的大商场、镇上的集贸市场、社区的便利店、村里的小卖部等，还包括随着社会的进步和科技的发展而出现的网上购物、电话购物等新方式，在让儿童体会到因经济发展而带来的物质产品丰富的同时，也开始引导儿童做聪明的消费者，着重体现合理消费、理性消费观念，并且注意在消费过程中，不给他人带来不便，如超市中需要把看过而不买的商品放回原处、没有决定买的商品不能随意拆开包装、付款时要按顺序排队等；提醒儿童辨别通常引导人消费的广告内容的真假，学会消费中的自我保护，乃至维护自己的消费权益，了解《消费者权益保护法》；进一步让学生自己回家了解家里的日常开支、收入等项目，使孩子懂得量入为出的消费原则，熟悉经济生活；(4)通信公德。网络是科技革命带来的重要成果，它已经渗透到我们日常生活的方方面面。该教材在反映这一主题内容时，首先回顾了人类从古至今的通信设备的发展历程，对各通信工具的主要特点以及它们对人类生活带来哪些影响作了简单介绍；然后转回通信文明的主题，提醒学生在通信、打电话过程中注意对对方的尊重；最后向学生介绍神奇的网络漫游，让学生了解全国青少年网络文明公约。另外，还进一步引导学生在信息化时代，如何通过各种媒介获取信息，关注生活中的新闻，以及学会分析、选择、接受有意义的信息等。在此不一一赘述。总之，这套教材的一个重要特色是小学高年级教材的内容很注重历史人文知识的拓展，或者说教材内容的安排很注重体现时代变迁，表现在学生公德的培养方面，除了一贯的引导学生在班集体、小团体以及与邻里等交往、生活过程中学会关心人、体贴人、尊重人、团结合作、宽容、友好等品质以外，还非常注重从近现代科技革命和经济发展带来的生活变迁、公共生活领域及内容的拓展方面引导学生，既体现了鲜明的时代特色，又突出了经济发展对公德的影响，让人对借助这套教材的“新民德”效果充满期待。

市场经济确立初期与市场经济深入发展时期学校公德教育内容和特征的对比，不仅鲜明地反映出学校公德教育的“与时俱进”——前一阶段针对经济发展对解放思想观念的需要与此前忽视个人的弊病现象引导学生关注个人，解放思想，积极进取，重视理性思考，而后一阶段则针对经济活动的复杂性带来的社会生活的复杂性，引导学生正视生活，首先学会自我保护，并针对极端利己现象引导学生在关注个人的同时，也要学会关爱他人，考虑他人的感受；还体现出物质文明与精神文明携手共进的思想观念。如前一阶段学校公德教育的主题显然是紧紧围绕邓小平提出的做有理想、有道德、有文化、有纪律的“四有”新人，而后一阶段学校公德教育主题背后的指导理念则是《公民道德建设实施纲要》；更重要的是，它折射出两个不同时代学校德育理念的不同：前者提倡尊个人、重理性，后者强调回归学生的生活世界，以引导学生过科学、文明、健康的生活为内在逻辑顺序，真正体现以学生为本。

第四章 学校教育“新民德”的文化学分析

中国是具有五千年文化传统的文明古国。自西汉张骞通西域之后，便开创了中西交通的新纪元，中华文化源源不断地传向中亚、欧洲，促进西方乃至世界文明的进步。然而，进入近代以来，谁又能够想象曾令无数国度为之向往的中华文明古国却是如此封闭、僵化。时间巧合得真是如此不幸，正当中国采取闭关自守政策，陶醉于由相对隔绝的文化机制和承传不坠的文化历史中生长出来的文化优越感之中时，世界格局却发生了突变。西方高势能文化的快速发展，使资本主义经济突飞猛进，面对中国日趋腐朽、保守的封建文明，西方文化发动了猛烈攻击。1840 年的鸦片战争，使“天朝帝国万世长存的迷信受到了致命的打击，野蛮的、闭关自守的、与文明世界隔绝的状态被打破了”。① 同时，以坚船利炮为背景的“西学东渐”，使得中国传统的文化认同很快动摇，中国传统文化开始受到贬抑和否定，文化认同危机遂见端倪，尤其是对于长期独尊的儒家伦理价值观而言，“三千年未有之变局”②使得过去一直以为天经地义的纲常伦理一下子全成了问题。而进入 20 世纪之后，“辛亥革命”的胜利和军阀混战、民生凋敝的事实反差，则又使得五四先贤们意识到中华民族和中国文化本身所存在的问题，使得他们从“器”与“技”的局部思考转而向西方寻求民族解放和中国现代化的思想文化资源，

① 中国革命和欧洲革命//马克思恩格斯选集(第 2 卷). 北京：人民出版社，1972：2.

② 李鸿章. 筹议海防折//李文忠公全集·奏稿(卷 24). 台北：文海出版社，1974：12.

因此在极端的情况下，“全盘西化”“打倒孔家店”成了五四新文化运动的标志性口号，中国传统文化又遭受了致命的一击。有“破”就得有“立”。近代中国怎么解决文化认同危机？不少思想先驱寄希望于通过“新民”（或曰“改造国民性”）目标的实现来达成新的文化认同。然而，“新民”本身却又需要以社会心理和文化的认同为基础。如何处理这种类似于“鸡生蛋，蛋生鸡”的关系，可以说是一百多年来一直困扰着时代先贤和后来者的问题。

第一节　学校教育“新民德”需要社会心理和文化的认同

一、启蒙的中国化

（一）何谓启蒙

从17世纪中后期到18世纪的欧洲，以英国为发源地，以法国为中心，曾发动了一场波澜壮阔的思想解放运动，即启蒙运动。启蒙运动是欧洲继文艺复兴之后的第二次思想解放运动，它在思想和道德上有力地冲击了封建专制及天主教会，开辟了人类现代生活新的典范，并在其后的200年内，以不可阻挡之势风靡全球。但对于什么是启蒙，至今没有定论。

康德曾在《什么是启蒙？》一文中，对启蒙作了哲学解释：“启蒙是人摆脱其自己所造成的不成熟状态的出路所在。所谓不成熟亦即在没有他人指导的情况下就不会使用自己的理智。如果其原因不是由于缺乏理智，而是由于缺少在无人指导的情况下使用自己的理智的勇气和决心，那么这种不成熟就是自己所造成的。Sapere ande（敢于思考）！勇敢地使用你自己的理智！这就是启蒙的座右铭。”[①]海外学者黄万盛教授在《启蒙的反思》中有段颇为精辟的总结：“关于启蒙，我们基本上可以把它看做两个相互关联而又各有不同的方面，其一，启蒙塑造了一种不同于以往的价值观念体系，以及与此相关的生活态度和生活方式，例如自由、平等、人权，等等，这是价值领域的问题；其二，由于这些价值的出现，并且迅速地世俗化，导致对中世纪以来王权统治的挑战，致使民主制度成为新的社会政治权力的产生方式和社会生活的管

① 高九江．启蒙推动下的欧洲文明．北京：华夏出版社，2000.

理方式，而且，民主正日益成为世界各个地区普遍追求的社会理念。”①

虽然学术界对启蒙的认识没有定论，但学者们基本上在这样几个方面达成共识：第一，承认启蒙对理性精神的推崇；第二，把启蒙看做是人的主体性的觉醒，思想的解放，思维方式的一场革命；第三，认识到启蒙所倡导的理念对社会生活产生很大影响。总之，启蒙肩负着教育大众，传播知识，启迪理性，解放思想，引领人类发展的基本方向的历史使命。值得注意的是，启蒙也日益暴露出自身的弊端，如关于人的理性能力的无限可能的自大狂妄、排斥智慧的知识结构导致精神资源的边缘化、把现代化等同于富强的功利主义等。

(二)欧洲启蒙时代的特点

1. 启蒙时代的教育："教育万能"

欧洲启蒙思想家都极为重视教育，视教育为启迪理性、消除蒙昧，培养新人的重要途径，因此，他们为资产阶级启蒙教育做出了积极的贡献，为西方近代教育的发展立下了不朽功勋。其主要功绩在于，以启蒙教育为武器，猛烈抨击了封建的旧制度和旧教育，给教会垄断的旧教育体制以沉重打击；提出了根本改造旧教育的指导思想，为建立资产阶级民主教育设计了理想蓝图。但他们的教育思想有个共同的致命缺陷，那就是夸大教育的社会作用，妄想在不变革政治经济制度的前提下，通过教育来培植理性，建立起一种合理的社会制度，这无疑是本末倒置，不仅理论上是历史唯心主义的，是错误的，实践中也根本行不通。

2. 功利主义的道德观念："博爱"的光环

欧洲启蒙运动是资产阶级的思想文化革命。在伦理道德领域，就是要砸碎封建宗教道德牢笼，建立新兴资产阶级的道德新秩序。他们在抨击神道，揭穿中世纪的神学家和伦理学家宣扬神学道德论(即认为道德与功利无关)的基础上，逐步形成了一个以人性为根据、功利为基础、利己为核心、博爱为途径的崭新的道德模式。其核心是个人本位的利己论，但其境界却是利他主义的公益论。简言之，就是“主观为自己，客观为他人”的道德论。

此外，在与道德密切相关的政治领域，启蒙思想家们也倡导建立政治文明，认为其标准就是人们在一定关系中关于民主、平等、自由、解放的实现程度。

① 哈佛燕京学社．启蒙的反思．南京：江苏教育出版社，2005：2，12—14.

(三)启蒙中国化的特点

启蒙的中国化，也称作是中国的启蒙运动。一般人在研究启蒙时，在不至于产生思想混淆的前提下，经常把"启蒙"和"启蒙运动"等同使用。近现代的启蒙思想是借助国民性改造思潮而得以在中国生根发芽，启蒙中国化的过程和"西学东渐"的过程以及国民性改造思潮的萌芽、发展、勃兴基本上是同步的，故这里无须赘述有关启蒙中国化的过程。

中国近现代的启蒙是很不充分的，可谓是浅尝辄止，也就是说为"救亡"所压倒。"从'洋务运动'到'戊戌变法'，再到五四的文化启蒙运动，恰恰是'救亡图存'的压力最终引导了启蒙的出现，救亡从启蒙一开始就是它的绝对主题，中国近现代的全部考虑就是改变积弱、寻求富强，无论洋务运动，还是戊戌变法，还是五四运动，从来就没有偏离过救亡的主题。在中国的启蒙中，压倒一切的政治考虑和强烈的民族主义情绪，始终是不变的高昂基调"，①以至于有人持"救亡压倒启蒙"②的观点。这是中国启蒙的特点之一。

中国启蒙的重要内容是反"传统"，如专制、禁锢之类。中国的"启蒙"，不像欧洲的启蒙从容地由内部自发产生，而是产生于严峻的外部列强的压力，因此，它不像欧洲的启蒙那样是接续传统，而是反传统。国难当前，中国的启蒙思想家引进、介绍、宣传启蒙思想的目的，无外乎欲意从国外现代文明中拿几样现成的具体成果，在中国立即开花结果，立竿见影，力挽狂澜。这就决定了很多深刻的且有远见的启蒙思想理念和精神价值，要么被排斥在中国的启蒙范围之外，要么被国人囫囵吞枣，结果导致只有具有工具性效果的西方的思想价值才能被这个社会的主流所接受。换言之，西方真正深刻的思想资源并没有被吸收或好好利用，庸俗的效用原则，短视的功利主义，反而铺天盖地以启蒙的名义冲刷着中国内部的资源。一句话概括，短视的急功近利的充斥和深邃思想的缺席，便是中国启蒙的又一大特点。另外，欧洲启蒙时代"教育万能"和功利主义道德价值观在启蒙中国化的过程中也得到了鲜明体现，换言之，或许正是因为欧洲启蒙时代的教育和道德的特点正好迎合了当日中国救亡图存的需要，启蒙思想才会被介绍到中国。

教育大众，传播思想，启迪理性，解放思想的启蒙使命借助"新民运

---

① 哈佛燕京学社．启蒙的反思．南京：江苏教育出版社，2005：26.

② 李泽厚．中国思想史论(下)．合肥：安徽文艺出版社，1999：842.

动"取得了不菲的进展。中国共产党在领导工农解放新中国与建设新中国的历史进程中，几次都是运用"解放思想"的启蒙精髓指导来化险为夷。如当中国共产党所领导的现代农民战争因"左"倾机会主义所坚持的主观主义、本本主义、教条主义而濒临全局失败之际，毛泽东勇敢地号召反对主观主义、反对本本主义、反对教条主义。在清算党内"左"倾机会主义，清算主观主义、本本主义、教条主义的整风运动中，更明确地将"实事求是"确定为党的根本的思想路线。20世纪70年代末，在整个民族经受了"文化大革命"那样的浩劫与苦难之后，经由"实践是检验真理的唯一标准"的大论战，"解放思想，实事求是"的思想路线，又被作为时代最迫切的根本性任务提到整个民族面前。

中国没有产生自由平等意识的经济基础。在整个生产方式还没有改变之前，思想的移植很难达到预想的效果。启蒙的预期目标是什么？"当理性思维一旦真正成为公众普遍的、自由的、公共的思维方式之时，也就是人们不再充当一个盲目的和愚蠢的思想服从者角色，而能运用各人自己的大脑依循'解放思想，实事求是'的思想路线去认知世界，包括外部世界与内心世界之时，启蒙运动就可宣布自己已经到达大功告成之日。"①启蒙是重要的，但要使广大民众的思想发生根本性转变，最终要有新的经济活动方式以及相应的生活方式的支持。

二、启蒙的中国化与文化变迁

任何文化一旦打破封闭状态，便不可避免地要与其他文化发生接触，然后在论争(比较、竞争)中往前发展。相互接触文化的异质性决定了文化冲突的不可避免，这种对抗、冲突最终可能会由融合、协调并组成新的文化体系所替代，这就是文化变迁的过程。简言之，任何异质文化相互接触引起的文化变迁是一个由冲突到融合的过程，它包括文化冲突、文化论争、文化选择和文化融合，这四者往往糅合在一起。

近代"西学东渐"就是启蒙的中国化过程，它引起了中国的文化变迁。中西文化从撞击到融合的过程大体经历了五个阶段：② 第一阶段，对西方文化极

① 姜义华．理性缺位的启蒙．上海：上海三联书店，2000：9.

② 傅维利，刘民．文化变迁与教育发展．成都：四川教育出版社，1988：159.

端排斥。所谓"见有讲求西学者，则斥之曰名教罪人，士林败类"。[①] 第二阶段，用"老子化胡说"论证"西学源出中国"。第三阶段，"中学为体，西学为用"。第四阶段，中西兼通，如梁启超所提出的"为今之计，宜各埠皆设学校，广编教科书，中西并习，政学并进"。[②] 第五阶段，中西融合，尤以蔡元培倡导为突出："今世乃中西文化融合时代，西洋之所长，吾国自当采用……彼西方美术家能采用我人之长，我人独不能采用西人之长乎？"[③]笔者认为，中西文化在实践层面至今没达到融合阶段，而处在混合中的论争和选择状态。

学术界对"文化变迁"的界定可谓是仁者见仁，笔者比较赞同将文化变迁解释为一个社会或群体中大多数成员逐渐放弃旧的行为选择标准体系而接受和形成新的行为选择标准体系的过程，是社会变革和人与人之间关系结构的重新组合。[④] 这种定义突出了文化中的核心成分——价值观和价值体系。事实上，"文化的价值观念的变化，相对于文化中物质和制度层面发生的变化而言，遇到的阻力要大"。[⑤] 正因为如此，"西学东渐"对传统文化的冲击，最为令人焦虑的也正是在道德观念方面，因为它很可能引起整个社会的巨大震荡。民初道德失范导致的社会混乱反而比辛亥革命前更甚，便是一个明证。

三、文化变迁对学校德育的影响

文化变迁对学校德育的影响，突出体现在文化价值观的冲突在学校领域的反映。新旧价值观之间的冲突，大多发生在新旧文化交替更迭之时。在这一时期，旧文化观念依然存在，而新文化观念尚未完全确立，人们对新文化观念的态度大致可以分为两类：一些思想守旧的人对新的价值观持否定排斥态度，依然以旧的价值观指导和支配自己的行为；另一些喜好新风尚的人，则开始对旧观念的落后性进行攻击，同时对新风尚进行介绍、宣传，并尝试着用新的价值观指导自己的行为，这类群体最初往往是少数人，并且因其行

① 郑观应．盛世危言·西学//夏东元．郑观应集(上)．上海：上海人民出版社，1982：272.

② 梁启超．国民十大元气论//饮冰室合集·文集之3．上海：中华书局，1936：61.

③ 蔡元培．在北大画法研究会演说词//蔡元培全集(第3卷)．北京：中华书局，1984：208.

④ 刘云德．文化论纲——一个社会学的视野．北京：中国展望出版社，1988：101.

⑤ 郑金洲．教育文化学．北京：人民教育出版社，2000：191.

为的“标新立异”而被守旧者骂作“叛逆”。其实，隐匿于表面的价值观冲突背后的是各种利益关系的冲突。维护旧价值观的多半都是既得利益者及其相关者。这就是为什么一个社会中新的价值观想要战胜、代替旧的价值观异常困难的原因之所在。

“由于文化对教育的支配关系，传统价值与新的价值的对立自然会影响到教育，反映在教育过程之中。”①在社会尚未发生剧变以前，学校一般按照当权者所代表的文化价值观(旧的文化价值观)对学生施加影响，这种影响一般有着鲜明的意图性、目的性；但是，当新的社会文化发展壮大(扩散)到一定程度时，其对学校教育的渗透性就会加强，从而可能给学生带来一些非预期性的、隐含性的影响。如在当前我国由于市场经济的冲击而出现了各种各样的价值取向和价值规范的时代背景下，在课堂教学中，教师一般被要求围绕一定的教育目的，向学生传递特定的价值观，但是，一方面校园无法抵挡外界文化的渗透；另一方面，教师作为社会生活个体可能会无意识地传递着他个人所选择的价值观(不同教师的价值观可能不同，而这些价值观也很可能与当权者所要求的不一致)，结果就会导致教学的潜在影响与实际影响的不尽一致。对学校教育“新民德”而言，“西学东渐”带来的价值观的混乱，使学校教育“新民德”一直无法清晰、准确的定位，导致“新民德”的连续性、前后一致性都不尽如人意。

文化变迁对学校教育“新民德”发展的影响，其实包括两个方面的含义：其一是引进、学习西方文化以培养国民公德；其二主要是批判封建传统文化以破坏国民旧道德的传承。西方文化自然可以信手捻来，但要想真正内化为中国人的价值观，并在实践层面指导其行为，却并非易事；反之，作为中国传统文化核心内容的儒家伦理道德，是中华民族文化心理结构最为稳定的层次之一，它渗透于社会生活的各个方面，并且成为维系民族与国家的强大凝聚力，很难轻易退出历史舞台，更何况，“全盘反传统”在任何时代都没有得到过绝大多数人的认同，即使是在“取其精华，去其糟粕”的旗帜下，仅是传统文化自身对于文化认同就给人留下了很多始终无法定论的争议，如传统文化作为一个整体，何为精华？何为糟粕？当然，由于近代以来民族危机的逼迫，使得知识分子不可能对这个问题作一番深入系统的研究，情急之下，不

① 郑金洲．教育文化学．北京：人民教育出版社，2000：142.

少人对中国传统文化展开了猛烈攻击，甚至提议把中国传统文化彻底打倒、彻底颠覆。这种“打倒”和“颠覆”并非基于对其作深入、彻底的了解基础上的丢弃，而是主张立刻与传统决裂，敞开胸襟去拥抱西方文化。以为如此就可以摆脱传统文化的影响，殊不知，“当你对传统不去做探究而以为它对你并不构成任何影响时，事实上它也就会对你发生最大的影响”。[①] 近代以来众多知识分子对传统摆脱不了从“离异”到“回归”的演化模式，便是一个有力的证明。

四、学校教育“新民德”需要社会心理和文化的认同

社会文化既是学校教育的外部环境，又是学校教育自身内涵的依据。尽管文化的定义多种多样，但就文化的精神层面来说，其包含的要素主要可归纳为知识(包括经验)、价值规范和艺术三方面内容。从教育对文化的传递功能的角度而言，学校德育主要是传递价值文化和规范文化的过程。问题的关键是，如果一个社会的价值观是单一的，或者说多种价值观是和谐统一的，学校德育的任务就非常明确，并且因为社会教化、家庭教化对学校德育的价值观教育起着补充和促进作用，学校德育实效因之一般比较高；但是，如果一个社会存在多种价值观的冲突，问题就变得很复杂了。即使学校德育被要求按照统治阶级所选择的价值观对学生进行教育，但由于社会教化和家庭教化很可能对学校德育起负面消解作用，其结果是学校德育实效大打折扣。我国学校教育“新民德”的进程就是在近代“西学东渐”所引发的文化变迁的过程中展开的，因此，其效果如何，很大程度上取决于社会心理和文化的认同。

事实证明，对于率先步入现代化行列的西欧发达国家而言，由于其现代化进程的动力源自社会内部自身矛盾运动，并且经历了漫长的社会自然成长和发育过程，提供了足够的时间去化解和融合种种抗拒现代化的矛盾、冲突，因此，整个社会在现代化的过程中，总体上呈现出缓慢、渐进、稳步、和谐的特征。尤其值得一提的是，这些发达国家的现代化都是由广阔的社会群体和社会阶层参与和推动，并且，社会还发动了一系列思想文化运动，如“文艺复兴”、宗教改革、理性启蒙等运动，通过自下而上的社会动员方式，为西方文化确立了科学、民主、自由、平等、人本主义、个人主义等精神，为其现

---

① 石元康．从中国文化到现代性：典范转移．北京：生活·读书·新知三联书店，2000：35.

代化从思想文化上做了必要的充分准备。“也就是说现代化过程中，人们的思维方式、价值取向、心理态势等与社会现代化变迁的进程具有一致性和相互协调的共进性，才使西欧国家的社会结构文明、物质文明得以稳步、健康、迅速地发展。”①

而反观我国对现代化的追求进程，虽然自清末以降，一直不乏有识之士认识到社会心理和文化认同的重要性，如“新民”思潮或说“国民性改造思潮”本身就是知识分子对社会心理和文化认同思索的结果。但总体而言，要么思想启蒙运动仅仅“启蒙了启蒙者自身”（也就是限于一定社会阶层的少数成员）——而且还不彻底，主要表现在启蒙者观念意识与行为模式的背离，或者说这类群体中普遍出现过从“离异”到“回归”的演化模式；要么思想启蒙运动因政治目的而偏离了它的本质——只从工具价值层面进行宣传，忽视人文价值的内核；要么第三种异质文化的加入和强化，抵消和削弱了原来的思想启蒙的意义和价值，如新中国成立后三十年实行集体主义经济时，党和政府在全社会范围内对马克思共产主义文化意识形态的树立，以及对20世纪上半叶以西方近代资产阶级文化为主要内容的思想启蒙的否定……到最后，思想解放、改革开放带来多种价值观的冲突，似乎是一种必然。也就是说，在我国追求现代化的过程中，一直没有形成由广泛社会群体和社会阶层共同参与，并积极推进的自下而上的社会力量，缺乏广泛的社会心理与社会文化的认同和支持。这一宏观社会环境因素对微观层面的学校教育“新民德”的制约就不言而喻了。

第二节　近代文化变迁及其对学校教育“新民德”的影响

近代文化变迁是一个连续的过程，其“主要有两种形式：一是文化积累，即文化的保存和增加，表现为一个渐变的过程；二是文化突变，即文化从一个阶段到另一个阶段质的飞跃”。② 两种不同的文化变迁形式对学校教育提出了不同的要求：文化积累要求学校教育保持相对的稳定，教育内容必须具有

① 牛昉，陈利．论人的现代化的艰难性和深刻性．延安大学学报（社会科学版），2000(12).

② 胡斌武，吴杰．试论课程的文化学基础．西南师范大学学报（人文社会科学版），2002(3).

连续性和延续性，教育变革主要是修补、完善工作；文化突变则要求学校教育进行大的改革，以适应文化发展的需要，适应社会的需要。因此，相对于文化积累而言，文化突变对学校教育“新民德”的影响显然较为明显与深刻。基于此，本文主要拟从文化突变这一文化变迁形式来详细考证其对学校教育“新民德”的影响，如戊戌启蒙时期(包括戊戌维新时期和辛亥革命时期)、五四时期、改革开放至今。至于文化变迁的另一种形式——文化积累，则不作过多探讨。

一、戊戌启蒙思潮与学校教育“新民德”夹缝求生

(一)戊戌启蒙思潮

1. 戊戌启蒙思潮概略

近代西学真正意义上的“东渐”，可以说始自“戊戌变法”时期。“西学东渐”旋即引发了近代中国的第一场新文化运动。一般提起新文化运动，人们便很自然地联系到五四时期的新文化运动。其实，甲午战后至二十世纪初的这段时期，也曾经发生过一次类似的运动。毛泽东同志在《新民主主义论》中说：“在五四以前，中国的新文化运动，中国的文化革命，是资产阶级领导的”，这一时期“中国文化战线上的斗争，是资产阶级的新文化和封建阶级的旧文化的斗争。在五四以前，学校和科举之争，新学与旧学之争，西学与中学之争，都带着这种性质。”①毛泽东这里所指的新文化运动就是戊戌新文化运动，或者称作戊戌启蒙思潮。鉴于前文在详述启蒙的中国化问题时业已涉及相关内容，故这里只稍稍勾勒其大致轮廓。

思想领域的斗争是政治斗争的先声，反言之，政治运动是促使戊戌启蒙思潮发起的直接原因。戊戌启蒙思潮可以分为前后两阶段：前一阶段时间为甲午战后义和团运动发生前，这一阶段戊戌启蒙主要是资产阶级维新派与封建守旧派(包括洋务派和顽固派)围绕“要不要变法”这一根本政治问题而展开的思想大战。维新派以资产阶级进化论(强调“变”)为理论基础，认为“优胜劣汰，适者生存”乃是人类社会发展的规律——一切抱残守缺、不思进取的陈腐观念只能被扫进历史垃圾堆，以此向封建传统文化发起了进攻，阐明三纲五常、等级尊卑并不是人类生来就有的，追求平等、自由才是人的本性。维新

---

① 毛泽东．新民主主义论//毛泽东选集(第2卷)．北京：人民出版社，1991：696.

变法虽然失败，但维新变法时期的一些资产阶级文化观念对知识分子的影响却是无法消除的，封建文化独占文化阵地的局面已经悄然打破。后一阶段时间为义和团运动发生到辛亥革命前，这一阶段文化启蒙主要表现为资产阶级革命派和改良派(原维新派)围绕“要不要推翻封建专制制度”这一根本问题而进行的思想大论战。与维新运动时期启蒙思想还只限于少数精英知识分子的呐喊不同，辛亥革命时期(特指20世纪头十年)，思想启蒙运动已在知识分子中间广泛开展，并且成为时代思想的主潮。人们普遍对有关西方政治、社会思想方面的著作深感兴趣。在这种情况下，不仅许多进步知识分子通过报刊、学堂、译书等途径，把欧美、日本等国的新知识、新理论、新学派输入国内，出版商们也竞相出版“欧西巨子之学说”。通过这些西方著作，人们了解到自由、平等、民主、人权等资产阶级思想与观念，大大开阔了视野，使得晚清时期的思想文化领域呈现出新旧并存的局面。

戊戌启蒙思想家还普遍将移风易俗纳入启蒙思潮范畴。维新时期的康、严、梁、谭等志士仁人均把愚昧落后的民风民俗看成是中国民智不开的一种突出表现，进而把破除恶风陋习，树立新风作为社会启蒙的重要内容。如康有为认为，只有广开民智后，中国才会有充足的人才，社会风气才能大开，即“人人知学，学堂遍地，非独教化易成，士人之才众多，亦且风气遍开，农工商兵之学亦盛”。① 为了达此目的，康有为直接上书皇帝，提出改诸庙为学堂，以庙产为公费，大力兴办教育的主张。20世纪初，革命党人从维新思想家那里接过了“风俗革命”的旗帜，大力宣传移风易俗，并身体力行地充当改革传统风俗的促进派。革命派延续了维新派所提倡的断发易服，废除跪拜，反对迷信，劝禁缠足、禁烟和兴办女学等内容，但与维新派不同的是，他们将移风易俗作为铸造“国魂”的一种手段，主张用移风易俗来推进革命，同时又通过革命来移风易俗。

2. 戊戌启蒙思潮与文化认同

随着戊戌启蒙思想家对西学的大力宣传，近代文化教育事业兴起，封建传统文化独尊的地位受到动摇，社会风气渐开，人心思变。一些资产阶级思想家已经初步认识到改造国民性、取得社会心理认同的重要性了。如孙中山

① 康有为．请饬各省改书院淫祠为学堂折//朱有瓛．中国近代史资料丛刊·戊戌变法(第2册)．上海：上海人民出版社，1957：222.

指出："革命的方法，有军事的奋斗、有宣传的奋斗。军事的奋斗，是推翻不良的政府，赶走一般军阀官僚；军事的奋斗固然重要，但是改造国家，还要从根本上自人民的心理改造起，所以感化人群的奋斗更是重要。"[①]又言："政党之发展，不在乎势力之强弱以为进退，全视乎党人智能道德之高下以定结果之胜负。使政党之声势虽大，而党员之智能低下，内容腐败，安知不由盛而衰？若能养畜政党应用之智能道德，即使势力薄弱，亦有发展之一日。"[②]但是即便如此，我们也着实不能对这一阶段的启蒙思潮过于高估。事实上，其影响范围还很狭窄，主要限于一些得风气之先的知识分子阶层，广大民众还只是持观望、甚至是不关痛痒的姿态。也就是说，清末启蒙思潮的兴起，虽然给中国传统文化的认同带来了危机，但其影响却远远不够建立新的文化认同，诚如萧楚父在《对外开放的历史反思》一文中所言："十九世纪中国近代文化的新陈代谢的发展，以'西学东渐'为杠杆，虽然由于救亡图存的紧迫感，表现出突飞猛进的外观，但就其实质内容而言，新的虽在突破旧的，而死的却又拖住活的。中国的近代化及其相应的文化代谢和哲学革命，事实上长期处于'难产'之中。"[③]事实上，二十世纪初又何尝不是如此？

(二)国民教育思潮初兴

在戊戌启蒙思想宣传家看来，救亡必先经过民种改造阶段，当务之急就是改革科举制度，学习西方，发展教育，提高民族整体素质。他们认为国民道德素质的提高和政治的革新，都与国民受教育程度成正比，故无论是从提倡伦理、道德革命，还是从改良政治的要求出发，都必须强调教育。当国民教育已经成为大势所趋时，晚清政府为顺应民心，延续其统治，不得不进行教育改革。首先是引进系统学制。1904 年 1 月，清政府颁布实施全国性法定学制系统《奏定学堂章程》(又名"癸卯学制")，该学制规定初等小学 5 年为义务教育(强迫教育)。1905 年，袁世凯等奏请废除科举，奏折中道："危迫情形，更甚曩日，科举一日不停，士人皆有侥幸得第之心，以分其砥砺实修之

---

① 孙中山．在广州中国国民党恳亲大会上的演说//孙中山全集(第 8 卷)．北京：中华书局，1984：286.

② 孙中山．本党同志应努力建设//孙中山全集(第 3 卷)，北京：中华书局，1984：2.

③ 萧楚父．对外开放的历史反思//冯天瑜．东方的黎明：中国文化走向近代的历程．成都：巴蜀书社，1988：412.

志"，又言："且设立学堂者，并非专为储才，乃以开通民智为主，使人人获有普及之教育，且有普通之知能，上知效忠于国，下得自谋其生。"①寥寥数言深刻指出了"废科举，兴学堂"之意义。在袁世凯等的力谏下，清廷下令宣布自光绪三十二年(1906)开始废除科举。科举考试制度的终结，为国民教育的发展扫除了障碍。1907年，学部补充颁布《女子小学堂章程》和《女子师范学堂章程》；另外，针对民间关于初等小学堂难于按章程规定普及的议论，1909年颁布了《变通初等小学堂章程》。这些章程的颁布，都更有利于教育普及。其次，从教育内容的角度而言，儒学独尊的传统逐渐被打破，一些反映近代西方科学的内容也开始被纳入学校教育，如格致、博物等。

(三)国民教育重"开民智"轻"新民德"

1. 梁启超"新民德"的国民教育思想孤掌难鸣

清末资产阶级改良派虽然主张通过国民教育来提高国民素质，但他们所言的"国民素质"，更多意义上乃是指国民受教育程度或说掌握近代文化知识程度，而对于同等重要的道德素质，并未给予足够的重视。

早期维新思想家严复对"民力已茶，民智已卑，民德已薄"的近代中国现状非常担忧，为此主张通过学习西方近代思想文化来"鼓民力，开民智，新民德"。在严复看来，西方文化的精髓，"于学术则黜伪而崇真，于行政则屈私以为公"。② 不过，他并非将民、德、智等同视之，而是以"开民智"为先。在1902年的《外交报》上，严复强调指出："今中国之所最患者，非愚乎？非贫乎？非弱乎？则径而言之，凡事之可以愈此愚，疗此贫，起此弱者，皆可为。而三者之中，尤以愈愚为最急。"③而其他维新志士往往将"废科举，兴学校，育人才"看做一个连贯的整体，而所谓的"人才论"，明显偏重"开民智"一隅。如曾任维新报纸《时务报》经理的汪康年曾指出：今日振兴之策，首在育人材；育人材则必新学术；新学术则必改科举、设学堂、立学会、建藏书楼。④ 以至

① 袁世凯等奏请废科举折//朱有𤩽．中国近代学制史料(第2辑·上册)．上海：华东师范大学出版社，1987：110.

② 严复．论世变之亟//严复集(第1册)．北京：中华书局，1986：2.

③ 严复．与外交报主人论教育书//中国哲学史资料选辑(近代之部分)．北京：中华书局，1983：413—414.

④ 汪康年．论中国求富强宜筹易行之法//郑师渠，史革新．近代中西文化论争的反思．北京：高等教育出版社，1991：63.

于梁启超主张通过国民教育"新民德"可谓是孤掌难鸣。

2. 封建官僚捍卫封建旧道德

封建伦理道德与封建专制制度互为表里，这一点就足够说明为什么清末引进了近代西方学制系统，而同时封建官僚又坚决捍卫学校教育中封建纲常伦理的中心地位。如张之洞等在1904年奏请颁布《奏定学堂章程》时声明："至于立学宗旨，无论何等学堂，均以忠孝为本，以中国经史之学为基。俾学生心术壹归于纯正，而后以西学瀹其智识，练其艺能，务期他日成材，各适实用，以仰副国家造就通才、慎防流弊之意。"①1906年3月25日，清学部正式奏请宣示教育宗旨为"忠君、尊孔、尚公、尚武、尚实"。② 封建官僚对封建旧道德的捍卫还可以从学校教育课程设置看出来，如"读经讲经"课的比重很大，初等小学堂占全部课程总时数的2/5，高等小学堂占1/3。

3. 资产阶级革命派的国民教育"新民德"不占主流

资产阶级革命派基于道德教育之于政治革命的重要意义，也主张发展国民教育，"救国之术在振起国民之精神，养成国家之思想也，于是大声疾呼而言国民教育，言国民教育者亦尽人而声矣"③。以孙中山为首的革命派批判"开明专制"的谬误，直接倡导道德革命，把"脱去数千年种种之奴隶性质"与"扫除数千年种种之专制政体"并列为革命的口号和任务，坚信只有革命才能"开启民智""除去旧俗"，主张把教育当做革命的重要工具，与革命紧密结合，为革命斗争服务。因此，革命派强调学校要进行革命的教育，培育国民革命的道德品质。如邹容主张革命的教育应树立三种观念：国家民族观念，平等自由观念，政治法律观念；养成四项品质"上天下地惟我自尊独立不羁之精神""冒险进取赴汤蹈火乐死不避之气概""相亲相爱爱群敬己尽粹义务之公德""个人自治团体自治以进人格之人群"。④ 章太炎甚至发出"无道德者不能革命"的

① 重订学堂章程折//中国近代学制史料(第2辑·上册). 上海：华东师范大学出版社，1987：78.

② 学部奏请宣示教育宗旨折//中国近代学制史料(第2辑·上册). 上海：华东师范大学出版社，1987：151－156.

③ 民族主义之教育//陈景磐．中国近代教育史．北京：人民教育出版社，1983：253.

④ 邹容．革命军//中国启蒙思想文库——猛回头：陈天华、邹容集．沈阳：辽宁人民出版社，1994：205.

论断。但是，其时封建统治毕竟处于正统地位，而学校教育一向都只宣传处于正统地位的意识形态，所以，资产阶级革命派的"新民德"思想只能在其自己创办的革命学校(如爱国学社)中得到一定的宣传，范围很小。

二、五四新文化运动与学校教育"新民德"的转向

袁世凯打着"尊孔"旗号的复辟，可以说给予了孔教致命的一击，因为它使当时思想界许多人士都感到"这种顽旧的思想，与恶浊的政治，往往相因而至"。① 于是，五四知识分子得出结论：只要作为封建主义赖以存在的思想基础的中国传统文化依然如故，旧的封建制度就能借尸还魂；只要旧的观念没有被驱除，人们还是会拿旧心理来运作新事物。因此，要改变中国的面貌，必须首先要"多数国民"与"儒者三纲之说"的传统观念相决裂，转而接受西方的"自由、平等、独立之说"的"最后觉悟之觉悟"，才有可能。显然，这一时期的知识分子已经充分意识到了社会心理和文化认同对于"新民德"的重要意义。

(一)新文化运动的发起及主要内容

1915 年 9 月 15 日《新青年》(第一卷名《青年杂志》)的创刊，拉开了新文化运动的序幕。五四新文化运动的主题是启蒙，它在众多的领域掀起了思想解放的浪涛，其核心是用民主取代专制，用科学扫荡迷信。

1. 文学革命："怀疑一切""否定一切"

新文化运动中，以陈独秀、李大钊、胡适、鲁迅、吴虞、易白沙等为核心的文化激进主义者公开批判中国传统文化。他们反对统治阶级把孔学定于一尊，反对文化专制，认为"无论何种学派，均不能定为一尊，以阻碍思想文化之自由发展"。② 针对民国初期的一股"尊孔"逆流，易白沙在全国最早提出了"打倒孔家店"的主张。1916 年 2 月，他在《青年杂志》上发表两篇文章《孔子平议》(上、下)，首先揭去了孔学头上神圣的光圈，指出孔子在春秋之时，"虽称显学，不过九家之一"；其次，揭穿了中国两千余年"尊孔"的大秘密，不过是野心家把孔学当成利用的傀儡，以垄断天下的思想，使人们失却自由。

---

① 激情与迷思——中国现代自由派民主思想的三个误区．武汉：华中科技大学出版社，2001：42.

② 陈独秀．答吴又陵(孔教)//独秀文存．合肥：安徽人民出版社，1987：646.

"愚诚冒昧，敢为阐发，使国人知独夫民贼利用孔子，实大悖孔子之精神"①。在此基础之上，新文化勇士提出了"诸子平等，不尚一尊"的主张，要求有"健全的舆论"，极力反对"言必称尧、舜、禹、汤、文、武、周、孔，义必取于诗、礼、春秋"的风习，提倡"学术上破除迷信，思想自由"，破坏"偶像的权威"。总之，"怀疑一切""否定一切"，是新文化运动中知识分子力倡对待传统文化的基本原则。

2. 道德革命："打倒孔家店"

道德革命是五四新文化运动的重要内容。新文化运动骁将们在对中国传统文化进行批判时，更是不遗余力地对传统伦理道德展开攻击，他们公开呼吁"打倒孔家店"，以排孔作为唤起人们伦理之觉悟的起点。在新文化倡导者看来，以孔教为中心的封建礼教是封建家族制度和专制制度的"护身符"，是不平等学说。如李大钊诘问道："看那两千余年来支配中国人精神的孔门伦理，所谓纲常，所谓名教，所谓道德，所谓礼义，那一样不是损卑下以奉尊长？那一样不是牺牲被治者的个性以事治者？那一样不是本着大家族制下子弟对于亲长的精神？所以孔子的政治哲学……不是使人完成他的个性，乃是使人牺牲他的个性。"②陈独秀也呼应道："伦理思想，影响于政治，各国皆然，吾华尤甚。儒者三纲之说，为吾伦理政治之大原，共贯同条，莫可偏废。三纲之根本义，阶级制度是也。所谓名教，所谓礼教，皆以拥护此别尊卑明贵贱制度者也。近世西洋之道德政治，乃以自由平等独立之说为大原，与阶级制度极端相反。此东西文明一大分水岭也。"③而吴虞则更是对以孔教为中心的旧礼教旧道德进行了尖锐地攻击，直斥封建礼教为"吃人的礼教"。④ 思想先驱们对封建旧道德的批判主要集中在对封建忠、孝、节、烈方面，认为这些所谓的"道德"，不过是要把中国弄成一个"制造顺民的大工厂"；而对妇女更甚，简直是残害人性。为此，知识精英们提倡建立新的家庭制度，提倡妇女解放。他们反对要求女子单方面保持贞操，否认贞操即道德的观念；也反对提倡寡

---

① 易白沙．孔子平议（上、下）//中国启蒙思想文库——新潮：民初时论选．沈阳：辽宁人民出版社，1994：28.

② 李大钊．由经济上解释中国近代思想变动的原因//李大钊文集（下册），北京：人民出版社，1984：178.

③ 陈独秀．吾人最后之觉悟//独秀文存．合肥：安徽人民出版社，1987：37.

④ 吴虞．吃人的礼教//吴虞集．成都：四川人民出版社，1985：167.

妇守节和为女子立“烈女”牌坊等。新文化运动倡导者同以前的资产阶级思想家一样，他们对封建旧道德的批判，是为了建立资产阶级的“自由、平等、博爱”的新道德。正如陈独秀在《青年杂志》创刊号上所说，他们理想中的国民道德应该是：“自主的而非奴隶的；进步的而非保守的；进取的而非退隐的；世界的而非锁国的；实利的而非虚文的；科学的而非想象的。”①

新文化运动后期，随着马克思主义传入中国，知识分子中的早期马克思主义者还初步学会运用马克思主义的理论武器批判孔教礼法不合现代生活，力主将其废弃。如陈独秀认为任何一种学说都会随时代变迁，文化道德“不得不以社会组织生活状态之变迁为兴废”，故“独尊一说，以为空间上人人必由之道，时间上万代不易之宗，此于理论上决为必不可能之妄想，而事实上惟于较长期间不进化之社会见之耳”。② 李大钊也在《物质变动与道德变动》一文中明确指出：“道德既是社会的本能，那就适应生活的变动，随着社会的需要，因时因地而有变动，一代圣贤的经训格言，断断不是万世不变的法则。什么圣道，什么王法，什么纲常，什么名教，都可以随着生活变动，社会的要求，而有所变革，且是必然的变革。”③

3. 树“民主”“科学”大旗

新文化运动时期的知识分子还提出了文化“建设”的标准，即“科学”与“人权(民主)”并重，将二者喻为“舟车之两轮”。把民主和科学结合起来，坚持民主和科学并举，作为衡量一切社会现象的价值准则，合之则接受、信仰，反之则摒弃、批判，这就是新文化倡导者的准则。如陈独秀在《〈新青年〉罪案之答辩书》一文中曾明确指出：“要拥护那德先生，便不得不反对孔教、礼、法、贞节、旧伦理、旧政治；要拥护那赛先生，便不得不反对国粹和旧文学。”“只有这两位先生，可以救活中国政治上道德上学术上思想上一切的黑暗。”④强调国人欲脱蒙昧专制时代，就必须高举科学与民主两面旗帜。应该指出的是，陈独秀称呼的赛先生(Science)，并非专指某一门类的具体科学知识系统，而主要是指针对愚昧、盲从、迷信、偶像崇拜的理性态度、批判勇气和实证精神。

---

① 陈独秀．敬告青年//独秀文存．合肥：安徽人民出版社，1987：3—9.
② 陈独秀．孔子之道与现代生活//独秀文存．合肥：安徽人民出版社，1987：80—87.
③ 李大钊．物质变动与道德变动//李大钊文集．北京：人民出版社，1984：151.
④ 陈独秀．《新青年》罪案之答辩书//独秀文存．合肥：安徽人民出版社，1987：243.

总之，五四时期的知识分子普遍将封建文化、专制制度和社会道德生活看做一个有机整体，并把深层的思想看做这个有机体的根本，寄希望于通过摧毁深层的根基，最终达到彻底清算封建主义的目的。他们对社会生活中封建沉渣泛起现象的深恶痛绝，从而更加大了对封建旧礼教的批判力度。他们率先在思想文化界以西方个人本位主义道德观为思想武器，以《新青年》为阵地，“破坏孔教，破坏礼法，破坏国粹，破坏贞节，破坏旧伦理(忠、孝、节)，破坏旧艺术(中国戏)，破坏旧宗教(鬼神)，破坏旧文学，破坏旧政治(特权人治)”，[①] 并旗帜鲜明地表示拥护民主和科学。新文化运动的突出特点是，对于封建旧道德、旧礼教的态度宁可矫枉过正，也不愿折中调和；并非以和风细雨似的口吻谆谆劝导，而是持毫不留情、毫不妥协、彻底清算的批判和讨伐姿态。

(二)新文化运动的其他相关内容

五四新文化运动否定了两千多年的封建传统，冲垮了封建孔学一统天下的局面，打破了封建思想文化的牢笼和禁锢，从而创设了活泼开放的思想文化氛围。因此，五四时期，社会各个领域都弥漫着思想解放的自由空气。

1.“但开风气之先”

新文化运动时期的知识分子并不满足于坐而论道、纸上谈兵。他们不惜被骂作“离经叛道”“忤逆子”，率先在社会生活中身体力行反传统，从忠、孝、节三个方面集中批判封建旧道德、旧礼俗，并着重从家庭革命、妇女解放方面与封建家族制度展开对抗，几乎颠覆了整个封建旧伦理体系。

新文化运动中后期的风俗改良团体也颇兴盛，如 1917 年 11 月恽代英等在武昌发起组织“互助社”，提出“群策群力自助助人”的宗旨，后又成立“改造同盟”，宣言要在城市中“组织一部分财产公有的新生活”；[②] 1918 年 4 月蔡和森、毛泽东等人在湖南长沙发起组织“新民学会”，其宗旨是“革新学术、砥砺品行、改良人心风俗”；1919 年 7 月由王光祈等人在北京发起“少年中国学会”，以“转移末世风气”为宗旨之一，提出“奋斗、实践、坚忍、俭朴”四大信条，还规定对有嫖赌或其他不道德之行为者提出警告和劝诫。从上述社团的

① 陈独秀.《新青年》罪案之答辩书//独秀文存．合肥：安徽人民出版社，1987：242.

② 严昌洪．中国近代社会风俗史．杭州：浙江人民出版社，1992：298.

宗旨可以看出，这一时期的风俗改良相较于新文化运动前期，已经发生了不少变化：就指导思想而言，马克思共产主义道德开始融入自由、平等、民主主义道德中；就内容而论，由于新时期形成了一些新的恶风陋习，如青年学生中沉醉于极端个人主义的享乐腐败生活(吃喝嫖赌烟酒、鄙弃劳动等)的恶劣风气，所以，新的针对性的改良团体也问世了。

2. 国民性改造与个性解放

国民性批判与改造，在五四新文化运动中达到高潮。五四时期的知识分子提倡民主、科学，反对专制、迷信，批判封建纲常礼教，目的是追求人的精神现代化，实现人的解放。为实现这一目标，他们不约而同地积极鼓吹个性解放的思想。如鲁迅明确提出改造国民性，认为"首在立人，人立而后凡事举；若其道术，乃必尊个性而张精神"。[①] 陈独秀也号召人们摆脱"奴隶之羁绊""恢复独立自主之人格"，完成思想和个性的解放。新文化倡导者往往将对封建传统文化的批判与对国民性批判结合起来。如陈独秀认为国家兴亡"随着国民性质的好歹为转移"，中国之土地、权利和主权之所以屡遭侵夺，与中国人退缩苟安之民性有关，"老尚雌退，儒崇礼让，佛说空无。义侠伟人，称以大盗；贞直之士，谓为粗横。充塞吾民精神界者，无一强梁敢进之思。惟抵抗之力，从根断矣。"[②]陈独秀还指出，中国数千年的传统文化和与之相辅相成的专制制度钳制思想，控制自由，阻碍个性发展，导致了极其严重的后果："一曰损坏个人独立自尊之人格；一曰窒碍个人意思之自由；一曰剥夺个人法律上平等之权利；一曰养成依赖性，戕贼个人之生产力。"[③]李大钊也认为："哀莫大于心死，痛莫深于亡群。一群之人心死，则其群必亡。"[④]显然，以"立人"为本位的思想启蒙与前期"新民"思潮提倡以民族国家为本位的启蒙思想有着根本区别，它在一定程度上体现了对启蒙本质的"归位"。

这一时期的平民教育思想家也对国民劣根性提出了许多很有见地的批判，如胡适提出了著名的"五鬼闹中华"论，即认为中国存在"五大仇敌"：

---

① 鲁迅．文化偏至论//中国启蒙思想文库：民声——辛亥时论选．沈阳：辽宁人民出版社，1994：184.

② 陈独秀．抵抗力//独秀文存．合肥：安徽人民出版社，1987：21.

③ 陈独秀．东西民族根本思想之差异//独秀文存．合肥：安徽人民出版社，1987：29.

④ 李大钊．风俗//向着新的理论社会——李大钊文选．上海：上海远东出版社，1995：5.

贫穷、疾病、愚昧、贪污、扰乱，主张铲除。① 晏阳初把中国的"社会病"概括为愚、穷、弱、私四项，并针对这"四大通病"提出了"四大教育"：文艺教育、生计教育、卫生教育、公民教育；"三大方式教育"：学校式教育、社会式教育、家庭式教育，把人的改造、乡村建设和民族再造的问题组构成一套理论体系，概言之就是"乡村教育救国论"。针对全民，提出了"除文盲，作新民"的教育宗旨。在晏阳初看来，中国绝大多数人是不能团结，不能合作，缺乏道德陶冶，以及公民训练的，所以，要用"公民教育"来"谋解决私的问题"，培养人民的"团结力"，以改变一盘散沙的现状。除了施行最低限度的公民常识、道德观念和政治思想的教育外，还要组织一些经济组织来训练互助合作的品质。此外，还抓住政治的力量，来训练人民自治的能力，使民众的力量能纳入政治的轨道。正如晏阳初自己所言："我们激起人民的道德观念，施以良好的公民训练，使他们有公共心，团结力，有最低限度的公民常识，政治道德，以立地方自治的基础。……大家要都是自私自利，国家就根本不能有办法，绝没有复兴的希望。所以我们办公民教育……使每一个分子，了解一个人与社会的关系，以发扬他们公共心的观念。其次我们在这国难严重的局面下，还要注意唤醒人民民族意识。"②可见，晏阳初不仅继承和发扬了近代启蒙思想，从平民教育的角度独树一帜，将"新民德"思想具体化、规范化，赋予它可操作的实践意义；而且其还是近代国民性改造倡导者中少数几个考虑到要将政治、经济、文化和国民性改造综合起来进行的思想家、实践家。

(三)新文化运动带来的社会效应

1. 各种主义、思潮纷纷涌入

新文化运动后期，20世纪20年代左右在世界风行的一些主义和思潮纷纷涌入我国，如现实主义、功利主义、自由主义、个人主义、社会主义、马克思主义等。在这些主义和思潮中，特别值得一提的是马克思主义。新文化运动时期马克思主义的传入，使中国思想界近代存在的西方资产阶级文化和中

---

① 胡适．我们走哪条路//胡适作品集(第18部)．台湾：远流出版事业股份有限公司，1986.

② 晏阳初．中华平民教育促进会定县工作大概//华东师大教育系．中国现代教育文选．北京：人民教育出版社，1989：382.

国传统文化两者之争，逐渐演变成为三者之争，而且因为它代表的是无产阶级的利益，比较适合中国当时绝大多数人都处于"赤贫"的现状，极容易在广大工农民众之间产生共鸣，以至于追随者越来越众。马克思主义的传入与风行，使得思想界"平等""互助"的马克思主义的共产主义价值观在五四后期甚至超越了"自由""独立""尊个性"等资产阶级价值观。这一时期的平民主义思潮的兴起其实在很大程度上归功于马克思主义的传播。

2. 五四时期的社会心理和文化认同特征

较以往而言，五四时期的新文化运动勇士反传统的勇气着实令人佩服！正是知识分子无所畏惧的勇气，为当时的社会创设了民主、自由的清新空气，为当时世界正流行的多种主义与思潮的涌入提供了机会。然而，即便如此，我们仍不得不遗憾地指出其存在的缺憾：新文化运动始终只限于知识分子阶层，未能将广大民众充分卷入；另外，在思想领域，一直以来，知识分子多以先觉者自负，他们得风气之先，普遍以启蒙者自居，充当社会变革的主导力量。他们的共性是"怀疑一切而不怀疑自己"，强调对普通民众的改造，独独忘了自己。可是事实上，就连他们自身都在一定程度上存在观念意识与行为模式的背离，如康有为、梁启超思想上主张男女平等、妇女解放，但实际都有纳妾行为；自由主义大师严复戊戌维新时期作为一个具有广泛影响的提倡变法自强的理论家和宣传家，他对该运动作出了重要贡献，但是，戊戌变法失败后，一直到 1911 年辛亥革命前，严复的主要精力集中在翻译西方学术著作和从事教育工作上，在某种意义上，这相当于严复的思想"出家"了；"全盘西化"论者胡适刚一留学归国就奉母之命，与其并不爱的江冬秀完婚；他对待家人、亲戚、朋友完全遵从传统的礼仪道德；其在台湾去世时，蒋介石亲题的挽联："新文化中旧道德的楷模，旧伦理中新思想的师表"，① 可以说是对胡适观念意识与行为模式背离的最恰如其分的注脚。即使是"中国文化革命的主将"——鲁迅，也未逃脱包办婚姻的命运……另外，新文化运动是以个人为本位对封建旧道德进行抨击，导致这一时期的青年知识分子群体中出现不少沉醉于极端个人享乐主义的作风，新的社会风尚还未确立，而新滋生的社会坏风气已经"显形"，这又如何能取得后来者的信任和认同？最后，多种主义与思潮的涌入，更是加剧了价值观的冲突和社会心理的混乱；同时知识分子

① 白吉庵．胡适传．北京：人民出版社，1993：496.

"破"多于"立"造成人们价值观上的迷惘。也就是说，在新文化运动及其后，在一个处于转型期的社会，究竟以何为标准来规范混乱的人心，这个问题并未得到彻底的解决。

(四)新文化运动对学校教育"新民德"的影响

五四新文化运动猛烈地冲击了统治中国两千多年的封建专制制度和传统观念，使广大人民群众受到了一次深刻的民主思想和科学精神的启蒙，逐渐摆脱封建传统思想和伦理道德的束缚，获得了空前的思想大解放。反映到教育领域，就是极大地促进了教育思想的解放和教育观念的变革。

1. 新文化运动将孔孟之道从学校"扫地出门"

在漫长的封建社会中，儒家学说一直是社会的主流意识形态或说官方意识形态。中国传统教育借助科举制度与政治紧密联系在一起，以培养封建官吏为主要职能，导致学校教育成为封建政权进行伦理教化的场所。儒家纲常伦理与封建专制制度互为表里，再加上"善教者得民心"①的古训，因此，这一直强化着中国传统学校教育的封建宗法伦理色彩。清末"西学东渐"带来的学校教育改革虽然为西学打开了豁口，甚至终于废除了封建教育的基本形式——科举制度，但因为封建制度的存在，儒学在学校中的统治地位一直没有被从根本上动摇。辛亥革命胜利后，民初政府对清末旧教育进行的一系列改革：废止旧时的奖励出身；废除"忠君""尊孔"的教育宗旨，取而代之以"五育"并举的教育宗旨；一律禁用清学部颁行的教科书，一律废止小学读经，使得孔孟之道从学校教育阵地被驱逐出去。然而，好景不长，由于袁世凯篡夺革命果实，在政治领域倒行逆施地大力推行"封建复古"运动的同时，也在教育领域推行封建复古的教育政策，导致孔孟之道又恢复了在国民教育中的"至尊"地位。所以说，孔孟之道直到新文化运动前，仍然在学校保持着重要的地位。

五四运动中，孔子"至圣先师""万世师表"的至尊地位被彻底打倒，过去笼罩在其身上的神圣光环被抹去，儒家经典作为万古不易的法则，也被从学校教育中"请"出去了。陈独秀、李大钊、吴虞、鲁迅等一大批新文化运动的骁将，以资产阶级的进化论，以及民主、平等、自由学说为思想武器，发表了一系列批孔檄文，批判了孔教的种种"罪状"，如陈独秀指出，儒学的三纲

① 孟子·尽心上.

学说是一切封建道德和政治的大原，其实质是"片面之义务，不平等之道德，阶级尊卑之制度"，① 是一种"奴隶道德"，其宣扬封建的人生依附，扼杀"独立自主之人格"，因此，"孔教与共和乃绝对两不相容之物"，② 非抛弃不可。但偏偏三纲五常及与之相联系的道德礼教是封建教育的核心，为此，陈独秀坚定表示了取法西方以改革封建教育的思想："中国教育必须取法西洋!"取法什么？即"法律上之平等人权，伦理上之独立人格，学术上之破除迷信、思想自由。"③此外，陈独秀还以强烈的忧患意识，关切祖国前途和民族命运，提出国民要有"爱国心和自觉心"，大声疾呼要以教育"救国新民"；鲁迅十分关心儿童教育问题，他认为儿童教育的问题，"于我们民族前途的关系是极大的"。在德育方面，鲁迅最为厌恶将"驯良"作为"美德"，甚至认为这是"没出息"的表征。他认为敢作敢为是儿童的"天性"，教育者不能使它"萎缩下去"。④

2. 新文化运动丰富了学校教育"新民德"的内涵

新文化运动的倡导者们在猛烈抨击旧传统的同时，还积极介绍和引进西方教育理论，大力提倡新教育。如在新文化运动期间，陈独秀先后发表了《今日之教育方针》《近代西洋教育》《新教育的精神》《新教育是什么?》和《教育与社会》等一系列文章和讲演。其在《今日之教育方针》一文中，主张中国的教育方针，应采近世各国教育之所长，体现四大主义：一是现实主义，即用科学和现实生活的教育代替复古迷信的"理想主义"教育；二是唯民主主义，即用民主主义教育代替封建专制主义教育；三是职业主义，即用职业教育代替空洞的传统伦理教育；四是兽性主义，即用注重体魄和意志锻炼的强身教育代替忽视体育的弱民教育。⑤ 显然，陈独秀明确否定了学校教育中封建纲常伦理的地位，代之以近代资产阶级教育观念，即民主、科学、实用、健康。

得益于新文化运动和十月革命的胜利，马克思主义于五四前后在中国迅速传播。一批早期马克思主义者，已经开始转向用马克思主义理论来思考教育问题。在新文化运动中，李大钊很注意国民素质与中国存亡的关系，其对国民的劣根性深有认识，主张通过教育来改造"惰性太深，奴性太深"的个体；

① 陈独秀．宪法与孔教//独秀文存．合肥：安徽人民出版社，1987：77.

② 陈独秀．复辟与尊孔//独秀文存．合肥：安徽人民出版社，1987：112.

③ 陈独秀．袁世凯复活//独秀文存．合肥：安徽人民出版社，1987：90.

④ 熊贤君，喻本伐．中国教育发展史．武汉：华中师范大学出版社，2000：473.

⑤ 陈独秀．今日之教育方针//独秀文存．合肥：安徽人民出版社，1987：41.

并号召人们“奋其奔走革命之精神，出其争夺政权之魄力，以从事于国民教育”。[①] 认定：“今世国家之基础，必筑造于国民精神、智能之上，始能巩固不磨。”在1919年撰写的《劳动教育问题》一文中，李大钊认为“Democracy就是现代唯一的权威，现代的时代就是Democracy的时代”。根据Democracy(民主)的精神，劳工不但在政治上要求普选权，在经济上要求分配平均，而且在教育上“也要求一个人人均等机会”。因此，他主张中国要认真学习欧美国家的经验，“必须多设补助教育机关，使一般劳作的人，有了休息的工夫，也能就近得个适当的机会，去满足他们知识的要求”。[②] 由此可见，李大钊不仅主张大力发展教育以改造国民精神，还特别要求教育具有平民精神。

新文化运动时期也有学者对中小学“新民德”的课程提出新的设想，如1919年顾树森在《对于改革现行学制之意见》一文中，建议为了“共和国民精神”之培养，应在各级各类学校中开设公民科。他指出：“考各国在普通学校中，必设此公民一科，对于公民应有之常识，国家之组织，法律之大要，以及公民之责任义务，皆为使之明悉无遗，且非特授以知识而已，在学校中又与相当练习之机会，所谓公民教育是也。”[③]他的这一建议在1923年6月公布的《新学制课程标准纲要》中被采纳：初中和小学(1922年的学制实行“六三三”单轨制形式，即小学六年，初中三年，高中三年。)都以公民课取代修身课，扩大了“新民德”的范围。

此外，新文化运动后期，美国教育家孟禄、杜威等先后来中国讲学，宣传他们的教育思想，也为这时期的学校教育“新民德”补充了不少异域营养。在他们的影响之下，自由主义教育思想、科学教育思想、实用主义教育思想、平民教育思想、民主教育思想、公民教育思想等先后传入中国，并得到了较为广泛的传播。其中，自由主义、平民精神、公民精神、民主精神等，都对这时期我国学校教育“新民德”产生了很大影响。当然，应该指出的是，如果没有新文化运动在近代开创的自由、民主、宽松的思想文化氛围，就不可能有多种教育思潮的流行和交融。

---

① 李大钊．论民权之旁落//李大钊文集(上册)．北京：人民出版社，1984：43.

② 李大钊．劳动教育问题//李大钊文集(上册)．北京：人民出版社，1984：633.

③ 朱有瓛．中国近代学制史料(第3辑·下册)．上海：华东师范大学出版社，1992：739.

3. 平民教育思潮的兴起与“新民德”的转向

平民教育思想是五四运动时期反帝、反封建的民主思潮在教育领域的反映，是前期国民义务教育发展的新阶段，它主要有两大基本特征：一是主张教育的普及性、平等性；二是提倡教育的大众化、平民化。

平民教育的思想基础包括三个方面：一是西方民主思想；二是马克思主义学说；三是中国古代民本思想。平民教育的对象是“平民”，但其具体所指并非字面意义那样简单。五四平民教育运动开始之初，朱其慧、陶行知、晏阳初等平民教育家所推行的平民教育，其对象实际是城市平民，即城市的平常人、普通人。① 早期马克思主义者主要把工农群众作为平民教育的对象。五四时期，杜威等美国教育家来华宣传平民主义的教育思想，则把平民教育的对象扩展为社会中的大多数民众，其实就是倡导普及国民教育。五四后期，平民教育家晏阳初开始把平民教育的触角延伸到乡村，开展乡村教育运动。从时间来看，平民教育高涨于五四时期，但至1925—1926年，当平民教育走向乡村后，却大大降温了。

平民主义的兴起，是社会上多数人接受马克思主义的表征。表面看来，“平民主义”将新文化运动树起的“民主”大旗引向了下层劳动人民，其实“平民主义”的兴起淡化了民主主义意识，使陈独秀等知识分子放弃民主主义而走向了社会主义和共产主义。这使得先前以自由、民主、平等、独立等资产阶级国民道德为参照的学校教育“新民德”发生转向，逐渐开始以马克思的共产主义道德品质如平等、互助为参照。

（五）五四时期学校教育“新民德”概况

五四新文化倡导者对封建伦理纲常的批判，以及对以民主和科学为中心的新教育的提倡，为这一时期的学校道德教育改革作了思想上的准备。与五四新文化领袖要求打倒旧道德建立新道德相默契，当时教育界有识之士很快将这一新文化理想落实到教育宗旨、课程内容等一系列改革上。

为重新确立“共和国民之教育”的性质，教育宗旨的拟定成为教育改革的中心议题之一。袁世凯暴毙后，1916年7月，教育总长范源濂宣布“切实实行元年所发表的教育方针”。1919年4月，教育调查会通过了沈恩孚、蒋梦麟两人的提案《1919年教育调查会：教育宗旨研究案》，议决民国教育应

① 董宝良，周洪宇．中国近现代教育思潮与流派．北京：人民教育出版社，1997：393.

以“养成健全人格，发展共和精神”①为宗旨。这一宗旨中提出了“私德为立身之本，公德为服务社会国家之本”“发挥平民主义，俾人人知民治为立国根本”“养成公民自治习惯，俾人人能负社会国家之责任”等内容。这是教育宗旨中第一次明确将“公德”与“私德”区分开来，第一次明确使用“公民”一词。但由于此期关于“教育是否当定宗旨”问题的争论相当尖锐，该宗旨未被政府采纳。

学校教育“新民德”的重生也体现于以商议新学制的重新订定为纽带的过程中。新学制(“壬戌学制”)从1915年湖南省教育会提出改革学制系统案时的酝酿筹备中，经实际运作，到1922年最后审定颁布，共历时7年。新文化运动提倡的民主、科学精神带来教育思想解放，孟禄和杜威等美国教育家来华讲学促进了平民教育思潮的勃兴，我国民族资本主义工业在第一次世界大战期间获得了一个“千载难逢之自动发展机会”，要求实用主义教育思潮②的蓬勃发展……都相继在新学制的几度讨论中得到了反映。以至于最后颁布的新学制成为兼顾各方要求的综合平衡产物，这一特点最鲜明地反映在新学制制定的七项标准上：①适应社会进化之需要；②发扬平民教育精神；③谋个性之发展；④注意国民经济实力；⑤注意生活教育；⑥使教育易于普及；⑦多留各地伸缩余地。新学制被许多教育界人士赞为“应时而兴的制度”，体现了民主与科学精神，尊重人的个性发展，强调儿童本位。新学制使现代教育内含着进步性，这种进步性催化了民主主义和科学精神的生长，加速了专制主义和蒙昧迷信的死亡。

五四时期的中小学课程设置摒弃了“以孔子之道为修身大本”的陈腐教条，代之以“公民”，使“新民德”具有“群育”的意义，扩大了公民道德的范畴，强调不仅要注重对学生独善其身的私德的培养，还要使学生更多了解国家的意义、公民的权利和义务，养成互助合作、服务社会的公德；中小学教育取消文言文，采用语体文，并将文言教材重新编订；等等。总之，这时期中小学校教育“新民德”给予了“道德革命”莫大的关注，体现了一定的反封建性。

---

① 1919年教育调查会：教育宗旨研究案//中国近代学制史料(第3辑·上册). 上海：华东师范大学出版社，1987：106－107.

② 本著将职业教育思潮、实利主义教育思潮与实用主义教育思潮等同起来看待。

三、改革开放至今：文化多元对学校教育“新民德”的影响

改革开放是一场全方位的变革，最关键的是，党和政府从制度上对国门开放给予了保证、鼓励和支持，再加上经济基础上的变革，使得文化多元的问题更加庞杂和复杂。它对学校教育“新民德”的影响也是前所未有的。国门打开使得外界信息潮水般涌入，与此同时，科技革命带来现代大众传媒的发达，以至于信息更替的速度惊人。因此，这里有必要把改革开放以来的文化变迁分为前后两个时期：改革开放初期和改革开放定型期。

(一)20世纪80年代的“文化热”及其对学校教育“新民德”的影响

一般而言，历史转折关头容易引发文化思潮。进入20世纪80年代中期，人们蓦然发现，所谓的“文化”问题已经明显地一跃而成为当代中国的“显学”：以文化为题的讨论比比皆是，以文化为题的文章连篇累牍。将这种状况称为“文化热”，可谓名至实归。

1.20世纪80年代的“文化热”产生的原因

80年代的“文化热”产生的原因为何？最根本的一点，它是伴随着以经济建设为中心的现代化进程而提出来的历史课题。不过，改革开放后，人们经历了“三步走”的历程才逐步触及文化问题：首先是对外开放、引进发达国家的先进技术；其次是加强民主与法制，并深化经济体制改革；最后文化问题才得以呈现。由于政治制度的完善、经济体制的改革，都直接触及了整个社会的一般文化传统和文化背景、文化心理与文化机制。因此，人们再次更强烈地意识到：人的现代化(文化的现代化)是现代化的关键之所在。“文化热”产生的另一重要原因就是，人们对新中国成立以来的思想文化的反思、尤其是对“文化大革命”的反思。在历史的反思中，人们痛切感受到“文革”中出现的极端个人主义、家长制作风、愚民政策、偶像崇拜等，都与中国几千年的封建专制传统密切相关。因此，思想理论界率先展开了对中国封建文化传统的批判，这就势必引发对“传统”以及“中国文化传统”问题的深入探讨。当然，“文化热”的产生还涉及学术研究发展本身的要求等其他方面的因素。多种因素决定了80年代“文化热”的产生及其丰富内涵和时代特色。

2.焦点议题述评

(1)中西文化的比较

改革开放国门敞开之后，对比西方发达资本主义国家，巨大的落差再

次促人反省：中国传统文化的价值究竟如何？中西文化的差异究竟何在？与此前不同的是，80年代中西文化关系的探讨更多是站在相互交流、吸收的立场上，而非强调互相冲突、相互对抗的一面。中西文化的比较问题包含三个方面的小问题：第一，中西文化优劣比较。在80年代兴起的“文化热”中，比较中西文化的优劣，是讨论者普遍感兴趣的问题之一。但对这个论题的讨论，人们一般多停留在指出中西文明的差异方面，诸如“精神文明”与“物质文明”“静的文明”与“动的文明”“重人文”与“重科技”等之类的老调重弹。殊不知，欲意比较文化之间的优劣，首要的是应该确立一个公认、正确的文化判断的价值标准。第二，文化研究比较中的可比性原则问题。在“文化热”中，不少学者用西方资产阶级文化同中国传统文化进行比较，这种比较显然并不对等，正确的应该是将当代的社会主义文化（不同于传统文化）同当代西方文化进行比较。按照马克思主义原理，抽象地评价和比较中西方文化是没有任何意义的，也很难做出客观评价，只有将两种文化放在某一具体社会历史条件下进行具体分析，才具有相应的可比较性。然而，不少学者却往往习惯于将中国传统文化看成封闭的、一成不变的，如不少学者总爱突出强调“中国文化有中国文化的特殊性”“中国文化有它自己的基本精神”“中国文化与西方文化根本不同”……似乎中国文化永远都是传统文化的固定样子。其潜台词是：如果中国文化变了样，中国人还能是中国人，中国文化还成其为中国文化吗？究其质，这其实是没有正确地理解“传统”的内涵。这就触及了第三个问题。第三，如何认识“传统”和“中国文化传统”的问题。许多海内外论者似乎都持有一种相当普遍的所谓“反‘反传统’”的态度或倾向。这种倾向认为，近代以来，尤其是五四时期的知识分子，由于把“现代化”与“西化”不恰当地等同了起来，以一种全盘否定的“反传统”态度来对待中国文化，因此在客观上“切断”了中华民族的“文化传统”，造成了所谓的文化传统的“断裂带”，据此，他们认为，现今的任务便是要努力去弥补这种断裂，以便“接上”中国文化的“传统”。不难看出，有这类倾向的学者无意识中将“传统”或“文化传统”看做“过去已经存在的、已经定型的东西”，视为一种绝对化、固定化了的事物。若依据这种将传统等同于“过去”的思维方式，那么，进一步推论的结果就是把“现在”和“未来”都纳入“过去”的范畴，视为同一个恒定不变的“过去”的循环往复。这显然并不符合逻辑。其实，“传统”是流动于过去、现在、未来这整个时间性中的一种“过程”，而非于过去就已经凝结成型的一种“实体”，因此，传统的真正落脚点是在“未来”而不是在“过去”。也就是说，传统是“尚未被规定的东西”，它永远处在制作之中，创造之中，永远向“未来”敞开着无穷的可能性或说“可能世界”。① 因此，不管文化变迁多么剧烈、多么深刻，其实都是中国人自己在变、中国文化自己在变，是中国人自己在改造自己，中国文化自己在发展自己，这本身就是在构建中国文化“传统”。

中西文化的比较研究自然有其内在的价值，然而，既往对文化问题的讨论却往往本末倒置，也就是说，多数学者把中国现代化过程中的“文化冲突”往往当做中西之争而不是古今之争。事实上，近代以来中国历次文化讨论的根本目的，本应是审视中国传统文化究竟存在哪些问题，从而导致中国在近代远远落伍，并据此寻求解决办法，借以尽快地将中国传统文化形态改造成崭新的中国现代文化形态。中西文化的比较理应服从于这个根本目的，亦即考察西方文化能否在这方面提供借鉴，尤其是应考察西方文化是如何从其传统形态走向现代形态，从而促进了它们近代的强盛。

(2)中国文化何去何从的问题

关于中国文化何去何从的问题，也即中国传统文化如何现代化的问题。随着改革开放的逐步深入，“文化的冲突”(中国传统文化与中国现代文化的冲突)在所难免，如何使中国传统文化现代化以适应中国现代化自然也成为讨论的重要议题。然而，由于学者们过多的将讨论的重心置于中西文化比较问题之上，并且在讨论的过程之中，不厌其烦地重提“儒学复兴”“全盘西化”“中西会通”等鲜有创新的观点，这使得文化讨论的真正问题和根本任务，即中国文化的出路问题，反而被束之高阁。

3. 20 世纪 80 年代“文化热”对学校教育“新民德”的冲击

前已述及，80 年代“文化热”现象的背后，蕴藏着人们所尊奉的一种基本信念：文化改革是其他一切必要改革的基础。换言之，当时人们深刻认识到，中国的现代化首先应该是人的现代化，而人的现代化的实质，便是思想观念的现代化。众所周知，19 世纪中国人的变革图强经历了从器物(技艺)到制度(政治)再到文化(思想)的“三步走”历程，当年维新变法时期的顽固派曾廉的一句话可谓颇有见地：“变夷之议，始于言技，继之以言政，益之以言教。”②

① 甘阳．文化：中国与世界．北京：生活·读书·新知三联书店，1988：24.

② 甘阳．文化：中国与世界．北京：生活·读书·新知三联书店，1988：4.

此话在20世纪再次得到验证：从70年代末启动的改革开放，到民主政治建设，再到80年代的“文化热”。显然，前后两种进程颇为相似，只是后者历时较短。当然，相较于前一进程，80年代重开的中国文化讨论，是在更高层次上的继续和深入。这里之所以指出两段历程的相似性，是为了强调这样一个事实，即“言技”甚至“言政”，虽然也常常横遭非议并历经反复，但大致还是比较容易推开、比较能为人接受。唯独一言及“教”，尤其是伦理道德，在中国就非同小可了。诚如张之洞所言，中国人之接受科学技术，只有在守住孔孟之道的基础上才可被允许，一旦有人要反对中国传统的伦理教化，则真是“述心骇耳，无过于斯”。① 五四时期，陈独秀之所以喊出“伦理的觉悟，为吾人最后觉悟之最后觉悟”，新文化运动之所以提出打倒旧道德提倡新道德，就是在“补”19世纪末20世纪初文化变革(尤其是道德革命)的“课”。因此，着眼于中国传统文化现代化而兴起的80年代的文化讨论，注定在伦理道德方面又会是道“坎儿”，主要表现在理想、信念、价值观、审美观、生活方式的选择方面，如崇尚实惠、嘲笑理想、放弃原则等庸俗化、世俗化倾向。自改革开放以来，港台文化和西方文化可以说是青少年学生思想品德形成的重要影响来源。通过和港台文化以及西方文化的大量接触，不少青少年学生的价值观产生了混乱和倾斜，民族自尊心和自豪感大大降低，文化欣赏向大众娱乐方向滑坡，对崇高的道德理想持嗤笑态度，羡慕西方自由、民主的生活方式、追求享乐等。

(1)“主观为自己，客观为别人”

1980年5月，《中国青年》杂志刊载了一位署名为潘晓的青年工人来信，题目为“人生的路啊，为什么越走越窄”，描述了她的人生遭遇、理想从形成到破灭的轨迹，以及其思想情感变化过程：从小时候坚信共产主义到“文革”中理想幻灭，至最后认为任何人都是主观为自己，客观为别人……②当时《中国青年》杂志就潘晓的来信展开了持续大半年的讨论，产生了极大的反响。之所以如此，一个重要原因是她说出了同龄人的心声，同时代的许许多多青年都跟她有着极为相似的心路历程。他们开始有了说真话的欲求，反感“假、大、空”的德育目标，提倡面向现实，认同“主观为自己，客观为别人”的人生

---

① 张之洞．劝学篇·明纲第三//张之洞全集．石家庄：河北人民出版社，1998.

② 潘晓．人生的路啊，怎么越走越窄．中国青年，1980(5).

哲学。潘晓的这句人生哲学因受到不少青年人的欣赏，而在社会上流行了相当长的时间，结果对学校以全心全意为人民服务的共产主义的人生观、价值观教育形成了一次大的冲击。

(2)"如果上帝不存在，什么事情都是允许的"

"如果上帝不存在，什么事情都是允许的"，这是80年代初期最先进入中国文化界的萨特"存在主义"中的名言，它旗帜鲜明地否定了共同的价值标准和行为准则，强调极端个人主义，把自我价值凌驾于社会他人利益之上，给人一种为所欲为、不受约束的酣畅。与以往共产主义道德强调共产主义理想(唯一性)、强调集体主义忽视个人主义相比，完全走向了另一个极端。此外，其他一些代表西方人本主义思潮的著作相继译介到中国，一时间成为青少年争相研读的"热点"书籍。因其观点的新奇性很能迷惑一部分青少年，故直接给校园文化带来剧烈的冲击。联系业已成为过去的"文革"，对青少年学生而言，当整个社会趋向开放以后，似乎只有叛逆到马克思主义的反面，才能释放"文革"对人的思想禁锢，甚至对整个人的存在的忽视带来的压抑。

总之，西方人本主义思潮的涌入，带来了多元化的价值选择；而80年代的文化讨论，除指出了中国传统文化与西方现代文化的不同之外，并不能使人信服地论证究竟应选择什么样的价值观。因为价值观的选择，并非仅靠任何简单的政治标准和道德热情给予当头棒喝所能决定。对学校德育而言，一元化的马克思主义、毛泽东思想显然已经失去往日的威信，越强调反而越引发青少年的对抗心理；不强调的话，又只能眼睁睁地看着部分青少年对社会主义价值观的不以为然，较多地认同"自己设计自己"，按自己的标准去评价事物，按自己的意愿去追求生活，追求"自我实现"等。相对比较成熟的学校德育教师明明知道这种只讲个人主观愿望而忽视社会需要和社会现有条件，在实际生活中是无法行得通的，但就是无法通过德育课程有效地引导学生进行正确的价值判断。

(3)"文化热"对学校教育"新民德"的冲击

80年代兴起的"文化热"，给学校教育"新民德"带来的最大影响就是，以往一直被看做是学校德育主渠道的政治课(小学称之为思想品德课)逐渐失去了对学生思想品德形成的主导作用，因为伴随"文化热"而出现的多元价值观，使得学校、家庭和社会对孩子施加的影响再也难以统一起来，换言之，家庭和社会对孩子思想品德方面的教育很可能不再是强化学校德育效果，甚至还起着抵消、弱化的负面作用，至少是给学生思想品德的形成造成混乱。90 年代有学者指出，"当前有三本'教科书'同时在对学生的思想品德产生影响。第一本是学校德育教科书，其中不乏时代和历史的局限，如对学生要求过高，不分层次，与变革的社会现实脱节，甚至还有许多形式主义和'左'的东西。第二本是家庭影响和家长身教的教科书，其特点是差别极其显著，总体上强调要学知识、学本领、不吃亏，带有浓厚的'实惠教育'的色彩。第三本是社会交往和大众传播媒介的教科书，其特点是反映了社会主义初级阶段不完善的商品经济发展时期各种价值观念的矛盾冲突。第一本教科书显然跟不上后两本教科书的急剧变化"。① 其实，文章所指出的这一客观事实，早在 80 年代就存在了。

学校德育自身之所以感到疲乏无力，与学校德育理念落后于时代也存在着密切的联系。如改革开放以后，中小学德育一方面响应党和政府的号召，大力提倡恢复"文革"时期被破坏的基础文明建设，这方面的工作的确毋庸置疑；但另一方面学校德育却没有主动去思考如何面对价值观多元的现象，没有积极去分析多元价值观本身的合理性，因为他们首先从思想上不愿意肯定西方人本主义思潮中所包含的价值观的合理部分，还只是一味地指望通过加强共产主义思想教育和爱国主义教育、坚持四项基本原则教育等抵制西方资产阶级自由化。殊不知，学生最厌恶的就是学校德育板起面孔充当政治的"传声筒"。因此，学校所谓的"共产主义教育"效果更多的也就只能停留在理论上或者说口头上，大约也就是从这时开始，学生逐渐分裂出双重人格：即一方面"口头上"承认、接受马克思主义、毛泽东思想；另一方面，在实践中将其抛诸"脑后"，转而采用另一套人生哲学。当然，应该指出的是，总体而言，这种影响在小学生群体中还不是特别明显，而对中学生、大学生群体则影响较深。

当然，这时期德育理论界并非皆落后于时代的步伐，如根据党的十二大的精神，教育部于 1984 年 3 月召开了全国小学思想品德教育工作座谈会。会上就有上海市和广州市教师代表提出"培养学生的道德判断能力"，②

① 思鸣．中小学德育模式面临的挑战与对策．教育研究，1994(5)．

② 教育部初等教育司．小学思想品德教育经验选编(第 2 集)．北京：人民教育出版社，1984：95，101．

这与以往学校德育一直以“道德的权威”的姿态凌驾于学生之上，把某种固定的价值观灌输给学生的理念完全不同，迄今为止，这种观点在德育界仍颇受重视。

（二）当前文化生活对学校教育“新民德”的影响

改革开放进一步深入发展以来，伴随着政治、经济的发展，文化事业也有了新的发展。各种图书、杂志、报纸以及音像制品的大量出版发行，广播、电视、网络等大众传播工具的迅速发展，人们的文化娱乐生活日益繁荣。社会文化生活的日渐丰富，不可避免地影响着青少年学生思想道德素质的培养。尤其是在信息“爆炸”和科技革命带来传媒技术的日益发达的情况下，不仅学生本身喜欢参与各种社会实践活动，而且学校已经完全无法保持不受外界干扰的“封闭”状态了，再想通过“屏蔽”的方式来“净化”意识形态显然已不可能。

20 世纪 80 年代末 90 年代初，中共中央宣传部教育局、中央教育科学研究所《社会文化生活与中学德育》课题组，专门在全国 13 个直辖市或省会城市，开展了一次广泛的调查活动，着重从中学生的课余和校外文化生活状况入手，研究影视广播、书刊读物、音像制品、文化场所、家庭文化等对中学生的影响，以及学校和有关方面对中学生进行教育工作的情况、经验和问题，并于 1990 年 10 月将调查分析的结果以文集的形式出版。通过调查发现，社会文化生活大大丰富了中学生文化生活的内容，但其中的消极现象也十分突出，很不利于加强中学德育；学校德育工作不能适应变化了的社会文化环境，表现在不少学校对指导学生文化生活不够重视或很不重视；学校的文化活动设施不足；教师不能主动地了解和研究学生文化生活的情况，自身没及时补充和更新知识等。①

如果说改革开放初期，多元文化、多元价值观对学校德育的冲击多在中学和大学层次，那么，随着改革开放的进一步深入、拓宽，这种冲击则不可避免地延伸到小学阶段。如鉴于课外阅读书籍对青少年思想品德发展的深远影响，自 20 世纪 90 年代中期开始，小学思想品德教材中已经涉及“和好书交

① 中共中央宣传部教育局，中央教育科学研究所《社会文化生活与中学德育》课题组．社会文化生活与中学德育调查文集．北京：中国人民大学出版社，1990：1—26.

朋友""读书要分辨好坏"①这样的主题；如果说多元文化和多元价值观对学校德育的冲击在改革开放初期主要限于东南沿海沿边等开放城市，而目前则几乎扩散到全国各地，包括中小城镇，甚至是农村；如果说80年代社会文化生活对青少年学生思想道德素质的影响主要是通过课余阅读书籍(言情和武侠小说)、录像故事片以及流行歌曲这些载体，而当前对青少年思想道德素质的形成影响最大的则是网络，尤其是网络游戏。总而言之，随着改革开放的逐步深入，多元文化和多元价值观对学校德育的冲击要比改革开放之初更甚。

那么，学校德育究竟如何应对时代的挑战？与80年代初的学校德育还只是被动适应形势变化不同，80年代中后期的学校德育则明显开始主动探求新时代的要求，从而进行学校德育变革。无论是德育思想界还是中小学教师都意识到：在多元文化和多元价值观已经成为既定现实、大众传媒的发达带来信息渗透性大大增强的时代背景下，学校德育再也不可能对学生进行某种单一的、固定的价值观灌输。为了增强学校德育实效，针对多元价值观的影响，有学者提出了"教会选择的伦理"(包括培养学生道德判断能力)和"底线伦理"。但是，"教会选择的伦理"也是说起来容易，做起来难。选择的标准是什么？谁来定标准？"底线伦理"也一样。归根结底还是回到文化认同的问题上来了。为了促进全社会的文化认同，改革开放以后，党和政府一直强调对民族精神的弘扬。民族精神是一个民族赖以生存和发展的精神支撑。诚如"十六大"报告所指出："一个民族，没有振奋的精神和高尚的品格，不可能自立于世界民族之林。在五千多年的发展中，中华民族形成了以爱国主义为核心的团结统一、爱好和平、勤劳勇敢、自强不息的伟大民族精神。……面对世界范围各种思想文化的相互激荡，必须把弘扬和培育民族精神作为文化建设极为重要的任务，纳入国民教育全过程，纳入精神文明建设全过程，使全体人民始终保持昂扬向上的精神状态。"②不难发现，中共"十六大"报告在论及民族精神的弘扬内容时，还特别新增"培育"一词语。这两个字不可小觑，它标志着我党对民族精神的认识进入了一个崭新的境界：在弘扬优秀中华民族精神的同时，更加注重结合时代和社会发展的需要，为民族精神增添新因子，不断丰富民

---

① 参见人教社和北京市教育局1994—1998年间编写的小学《思想品德》教材。

② 全面建设小康社会，开创中国特色社会主义事业新局面——在中国共产党第十六次全国代表大会上的报告．人民日报，2002-11-08.

族精神。另外，还应该指出的是，由于传统中国没有自由、平等、权利等与社会公德相互支撑的文化源泉，因此，只有对外来文化采取开放态度，才可能将有利于社会公德建立的价值观基础纳入民族精神中。既符合时代需要，又利于文化认同的达成。

2001年中共中央颁布的《公民道德建设实施纲要》将“爱国守法、明礼诚信、团结友善、勤俭自强、敬业奉献”确立为全体公民的基本道德准则。党的“十六大”报告对《公民道德建设实施纲要》的内容再次进行了强调，要求必须认真贯彻施行。2006年胡锦涛总书记提出了以“八荣八耻”为具体内容的社会主义荣辱观，再次为我国公民道德建设树起了新的标杆。《公民道德建设实施纲要》的颁布，公民的基本道德准则的确立，其实就是欲在全社会确立核心价值观、促进文化认同的表征，同时，也可以说是对“底线伦理”的默认。因而，有关专家认为，当前开展公民教育是我国“传统德育的历史性转型”。

自20世纪90年代以来，社会公德教育在学校德育中所占比重越来越大，目前甚至已经有专门面向中小学生的公民教育校本教材面世，如北京大学出版社历时三载组织编写的《新公民读本》。这是新中国成立以来，第一套专门针对中小学生的完整意义上的公民教育读本。《新公民读本》以“传播公民知识，培育公民意识，张扬公民权利，呼唤公民责任，为21世纪中国培养合格公民”①为编写目标，主要包括公民道德、公民价值观、公民知识和公民参与技能四个方面的内容。公民道德方面，包括仁爱、宽容、感恩、友谊、尚礼、诚信、责任、尊严、合作等主题；公民价值观方面，包括自由、平等、人权、民主、法治、正义、和平、爱国、追求真理、与自然和谐共处等主题；公民知识方面，包括国家与政府、民主政治、政党制度、司法公正、社会公共生活、公民的权利与责任等主题；公民参与技能方面，主要是指公民参与公共生活的基本能力，如与人沟通、演讲、讨论、组织活动、参与选举、处理纠纷、维护权益、向责任部门或媒体反映问题和提出建议等能力。其中，有关公民道德的主题几乎和现行中小学《品德与生活》《品德与社会》和《思想品德》课程标准中所提倡的完全一样；而在公民价值观、公民知识和公民参与公共生活的基本能力方面，比现行中小学德育课程标准更强调从公民社会的要求出发。为便于与第三章《品德与生活》《品德与社会》教材内容对比，下面以表

---

①　杨东平．编者的话//新公民读本．北京：北京大学出版社，2006.

格形式将小学卷《新公民读本》教材内容列出(见表4)。

表4 杨东平主编《新公民读本》(小学卷)内容主题

卷(册) 主题	小学卷A	小学卷B	小学卷C	小学卷D
1	认识你自己	我们是公民	做有志向的孩子	男生女生都精彩
2	我爱我家	学会与父母沟通	同在一片蓝天下	公益行动我参与
3	快乐伙伴	学会自我保护	人人都平等	面对选择
4	我是学校小主人	受到委屈怎么办	辩论作用大	维护我们的权利
5	守时好习惯	在讨论中成长	班级中的选举	走近民主
6	彬彬有礼	诚信是金	遵守公共秩序	走进法院
7	生活处处有规则	我们的社区	餐桌上的污染	政府为什么要收税
8	在参与中成长	民族大家庭	我们的"保护法"	忠于职守的公务员
9	政府的职责	维护公正	怎样打官司	网络时代新生活
10	公共服务为大家	热爱和平	新闻舆论的力量	让生命永远美丽
11			生我养我的地方	探索自然的奥秘
12			世界是个大家庭	与自然和谐相处

很显然，杨东平教授主编的这套《新公民读本》(小学卷)校本教材与杜时忠教授、靳岳滨老师主编的现行小学德育教材《品德与生活》《品德与社会》内容上存在很多相似之处。这里无意于把二者进行详细比较，只想粗浅地指出一些明显的相异之处：二者在主题用词方面完全是不同的口吻，前者是严肃的、正式的口吻，而后者是亲切的、生活化的口吻。相应地，在遣词方面，后者注重使用儿童自己的口语化的语言，而前者或许为了更好地帮助学生进入公民角色，特别注重与公民身份相适宜的用词，总之，从学校德育自身的角度来讲，现行的《品德与生活》《品德与社会》《思想品德》德育课程改革和公民教育教材的出现，不由得使人对学校教育"新民德"抱乐观态度！因为它们的出现本身体现着全社会对公民道德或者说社会公德越来越大程度上的认同。

虽然改革开放以来，人们一如既往地受到西方文化的强大影响，但当前人们对西方文化的态度与改革开放之初也有所不同：在国门初开之时，人们

(尤其是青少年)对西方持盲目欢迎甚至是崇拜心理，以至于恨不得全盘接受；但随着西方文化大量引入和长时间的接触，较以前而言，其于人们的新奇性和刺激性逐渐减弱，正所谓“见多不怪”，以至于当代在西方文化大举蔓延和渗透我国的背景下，提倡弘扬和培育民族精神在实践层面上反而还有可能。

有学者认为，自清末以来，由于中国被动式地接受西方主流文明的冲击，故对西方文化产生“既期待又怕受伤害”①的矛盾情结。新中国成立后三十年间，为在意识形态领域确立马克思的社会主义思想文化，我国对西方资本主义制度和西方文化采取了全然否定和排斥态度。改革开放以后，为了发展经济则需要调整对西方国家的敌对状态，故“反西方中心主义”意识随之淡化——这其实是一种“鱼和熊掌不可兼得”下的取舍。为避免西方资本主义国家对中国的和平演变，防止资产阶级自由化，在改革开放之初，党和政府仍非常强调坚持社会主义文化方向，加强爱国主义、集体主义、社会主义思想政治教育；但随着改革开放的深入，西方民主国家的主流价值观逐渐蔓延和渗透，必然带来多元价值观的碰撞。在这样一个社会转型期，“东方文明与西方文明，传统文化与现代文化，自我本位与社会本位碰撞中，旧的超稳固的近似于凝固的社会形态已被打破，而新的相对稳定、灵活、开放的社会形态尚未形成。碰撞中，原有的道德价值体系破碎，而代表未来社会的新的价值体系未见端倪。”②事实上，在走向多元民主社会的过程中，类似于中国传统的以儒学为核心的一元独尊的价值体系或者是新中国成立后三十年以单一的共产主义文化和价值组成的价值体系都不可能再建立起来。那么从道德的角度而言，如何规范混乱的人心、帮助重建社会生活秩序？“普适伦理”越来越得到人们的认同，于是基本的公民道德建设受到前所未有的重视，广大中小学德育课程改革也很注重贯彻《公民道德建设实施纲要》的精神，这无疑为学校教育“新民德”创造了良好的条件。

不过，笔者窃以为，文化认同需要把低层次的“普适伦理”和高层次的道德信仰结合起来，要避免“价值无根性”的种种弊端，以达到“形散而神不散”的效果。北京师范大学檀传宝教授曾经在《信仰教育与道德教育》著作中指出，

---

① 刘国强，谢均才．变革中的两岸德育与公民教育．香港：香港中文大学出版社，2004：147.

② 刘国强，谢均才．变革中的两岸德育与公民教育．香港：香港中文大学出版社，2004：148.

我国改革开放以后的学校德育目标在定位上逐渐倾向于“取法乎下”的策略，以至于德育内容上缺失终极（价值）关怀，最终导致我国当前学校德育实效上的实质性低迷。① 社会公德教育显然也是一种“取法乎下”的教育，只有建立在对终极价值的认同基础上，通过终极价值的统率、凝聚、提升作用，遵守社会公德才能逐渐成为一种“发乎自然”的行为。就学校教育“新民德”而言，文明礼貌、助人为乐、爱护公物、保护环境、遵纪守法等只是最基本的底线伦理，对人的天赋自由、平等权利的尊重才是其背后的终极价值支撑。

① 檀传宝．信仰教育与道德教育．北京：教育科学出版社，2002：2－6.

第五章 总论：学校教育“新民德”的反思与展望

公德是衡量社会文明程度和国民道德素养高低的重要标准。一个世纪前，时代先贤甚至将“公德”提升到决定民族存亡的高度，断言“救中国，必先培养国民的公德”！这虽然有点言过其实，但对于长期生活于封建专制制度下早已心灵麻木的“奴隶”而言，没有振聋发聩的呼喊，怎能引起疗救的希望？于是乎，自其时起，培养国民公德就成为无数仁人志士为之奋斗的理想。他们有的撰文宣传，摇旗呐喊，如严复、梁启超、鲁迅；有的投身教育实践，不辞辛劳，如蔡元培、陈独秀、晏阳初；有的身体力行，移风易俗，如吴虞、秋瑾、蔡和森；有的寻求政治保障，矢志不渝，如孙中山、毛泽东；有的主张经济支持，高瞻远瞩，如邓小平……可谓是“八仙过海，各显神通”。历代思想先驱的共同点是：非常注重通过学校教育培养国民公德。然而，民族民主革命的紧迫性、长期性和艰巨性，近代工商业发展的滞后性，西学东渐的复杂性，移风易俗的缓慢性，以及学校德育自身的缺陷等因素交织在一起，导致学校教育“新民德”目标缺乏连贯性、一致性，学校教育“新民德”的内容经常发生摇摆和偏离等，这一切都制约着学校教育“新民德”的效果。

公德本来是工业文明的产物，是伴随着社会化大生产而来的社会公共生活领域的拓展而产生的需要。在公共生活领域，与以市场为导向的经济规则相伴生的还应有健全的法律体系：当一个人为个人利益而损害公益时，将受到法律的严厉制裁，这就迫使公民遵纪守法。而我国近代以公德为核心的“新民德”观念是在“救亡”的时代背景下，作为社会政治变革的前奏而被提出的，它超越了当时社会经济的现有发展水平，这就注定了它的发育先天不足。当然，任何一个国家都不是一开始就建立在工业发展的基础上，都有一个从农业文明向工业文明转型的过程；实现成功转型的国家一般被视为业已步入了现代化的行列，目前主要是指欧美发达国家和日本、韩国等东亚国家。毋庸置疑，在这些已经实现现代化的国度里，社会公德水平一般较高。通览发达国家道德由传统向现代的转型过程，不难发现，经济发展是根本动力，政治民主是保障；在此基础上，西方国家还借助了社会思想运动的推动和学校系统的公德教育；东方国家则借助了政策法令的保障推行和学校公德的统一培养。反观我国一个世纪以来的学校教育“新民德”，除受经济基础缺失的制约之外，近代中国追求政治民主进程的一波三折；政权频繁更迭背景下各执政党对社会公德认识和重视程度的大相径庭；思想启蒙的努力往往直接依附于救亡图存或其他性质的政治目标，缺乏相应的独立性，以至于公德观念没有可以依附的长期性文化力量所达成的社会心理和文化的认同；这些都是影响其进程与效果的重要因素。

第一节　学校教育“新民德”的世纪反思

纵观我国学校教育“新民德”的世纪历程，似乎每一阶段都有特别值得言说的议题，如清末“西学东渐”促发了学校教育“新民德”思想的萌芽；民初南京临时政府的“有为”带来了学校教育“新民德”昙花一现；五四新文化运动为学校教育“新民德”扫清了障碍；南京国民政府时期“峰回路转”——蒋介石企图借恢复教育事业中的传统精神来达到维护国民党独裁统治的目的。其中，抗日战争时期社会心理和文化认同达到极高水平，爱国公德处处绽放；新中国成立初期学校教育“新民德”有共产主义理想的支撑和社会教育、家庭教育的共同配合；“文化大革命”颠覆了一代人的道德信仰；改革开放后学校教育“新民德”机遇和挑战并存。议题的多样性反映了学校教育“新民德”的世纪历程之坎坷。

一、历史反思：学校教育“新民德”的进程概略

(一)清末学校教育“新民德”的涌动

“戊戌变法”失败后，梁启超逃亡日本，一改往日追随严复首重“开民智”

的观点，在其自创的刊物《新民丛报》上连续发表约十万字的《新民说》，力倡“新民德”——把中国数万万民众塑造成有近代道德观念的国民。梁启超强烈呼吁培养国民公德心的思想观点，在当时的思想界引起不小的震动，自从《新民说》在《新民丛报》上刊载后，该报的发行量急剧攀升，便为明证。关于国民道德的改造，梁启超在《新民丛报》的《本刊告白》中提出了以“教育为主脑，政治为附从”的方针。当然，他这里所谓的“教育”，是包括学校教育和社会思想启蒙在内的广义的教育，如他指出西方资产阶级的民权“岂生而已然哉”？然后列举了西方各国资产阶级启蒙思想家对于自由、平等、民权、爱国等伦理思想和道德观念“著书立说而倡之，集会结社而讲之”，把“真理灌输于国民头脑中，利害明揭于国民心目中”，① 为启蒙国民觉悟付出了艰巨的劳动；当然，废科举，兴学堂，通过学校教育的普及来普及新道德，更是梁启超自始至终坚持的方式。然而，梁启超的“道德革命”思想虽然在当时不乏追随者、反对者，但乏见与之相得益彰的大师手笔，以至于“孤掌难鸣”；在当时的学校教育领域，清政府虽然为时势所迫，不得不兴办新式学堂，但清政府显然不会在封建制度下培养自己的掘墓人——用西方资产阶级道德来代替封建制度赖以存在的封建纲常伦理。

具体而言，清末国民教育虽然开始注意在德、智、体等诸方面全面培养国民素质，但其前提条件是国民对封建王朝的效忠，只有确信不会动摇封建王朝根基的“新民德”才会被允许提倡。总体而言，清末学校教育“新民德”呈现出以下几方面的特点：第一，清末国民教育的指导思想实质上仍是前期“中学为体，西学为用”的延续，以至于国民道德的“破旧立新”，简直是“甚于防川”。因此，系统学制的建立、西学内容的增加、普及义务教育的提出等相关教育改革，充其量也只能说为“新民德”打下一定的文化基础；第二，“新民德”在学校教育改革的夹缝中求生。虽然这一时期学校教育“新民德”缺乏具体政策支持，但实施教育改革这一政策自身的进步性却孕育着“新民德”的因子——如系统学制的建立，为国民教育的规范化、系统化、普及化发展作了相应铺垫，至少能在广度上扩大受教育国民的数量；义务教育本身能对国民的民权教育起到实质性的解释；科举制度的废除，使得士人在失去安身立命依靠的同时，对王朝的依附心理也有所解脱，很大程度上能为独立、自主人

① 梁启超．爱国论//饮冰室合集·文集之3．上海：中华书局，1936：65－77.

格的培养扫除障碍等。第三，导致清末学校教育"新民德"不能得以顺利展开的原因，除其归属于清政府"自救"性质以外，另一个重要因素在于："新民德"自身内部存在悖论，即一方面是反封建，自然应强调个人本位的道德，如要求人权、促进平等、崇尚自由等；但另一方面又要反侵略，则必然要求强调集体本位的道德，如爱国、团结、合群、纪律等国家公德。在严峻的民族危机面前，不管是思想界还是学校教育，都选择了"重集体"而"轻个人"，结果"新民德"因专注于"反帝"而避开了"批封"。

用民主启蒙来推动民主运动和民主改革实践，在面临灭种亡国的特定历史条件下，确实有"隔靴搔痒"之弊，但辛亥革命后建立的资产阶级民主共和国的"流产"却又在一定程度上反证了梁启超《新民说》的预言意义。

(二)民初学校教育"新民德""开花未果"

诚如一位历史学家所洞悉："革命和改良在现代化的社会运动中，常常是互为消长的过程，如果改良的道路能获得社会的支持，革命的力量就会消沉下去。如果改良的道路难以获得成效，革命就会蔓延。"①这段话可用来恰当地解释"戊戌变法"失败后资产阶级革命派推翻封建王朝、成立中华民国的过程。

辛亥革命后，封建专制统治被推翻。由于经历战乱，中华民国成立时，整个国家可谓满目疮痍，民生凋敝。新上任的革命党政府通过政策法令在全社会推行民主、共和，表现出革故鼎新之气概，整个社会由封建专制向民主自由移风之势氤氲开来。革命政府尤其强调要通过大力发展国民教育来"养成共和国民健全之人格"。在政府的高度重视和教育部部长蔡元培的具体策划下，学校教育"新民德"一洗前清之旧习，呈现一派欣欣向荣的勃勃生机。始料未及的是，"共和方生，专制还魂"，由于袁世凯的倒行逆施，"民主共和"名存实亡，"孔孟"在学校教育的地位重新得以确立，而资产阶级"新民德"观念只能是被打入"万劫不复的地狱"。所以说，民初学校教育"新民德""开花未果"。

(三)五四时期学校教育"新民德"的兴盛与转机

对辛亥革命成果得而复失的失望和悲怆，使得知识精英们开始了更深刻的文化反思，并最终认识到：社会是一个有机整体，单纯于器物层面和制度

---

① 闵良成．革命与否．社会科学论坛，2006(9)．

层面学习西方，甚至将其完全移植于中国，但若不改变旧制度赖以滋生的社会文化土壤，就容易产生"淮桔为枳"的效应。正是基于此种认识。知识精英树起了"民主"与"科学"的大旗，开始了一场影响深远的思想启蒙运动。

新文化运动给近代中国社会带来了自由、宽松的思想氛围，使得教育领域的改革空前活跃，种种民主与科学的教育思潮随之也得以形成。民主与科学的教育思潮，是"师夷制夷""洋务""改良""革命"这根藤蔓的延伸；它承袭了依次递近、逐渐放大的"西化"思想倾向，试图与儒学的纲常伦理作永久的告别。事实也的确如此，以民主和科学为旗帜的新文化运动将孔孟之道彻底赶出了校门，为学校教育"新民德"提供了良好的机遇。① 而多种主义和思潮的涌入，一方面在为学校教育"新民德"补充营养的同时；另一方面也使"新民德"的具体内容呈现混合之势，并潜藏着转变之机。第一次世界大战期间，西方发达资本主义国家所暴露出来的"强权即公理"的姿态，使中国知识分子对资产阶级民主、平等观的印象大打折扣。在此背景之下，于更大程度上关注下层社会人民的平民思潮兴起，并博得了中国人的好感，"知识分子强烈的平民意识成为接受马克思主义的重要的催化剂。马克思的阶级斗争和无产阶级专政的理论使陈独秀等知识分子的民主观念发生根本转变，即放弃民主主义而走向社会主义和共产主义。"②平民教育思潮的兴起，有利于教育普及和社会进步。但从五四时期起，学校教育"新民德"的价值观基础开始由资产阶级民主、平等观念转向社会主义互助、合作观。

五四时期学校教育"新民德"提倡尊重儿童个性等，是"个人的觉醒"的反映。事实上，西方启蒙本来就是以"个人的觉醒"为根本特征，只是清末被引入中国时，因救亡图存的需要，故从一开始就偏离了它的主题。

五四运动后，孔孟之道虽然在学校教育中已不复存在，但作为中国人深层心理的沉淀物，作为构成每一个中国人所赖以存在和生长的文化氛围中不可避免的因素，其还在对五四以后包括我们现今的教育发生着深远的影响。

(四)南京国民政府时期学校教育"新民德"峰回路转

历史总是在迂回中前行。五四时期激进的知识分子毫无保留地将中国传

---

① 喻本伐，熊贤君．中国教育发展史．武汉：华中师范大学出版社，1991：547.

② 朱志敏．五四时期知识分子的平民意识与共产主义运动的兴起．历史研究，1997(2).

统文化一股脑儿丢进了历史的垃圾堆，然而至南京国民政府时期，中国传统伦理哲学却又被奉为"座上宾"——"四维八德"("礼义廉耻"四维和"忠孝仁爱信义和平"八德)成了国民政府倡导的立国之基。

作为蒋介石用以统治国民党的政治理论基础，封建性的法西斯主义在国民政府统治范围内的政治生活中处处得以体现，其基本特点可以概括为"军事化"，强调绝对服从、整齐划一、牺牲精神。同样，封建性的法西斯主义也渗透到国民党的学校教育领域。南京国民政府在政治上所推行"一个党""一个主义""一个领袖"的"伪三民主义"，反映到学校教育领域主要表现为"党化教育"(后改为"三民主义教育")的推行。"党化教育"主要包括学校训育和以党义教育代"公民"教育等内容。前者的主旨是发扬"忠、孝、仁、爱、信、义、和、平"等民族固有美德；后者则主要是将党义并入社会常识科(公民科)，使社会常识党义化，比较侧重儿童的团体组织能力和社会服务精神等。

从社会整体状况来看，从南京国民政府成立到抗日战争爆发前，中国社会处于一个相对稳定和繁荣的时期，民族工商业的发展，促进了城市生活和社会交往，为学校教育"新民德"创造了有利条件。这一时期，南京国民政府在培养国民公德方面也做出了不少努力，例如国民政府要求学校训育内容应涉及培养儿童"守时重律的习惯、注意公共卫生、爱护公物、洁己奉公、民权精神和观念、自治的能力、协力互助的精神、服务社会的情意"等，非常注重培养儿童在团体生活中的道德和自治能力；此外，推及学校领域的"新生活运动"所提倡的尊长、爱幼、保护妇女、公共场所不高声谈笑、不酗酒、不惊扰他人等，都是值得肯定的。1928 年出版的《中国教育辞典》①在总结前人思想的基础上，收录了"公德""公民教育"等条目；中华书局 1930 年还出版了《公德浅说》②一书以作为普及公德思想之用。由此可见当时教育领域对公德问题的重视情况。但是应该指出的是，蒋介石要求培养国民公德是"醉翁之意不在酒"，其实质上是为了在全社会范围内推行统一化、军事化管理，实现整齐划一，最终达到专制独裁的政治目的。反映在教育领域，就是希望通过贯穿整个学校教育之中的封建伦理道德整治人心，使广大人民俯首帖耳地服从国民党的统治。

---

① 王倘等．中国教育辞典．上海：中华书局，1928.

② 徐澄．公德浅说．上海：中华书局，1930.

南京国民政府对封建“四维八德”的推崇表明，虽然经历了一场轰轰烈烈的新文化运动，但传统的封建道德并没有从此退出中国历史舞台。事实上，早在新文化运动后期即 20 世纪 20 年代左右，对于新文化运动反对旧道德的逆向反应已日渐强烈。如孙中山虽然对于新文化运动表示热情支持，但并不讳言自己对于完全否定旧道德的不满。他在一次演讲中指出：“讲到中国固有的道德，中国人至今不能忘记的，首先是忠孝，次是仁爱，其次是信义，其次是和平。”只不过他并非主张全盘恢复旧道德，而是主张对其加以概括和改造，赋予资产阶级民主主义的新内容，使之成为其三民主义思想体系的组成部分。如他对“忠”的解释是：“我们做一件事，总要始终不渝，做到成功，如果做不成功，就是把性命去牺牲，亦所不惜，这便是忠。”又曰：“我们在民国之内，照道理上说，还是要尽忠。不忠于君，要忠于国，要忠于民，要为四万万人去效忠。”①另外，孙中山还把儒学提倡的内省式的修身，解释为自重、自律与文明行为，并且强调需要向西方人学习。

孙中山的观点只不过单纯地表达了其对于封建旧道德的妥协性，而蒋介石所谓的继承②则是另有目的：他看中了传统道德对于维护封建宗法等级关系的功能，想要利用它来为其封建性的法西斯主义服务。不过，总体而言，在 20 世纪 20 年代至 30 年代初，对以儒学为核心的传统文化的留恋或宣扬，主要还是集中在政界或学界的所谓上层，对下层、尤其是思想界的新生代，影响并不显著。然时至抗战前夕，传统道德所具有的诱发民众爱国情绪的功能，使得儒学又乘势在思想界大兴。最具有代表性的是部分左翼文化人发起的“新启蒙运动”。“新启蒙运动”发起者的初衷本在于继承五四运动时代“打倒孔家店”的口号，但随着形势变化，推动者对传统文化的批判越来越弱，至运动尾声，就蜕变成了实用主义性质的“调和论”，即“凡是文化思想在终极的效果上有利于民族，能够提高民族力量，对于抗战救亡有一点一滴贡献的，都应当许可它自由存在、自由发展”。③ 这显然与新启蒙运动的宗旨已经大相径庭了。所以说，抗战时期爱国主义精神的高扬，其实是传统道德重视整体利益的道德观的复活；在当时的情况下，任何提

---

① 孙中山．三民主义·民族主义//孙中山全集(第 9 卷)．北京：中华书局，1986：230.

② 蒋介石公开宣称“四维八德”是对总理“三民主义”思想理论的继承。

③ 何干之．近代中国启蒙运动史．上海：上海三联书店，1938：236.

倡建立以尊重个人权利、利益、自由等为基础的道德，都会被视为不合时宜。

(五)新中国成立初期学校教育"新民德"盛极一时

新中国成立伊始，党和政府在清理学校旧德育的同时，也十分重视新德育的创建工作，大力倡导新思想、新风尚，宣传"五爱"教育，并在新思想、新风尚教育中将全国人民夺取政权后的欢欣鼓舞汇聚成一股建设新社会的力量。高亢、雄壮便是全体国民崭新精神面貌的"合照"，以至于有学者称赞新中国成立初期学校德育呈现出"开国贞观"的景象。[①] 但事实上，与其说是学校德育在培养国民崭新精神面貌方面发挥了重要作用，还不如说是新中国成立初期的社会新风尚、新气息成就了当时的学校德育，或者说二者相得益彰。

与此同时，新政权也很重视进行政治思想教育工作，且随着时间的推移，思想政治教育在学校教育中地位日益提升，逐渐将国民公德教育代替，以至于学校教育越来越强调学生的政治品质，强调阶级意识与觉悟，强调日常生活中的道德品质，将其上纲上线，将复杂的社会生活简化成政治品质问题看待、解决。

社会公德问题的本质是社会制度合乎正义的安排与伦理建构。新中国成立初期社会新风尚的形成，很大程度上得益于人们对新的社会制度和社会生活的向往。正是这种对正义的制度的期盼唤起了国人巨大的热情和献身精神，使得全国上下形成了万众一心的局面。这是新中国成立后党号召、倡导的政治意识形态容易为学校学生所认同、所接受的一个重要因素，也是社会新风尚能形成的一个重要基础。

总之，新中国成立至 20 世纪 50 年代中期后，由于经济的稳步发展，政治民主的逐步推进，良好的文化建设氛围，更为关键的是，共产主义理想的支撑与引导，基于此，引导全国人民"爱祖国、爱人民、爱劳动、爱科学、爱护公共财物"，无疑事半功倍，社会风尚自然焕然一新，甚至整个社会再现了"夜不闭户，路不拾遗"的良好社会秩序；社会道德面貌相对旧中国有了很大改观，共产主义道德观念初步确立。

(六)改革开放后学校教育"新民德"机遇和挑战并存

改革开放以来，经济体制的深入变革，促进了人际交往的日益社会化，

---

① 孙少平．新中国德育50年．福州：福建教育出版社，2000：13.

社会公共生活越来越发达，从而使得人们对公德的需求陡然增强。回溯历史，不难发现，在"以阶级斗争为纲"的年代，社会基础文明一直被视为小节，受到忽视；在战乱频仍的年代，社会公德也是无暇顾及。当然，最关键的是，我国近代至改革开放前，传统的小农经济一直是经济中的主导力量，人们的生产首先是为了满足自我消费，人与人之间的交往还是比较封闭，主要限于"熟人圈"，对建立在公共生活基础上的社会公德的需求不高。而开放的社会带来社会生活的开放性，使道德体系不断突破旧有的亲疏关系，而倾向于基于平等观的契约伦理和责任伦理以及关乎社会正义（公正）的伦理价值观。因此，社会公德需求的增加以及市场经济发展带来的日益发达的现代城市生活，为学校教育"新民德"创造了前所未有的条件。

机遇和挑战往往并存。改革开放不仅推动了经济发展的突飞猛进，而且还打破了以往封闭、闭塞的生活状况，把现代社会变成了一个多信息源的社会。学校对学生来说，已不再是唯一的或者主要的信息来源。其中，对学校德育冲击最大的就是多元价值观的出现，这使得社会心理和文化认同变得更为艰巨。在这种形势下，再欲意通过学校教育对学生进行特定价值观的灌输，可以说很难取得实效。而 20 世纪 90 年代中后期以来电子技术、网络的迅速普及，对我国学校德育的冲击力更是难以估量。早在 20 世纪 80 年代初，鲁洁教授就曾指出：既然无法把学生封闭在学校的围墙之中，那么，学校的信息必然就会在与来自校外的信息发生相互作用的过程中对学生产生影响。换言之，要使学校的信息产生预期的效果，就不能不把社会信息作为与之相联系的统一体来加以考虑……总之，当代教育的任务，不仅在于使学生"理解"它自己所提供的"读本"，而且还要使学生"理解"社会所提供的"读本"。①

二、异域借鉴：发达国家社会公德培养的启示

就"形而上"的事物而言，无所谓天然生成。因此，社会公德发达的国家也一定存在着公德的后天培养或者说建设过程，其自然也一定存在着值得我们学习、借鉴之处。

① 鲁洁．新的科技革命和思想品德教育//教育学文集·德育．北京：人民教育出版社，1991：42—43.

(一)日本社会公德建设的启示

日本也是作为后进国家逐步走向现代化的。而且可以肯定的是，日本在关注社会伦理建设之初，其社会公德现状也和中国一样糟糕，如日本近代文学家谷崎润一郎(1886—1965)在《漫话旅行》一文中，就曾生动地描写了每次乘坐火车时因绝大多数乘客公德心的缺乏而使人产生的不愉快。[①]

> 我每次乘坐火车感到不愉快的，便是乘客缺乏公德心。……从国民在火车里的形象来看，说什么"亚洲盟主"，什么"三大强国之一"，而"一等国民"竟是这种样子实在无法想象。……就以一件小事为例，无论是到餐车去或是上厕所，没有一个人会顺手把通道的车门关紧的。在寒冬腊月，车门即使打开一条小缝，北风也会呼啸而入，何况坐在厕所旁边的乘客，更要饱受臭气的侵袭，这是不言而喻的。可是人们进进出出之后只是顺手"砰"的一声把门带上，从来不会回过头看看有没有关紧，所以总是留下一、两吋的缝隙，不得不由别人替他再关一遍。坐在出入口附近的乘客最倒霉，往往要千百次地替人关门。虽然十分恼火，也不得不干，因为如果置之不理，那么寒风和臭气袭来，自己便首当其冲，只有忍气吞声地服务。虽然任何人都会碰到这种倒霉的事情，可是轮到自己进进出出时，也是"砰"的一声，不管别人死活。最叫人气愤的是人们从餐车归来，吃饱喝足，嘴叼牙签，络绎不绝从车门通过，还说什么最后的(人)不要关门，还会有人过来，结果车门一直打开，令车门附近的乘客啼笑皆非。此外，火车上的厕所都有冲水设备，而且墙壁上用斗大的字体写道："便后冲水"，可是真正这样做的人连百分之一也没有。不仅如此，洗脸间的脸盆，总是满满地存着洗过脸的污水，只有等后来的人替前面的人把水放掉才能使用。这种作风就像大便后不擦屁股一样，先不说什么"公德"这样艰深的道理，就是从常识来考虑也是应该懂得的。然而对于这种现象，谁也不觉得惊讶，更不感到羞耻，这不能不说是十分不可思议的"文明国民"。

如果不观照作者情况和文章发表的时间，上述描写可以说简直就是我国当前火车的"现形记"——想必每一位乘过火车的中国人都有切身感受。其实，谷崎润一郎的文章发表于1935年，描写的是70多年前日本国民的公德状况，

① 陈弱水．公共意识与中国文化．北京：新星出版社，2006：246.

现在已成为历史。目前，日本的公德现状属于发达国家水平，这一点不容置疑。使我们好奇的是，跟我们中国只“一衣带水”之隔的日本是什么时候开始注重公德建设的？又是通过哪些途径取得公德建设的显著成效的？

事实上，日本公德建设起步并不比中国早多少。前文已记述，“戊戌变法”失败后，梁启超逃往日本，在日本深受启发，以至于自1902年始连续发表以“新民德”为核心内容的《新民说》。为什么其时梁启超在日本会受到公德建设的启发？那是因为当时日本社会对“社会伦理”(公德)建设的关注和研究正如火如荼，这从一个侧面也直接说明了20世纪初日本的社会公德状况存在着严重的问题。道理很简单，不成其为问题的问题，何以会引发众人的关注？

明治三十年代，即19、20世纪之交，日本出现了一个讨论和宣扬社会伦理的热潮。这个热潮的核心议题就是公德，而且尤以明治三十四年(1901)为顶峰。明治三十四年元旦，《读卖新闻》头版头条昭告该报该年要努力的目标是“为公德养成与风俗改良尽微薄之力”，其后连续八天，该报的头版头条都刊有公德问题的论说或事例。从一月到四月，《读卖新闻》共登载了150个有关如何培养公德的实例，报社同时开办一连串的“公德养成风俗改良演说会”。明治三十六年(1903)，《读卖新闻》将报上刊载的150个例子精减至130个，连同演讲会记录和当时若干有关公德的论述，汇集成书出版，取名为《公德养成之实例——附英人之气风》(附录部分为该报在明治三十五年所刊载的132篇有关英国风气的访谈记录)。[①]《读卖新闻》的努力还只是其中的一环。当年还有其他报刊刊登甚至结集出版的有关公德议论的论文若干。借用《公德论的终局》一书的作者的话所言，当年东京一地的几十家报纸杂志，大概没有不曾介绍公德观念的。由此可见当时的日本知识界对公德问题探讨的热烈程度。随后，公德问题也引起了整个日本教育界的深切关注。当年日本全国联合教育会在东京召开，该会就在小学、中学培养公德的提案达成决议——委托帝国教育会制作公德歌曲。

明治三十年代关心社会伦理的潮流，对第一次国定修身教科书颇有影响。日本文部省于明治三十三年因应国会要求编纂国定小学校教科书的议案，于该年四月成立修身教科书调查委员会，着手编写事宜，明治三十六年(1903)底完稿，次年开始使用。在这套教科书中，无论寻常小学堂或高等小学堂的

① 陈弱水．公共意识与中国文化．北京：新星出版社，2006：216.

教材，社会伦理都占了很大的比重。第一次国定小学修身教科书编写时，梁启超正在日本，他看到这套书的编纂资料，对社会伦理所占比重之高，印象非常深刻。所以，他的《新民说》充当了早期公德观念介绍到中国的最重要的媒介。

从时间来看，中、日两国关于公德建设的起步相差无几。那么，为什么一个世纪后，中、日两国公德建设结果对比如此悬殊？考察其原因，大致有以下几个方面：其一，梁启超当年在日本见到的情况，其实是社会伦理意识在日本酝酿几十年的成果，而并不是一石激起的千层浪；其二，日本当时关注的是社会公德，而梁启超介绍到中国时，因国情的需要，他侧重的是民族国家为本位的爱国心、国家意识等，并且在以后的相当长历史时期内，因救亡图存的需要，中国无论是政界，还是思想界、教育界都经常发生类似的偏离；其三，日本一直比较注重学校、家庭、社会共同协作的道德教育网络；其四，日本明治维新时期的思想启蒙、战后经济的腾飞和政治民主进程为社会公德的建立打下了基础。鉴于前两个方面，前文已泼墨较多，下面主要就后两方面的内容稍作阐述。

1. 社会公德建设具有良好的经济、文化、政治基础

1868 年 4 月，明治政府提出了“富国强兵”“殖产兴业”“文明开化”全方位启动现代化的三大政策及奋斗目标。明治晚期的公德观念跟“文明开化”一脉相承。明治中期，在“殖产兴业”政策提供的物质基础上，为了实现富国强兵的梦想，思想界肯定物质利益和人性欲望、追求自由平等独立的启蒙伦理思想得到了广泛传播，自由民权运动高涨，为资本主义的改革发展大业提供了良好的国民心理准备和舆论环境。自 19 世纪 90 年代，随着日本资本主义的迅猛发展，“富国强兵”目标的逐步实现，社会伦理逐渐引发关注；与此同时，日本法西斯主义也甚嚣尘上。20 世纪初，日本掀起了公德建设探讨的热潮后，社会伦理德目便在第一次中小学修身教科书中占有重要分量，这表明这方面的价值观获得稳固的传播渠道。但是，至明治四十三年(1910)，第二次国定修身教科书开始使用时，皇国主义、家族国家思想已经大盛行，受到家族伦理与臣民伦理内容的排挤，社会伦理在教本中的分量减少，但还是有接近 1/4 的比重①。这虽然表明，从 20 世纪初始，社会伦理已成为日本文化中确立的价值，但法西斯主义路径的选取，决定了日本在其后的几十年时间内会把更

① 陈弱水．公共意识与中国文化．北京：新星出版社，2006：232.

多的精力放在有利于军事扩张的日本国民的品德培养方面，这不仅给思想界，同时也给学校教育领域投下阴影。不难看出，直到第二次世界大战结束，日本的公德建设可以说并没有取得令人瞩目的成效。

第二次世界大战结束后，日本政府在美国占领当局的控制下，推行了"民主、自由"政策，如遵照美国当局的指示，发布《关于民权自由的指令》，将明治时期制定的《大日本帝国宪法》修改为《日本国宪法》。此外，《教育基本法》《学校教育法》等陆续颁布实施，旨在以法令主义代替敕令主义，以和平民主的教育代替军国主义、国家主义的教育。总之，在"民主、自由"的氛围中，以美国文化为首的大量西方新思潮，以及战前各种备遭打击、压抑或扭曲的伦理流派得以在日本思想界争奇斗妍，以西方社会公德为参照的社会伦理建设自然也成了"香饽饽"。

2. 学校、家庭、社会共同协作的道德教育网络

学校德育一直是日本"教化"国民的重要阵地，最能鲜明地体现统治阶级的意志和要求。不过，日本政府也深知，道德教育是一项庞大复杂的系统工程，并非仅靠学校教育就能完成，还必须借助家庭教育和社会的力量。对于国民公德的培养也不例外。

在战后之初提出的教育重建政策中，日本文部省把振兴公民教育作为其中最为重要的内容之一。废止修身科、设立公民科，但事实上由社会科担任公民教育的主要任务。社会科教育的目标主要是培养民主和平国家、社会的公民资质，这主要是指生活在社会中的个体的权利，以及如何正确行使这一权利，如对他人的尊重、对国家社会应尽的义务和责任等；后来，公民教育课程内容逐渐走向综合化，如日本在1989年修改的中小学教学大纲中规定：道德教育的目标，是把尊重人的精神和对生命的敬畏之念体现在家庭、学校和社会的具体生活之中，为培养作为创造富有个性的文化、致力于民主社会和国家的发展，主动为和平的国际社会作出贡献的具有自主性的日本人，培养作为其基础的道德素质。总之，日本学校公民教育的关键是培养学生理解社会生活，培养正确的社会态度。

公民馆是日本战后开展社会教育活动的中心设施，最初普设于乡村，是"集社会教育、社交娱乐、地方自治、振兴产业、教育青年等目的为一体的综合设施"，与乡村居民日常生活息息相关，为他们"自我教育"和"相互教育"提供了公共场所；20世纪60年代，日本的经济发展由振兴步入腾飞阶段，出现了前所未有的“城市化”和“工业化”现象，于是，早期主要兴建于乡村的公民馆逐渐走进城市，成为城市居民学习文化和开展娱乐活动的场所。同时，城市居民的主权意识也随着经济的腾飞和城市民主运动而觉醒，于是，公民馆从以前关注居民衣食住行转向议论国家大事、探讨社会问题、关心公益的公共场所。也就是说，公民馆在战后先后为乡村居民和市民提供了公共活动空间，对培养公民意识和公德发挥了重大作用。

战后，家庭德育作为社会德育的一部分并与社会德育一起受到了高度重视。1945 年 11 月，文部省指出：家庭是教育的场所，父母的自觉教育是确立国民道义的源泉。全社会民主、自由的氛围也渗透到了家庭教育中，使得家庭教育在尊重子女的个性，培养独立性、合作精神以及各种日常生活道德规范方面起到了积极作用。

(二)西方国家社会公德建设的启示

美国以及不少西欧国家是率先迈入发达国家行列的，而且促使其由传统向现代转型的动力主要来自社会内部，是一种自发的过程，所以，相较于后继发展中国家的现代化进程而言，它们往往显得从容、缓慢、稳健、和谐。目前，美国和西欧发达国家的社会公德建设水平在全世界都是有目共睹的。这些国家社会公德建设成功的秘诀又是什么？

1. 商品经济的发展是基础

商品经济与社会公德具有内在统一性。“人们自觉或不自觉地，归根到底是从他们阶级所依据的实际关系中——从他们进行生产和交换的经济关系中吸取自己的道德观念。”[①]在商品经济(市场经济是同比较发达的商品生产和交换相联系的一种经济体制和运行机制)社会，商品生产的目的，不是满足生产者自己消费，而是用来交换。商品交换一方面大大拓展了人与人之间交往的时空范围；另一方面提出了交换主体双方建立平等公正的合作秩序的需要，因为市场主体的利益要通过商品交换来实现，这客观上要求市场主体必须把追求自己的利益与交换方的利益结合起来。因此，商品经济不仅使人与人之间的关系更密切，交往更多，活动范围更广，而且有助于人们树立开放、公平、竞争、效益、进取、惜时等思想观念。

其实，东西方社会公德建设都包含于道德从传统走向近现代的转型过程

---

① 马克思恩格斯选集(第 3 卷). 北京：人民出版社，1972：133.

中。对西欧发达国家而言，文艺复兴和启蒙运动在其道德的近现代转型中具有决定性意义。而文艺复兴和启蒙运动得以产生和发展的根本原因则在于资本主义经济的发展，如文艺复兴滥觞于意大利，主要因为资本主义经济最早萌芽于意大利。

总之，商品经济作为一种完全与自然经济（农业经济）相异质的经济组织模式，变革了资源配置模式，也改变了人们需求满足的方式，彻底改变了传统社会结构，因而也彻底重建了社会伦理秩序模式。

2. 社会心理和文化认同是关键

众所周知，文艺复兴和启蒙运动的广泛性、深刻性、持久性为西欧奠定了民主、自由、平等、崇尚个性解放的文化传统。文艺复兴运动作为思想解放运动，其主导思想是人道主义。人道主义是资产阶级思想家们提出的道德原则，其基本精神是用“人性”否定“神性”，用“人权”对抗“神权”，提倡个性解放和思想自由，颂扬现世生活的幸福和人生价值，反对宗教禁欲主义和“天国幸福”的幻想。人道主义作为资本主义社会的道德原则，其实质就是资产阶级个人主义和人本主义。近代西方社会的天赋人权、法律面前人人平等、独立、自主、负责等价值观都是尊重个人主义和人本主义的衍生物。启蒙运动是继文艺复兴之后的第二次思想解放运动，它在思想上和道德上有力地冲击了封建专制主义和天主教会，追求的是自由平等。就美国而言，它本身便具有个人主义和自由的传统，而发生于1896—1917年的进步主义运动，逐渐在全社会重新确立了新个人主义的主张，主要表现在：由自由竞争走向合作、依存；由机会平等转而关注起“结果平等”的合理性；由“缩小政府职权以保证个人自由”的传统自由观念走向“政府干预是个人自由的保障”的新自由观念等。总之，在文艺复兴和启蒙运动的发起和深入过程中，西方人与之相关的思维方式、价值取向和心理态势都逐渐趋同，并内化成为一套稳定的价值观，即具有科学、民主、自由、平等的人文主义特征的价值观；美国也重新确立了新个人主义的价值观。在此基础上，社会公德建设几乎是事半功倍。

3. 民主进程是强有力的助推器

其实，所谓的国家现代化一般主要指经济工业化和政治民主的高度发展。所以，对西方发达国家而言，它们在追求现代化的过程中，政治民主的发展与经济工业化以及人的现代化几乎都是同步的、一致的。政治民主发展的反映主要有两个方面：一是这些发达国家都是法治社会，公德建设有相应的制度保障，毕竟有些公德确实需要用法制来强化，从这个意义上讲，西方人社会公德意识强与西方法治社会的确立不无关系；二是民主还具体表现为人们的一种生活方式，一种生活理念，与西方偏爱自由的观念相通。而发展中国家在追求现代化的过程中，关于民主政治进程的推进，几乎都停留在表面的照搬西方国家的政治制度方面，其实质就是追求多党制，这种民主政治的最直接后果是种族纷争和社会的动荡不安。

4. 重视学校公民教育

经济、政治、思想文化只是公德建设的一些关键因素，而学校公民教育才是系统稳定的培养学生公德意识与公德心的主要途径。所以，这些发达国家的学校教育中开设有公民教育课程，以及与之相关的课程(如历史和社会科等)。如美国1991年颁布公民教育大纲，1994年制定了专门的公民教育课程《公民学与政府》。自此，美国学校从幼儿园到12年级都要求对学生进行公民知识、公民技能和公民性格教育；公民教育的目标是培养“宪政式民主政治所需要的有能力负责任的社会、政治参与者”；自由、民主与责任是其公民教育的基本价值取向。美国的学校公民教育除了直接、专门的公民教育课程《公民学与政府》以外，还有历史和社会科等相关课程；尤其值得一提的是，在美国，互动、参与性的课外活动是公民教育的必要补充。此外，西方的宗教也对社会公德的养成起了重要作用，许多道德的养成是宗教熏陶的结果，而不仅仅是靠政府的提倡和学校的教育。

(三)反思我国学校教育“新民德”的机遇

从以上发达国家社会公德建设的成功经验中，我们得到证明：无论是率先进入发达国家行列的，还是后继赶上现代化的新兴主权国家，它们的社会公德之所以发达，与其经济发展、政治民主和广泛的社会文化基础是分不开的。此外，我们也发现，这些国家都很注重通过学校公民教育从小培养孩子的公民意识和公德心等，而且家庭和社会都给予了大力的配合。

反观近代中国的世纪进程，其实出现了好几次有利于学校教育“新民德”的重大转机：一是南京临时政府时期；二是五四时期；三是“抗战”时期；四是新中国成立初期。但很可惜，我们没有把握住这些机遇。下面分别就各阶段的情况作一简要追叙。

1. 南京临时政府的魄力

就社会整体道德状况而言，民初可谓是一个道德失范严重的时期，不过，正所谓“塞翁失马，焉知非福”。辛亥革命的胜利，使得封建传统政治因王权的崩溃而瓦解，进而文化秩序也随之被打破；此外，前期戊戌启蒙思潮到底还是给中国社会注入了一些民主、自由、平等、人权等资产阶级道德观念；再加上民主共和国的建立带给人们心理暗示效应，如此等等，的确可以算作是道德破旧立新的一个好机会。而其中，南京临时政府革故鼎新的魄力又对学校教育“新民德”起到了推波助澜的关键作用。从《中华民国临时约法》对言论、集会、结社、出版等自由权限的规定所带来的报刊林立、社团勃兴、公民政治参与热情焕发；从南京临时政府颁布的一系列其他法令对旧社会留下来的各种不平等关系、等级制度的清除，到断发易服、变称谓、改礼节、崇法律等，都体现了南京临时政府努力建设民主共和国的决心。在革命政府的提倡下，民主平等的社会新风初见端倪。正如当代历史学家所评论道：“尽管如此(引者按：变化不够彻底)，南京临时政府在除旧布新方面所公布的各项政令，提倡的廉洁奉公、平等待人的新风，还是有力地触动了封建社会的陋习，具有解放思想、移风易俗的作用，对以后历史的发展有着深远的影响。”① 亲身经历了辛亥革命的黄炎培也回忆道：“社会风俗人心，从某部分看来，辛亥以后和以前大大改变了。所有卑贱、颓废、放荡行为，有些减少，有些完全消灭了。”②

与此同时，南京临时政府教育部首先确立了以公民道德教育为核心的“五育”并举的教育方针，并据此公布了一系列教育法令、法规，如《小学校令》《中学校令》《小学校教则及课程表文》《中学校令施行规则》《普通教育暂行办法》等，从教育宗旨、课程内容、教材编写、教学法等各个方面与培养民主、平等、独立、合群等资产阶级国民道德挂钩。

总之，在这个历史转折关头，政府的“有为”和社会人心的变化对学校教育“新民德”的铺垫，与第二次世界大战结束初期日本推行“民主、自由”政策对日本公民教育的影响之情形，不相上下。但可惜的是，中国没有把握好这个机遇。

2. 五四时期与旧道德决裂的勇气

新文化运动给五四时期的整个思想界、甚至整个社会都带来了自由、民

---

① 胡绳武，金冲及．辛亥革命史稿(第4卷)．上海：上海人民出版社，1991：43—44.

② 黄炎培．我亲自经历的辛亥革命事实//中国人民政治协商会议全国委员会文史资料研究委员会．辛亥革命回忆录(第1集)．北京：中华书局，1961：68.

主、宽松的氛围。正是由于五四知识分子坚决反传统的勇气、不与封建旧道德作哪怕一丁点儿妥协的姿态，使得民主、科学精神深入人心，各种主义、思潮纷纷涌进，社会风气大开。传统的家族制度逐渐式微，建立在自由爱情基础上的婚姻日渐风行；青年人竭力强调他们在社会中的独立人格和权利；妇女开始从传统伦理、社会和政治的桎梏中解放出来；男女合校；学生运动抬头；城市居民政治活动增加和劳工问题逐渐突出；农民不安分意识增长；中国共产党及其他政治、社会集团诞生；国民党改组……用文字回忆这段历史，都能让人感受到五四时代脉搏的跳动！新文化运动是一场前所未有的思想启蒙运动、思想解放运动，使五四时期的社会道德不断"推陈出新"：不仅传统儒家宗法伦理被打倒、踩碎，就连以尊重个人权利为基础的自由、民主、独立的资产阶级道德观念也因马克思主义的传入和传播而逐渐让位于"平等""互助"的社会主义(共产主义)道德价值观。

五四新文化运动是一场类似欧洲的文艺复兴和启蒙运动。五四时期虽然不是一个全民觉醒的时期，但至少是一个全国知识分子普遍觉醒并逐渐带动下层劳动人民觉醒的时期。如果波澜壮阔的新文化运动不是很快化作细微的涟漪，如果 1935 年到 1937 年由部分左翼文化人发起的"新启蒙运动"能够继承五四新文化运动的职志，持续深入开展下去，把建设一个现代社会的运动转变为有着广泛社会群体和社会阶层共同参与和推动的社会变革……那么，社会公德作为文化中确立的价值的可能性就要大大增加。

3. 抗战时期的万众一心

随着日本对华侵略的扩大和加深，中国人的愤怒也在一天天积聚。"七七"事变的爆发，使得中国人民对日本帝国主义的野蛮侵略行径再也无法容忍了！"凡有血气者无不同声忿恨"，不容轻辱的民族精神也随之迸发！面对苦难，人人开始承担起民族觉醒的重大责任：国内政治整合达成，抗日民主统一战线确立，民心汇聚。人们不分男女老幼，地域不分东南西北，全民皆兵——不仅军人上战场拼搏，而且富商巨贾、知识分子、贩夫走卒，他们或集资劳军，或奔走呼号……将积累了数十年的愤怒化成坚不可摧的救亡意志和悲壮的牺牲精神。

抗日战争时期，国难当前，政治、经济、文化无不为抗战服务，所以，爱国主义精神才能得到全面的发扬。政治上的民主统一战线自然不必多说。在经济方面，被迫退守西部地区的国民政府实行的是战时经济统制政策，这主要是从反侵略战争的需要出发，客观上也推动了西部经济的发展。正如史全生编的《中华民国经济史》①一书指出：“在某些具体方面的管制是必要的、有积极效果的。”但根据当代学者王建朗对抗日战争时期的民主的研究：在战争的硝烟中，互相对立的集权和民主趋势各自获得了新的发展动力。民主运动的发展虽然达到前所未有的规模，国民党的集权也达到了前所未有的程度。② 然而，中国共产党从抗日的大局出发，高风亮节地表现出对处于积极抗战时期的国民党适当集权提高效率一定程度的认可。在文化方面，抗战时期置身战争洪流的广大文化工作者，以弘扬爱国主义精神和强化民族解放意识为主题，宣传、奔走、呼号、演出，愤怒谴责日本侵略者的罪行，呼吁全民总动员，团结一致共同抗日。总之，在整个抗日战争时期，全民族的抗日爱国行为受统一的思想指挥，按统一的规范行动，都统一在爱国主义精神这面大旗下。可见，爱国主义精神有全民性。③

如果抗战胜利后，中国能按照民心所向——走和平民主建国的道路，并且充分利用抗战所激发的国民精神资源，如对爱国主义旗帜下的民主、团结、奋进之势加以引导，岂不是很利于成就社会公德建设大业?

4. 新中国成立：国民精神的亢奋

新中国成立有着良好的政治、经济、道德面貌开端。新中国的成立本身就是一件具有政治思想道德教育意义的题材。首先是喜悦和激动在党和广大人民群众之间产生了强烈共鸣。由于抗日战争和解放战争的全民参与性，新中国的成立对广大人民群众而言才具有分享的价值。没有参与，就不可能体会到新生政权的不易，就不能够全面分享刚获得新生政权的喜悦。其次是新生政权使人民群众产生了对美好生活的期望，人心思进。总之，在举国欢腾的时刻，人民群众翻身当主人的自豪感极尽挥洒与洋溢，主人翁感空前强烈，对社会政治生活表现出了前所未有的参与热情。新生政权的“新面貌”也极容易给人民群众心理暗示，使全民产生高度的道德自觉。可以说，新中国伊始全民处于一种精神亢奋状态。

随着进一步经济体制改革政策的贯彻执行，如农村土地改革——“平均地

① 史全生．中华民国经济史．南京：江苏人民出版社，1989.

② 王建朗．浅议抗战时期民主进程中的几个问题．史学月刊，2004(1).

③ 徐梁伯．从抗日战争看爱国主义的全民性本质．中国现代史，1997(5).

权”，广大农民群众终于实现了梦寐以求的“耕者有其田”，怀着对“共产主义”社会的美好期望，他们欢欣鼓舞地投入到国家生产建设中；对于城镇经济的恢复，新政权也采取了一些必要的非常措施，如掌控了国营经济并以此为基础，着手建立了一系列市场管理制度，严厉打击投机倒把活动；在统一全国财政经济工作的同时，建立了国家高度集中统一的财政经济管理体制；加强了以水利、交通为重点的经济建设等，在新政权的领导和全国人民的共同努力下，至1952年年底，国民经济各方面，包括工业、农业、交通运输、国内外贸易等都得到了全面的恢复，人民的生活水平也得到了一定的提高。

从新中国成立到“文化大革命”爆发前的这段历史时期的社会道德面貌，迄今仍还让那些对此有记忆的老人念念不忘。当然，他们的溢美之词也是有据可依的：这不仅可以从雷锋、王进喜、焦裕禄、时传祥、邢燕子等社会先进典型的模范事迹和行为上得到充分的证明，就是在当时的许多老百姓身上也能得到普遍反映，很多人也的确是“带着一颗红心”“不计个人得失”地响应国家号召，积极参加国家建设，而且对自己为祖国做出的牺牲感到无上光荣。“对于集体主义曾经产生的这一巨大魅力和人民为践行集体主义道德所作出的巨大奉献，任何后来人都无权加以抹杀。”①也就是说，这段时期社会整体道德面貌不错，关键在于有共产主义理想的支撑，在实践层面又主要表现为两个方面。

一是社会政治、经济和文化的共同配合。中国共产党以共产主义社会作为共同奋斗的目标，集体主义经济体制被认为是向共产主义社会过渡的经济体制，政治上高度集中统一，文化上宣传马克思的共产主义文化、共产主义理想、价值观等，也就是说，整个社会都共同配合了共产主义意识形态的宣传。

二是道德教育具有全民性。从《共同纲领》把“五爱”规定为全体国民的公德；到人民政府用思想改造(第一次是1950年开展的政治启蒙运动；第二次是1951年以“五爱教育”为中心的大规模的思想改造运动；第三次是1953年开展的社会主义思想改造运动)来对接管和改造学校德育工作进行大力配合，促使学校德育工作由旧质向新质的转变；到所有重大政治运动，都让中小学

① 龙静云．新中国成立以后三十年我国坚持集体主义的经验教训及其启示．华中师范大学学报(人文社会科学版)，1997(1).

师生参加；到学雷锋运动；再到集体化运动过程中用“忆苦思甜”教育来进行共产主义教育……都是把学校道德教育和社会道德教育结合起来，成人道德教育和儿童道德教育结合起来的形式，正因为道德教育的全民性，所以产生了良好的效果。这一时期的学校教育与整个社会大环境的教化可以说是高度一致的，所以，学校德育效果也比较理想。

当然，应该指出的是，这一时期整个社会的价值观是单一的、统一的。此外，令人遗憾的是，与前述历史时期一样，这段历史时期的社会公德仍然未受到应有的重视，“新民德”再次错失良机。

第二节　学校教育“新民德”：一个未完成的历史课题

事实证明，公德需要建立在能够产生自由平等意识和带来发达的社会公共生活的商品经济基础上，需要民主政治制度的保障和实践公民的机会，需要思想启蒙奠定与之相关的广泛的社会文化基础。与其他发展中国家步入现代化的历程相似，我国“由于市场发育迟缓，民主政治体制不健全，大众社会参与意识淡薄，社会契约关系没有得到社会的广泛认同，因而也就没有形成现代社会所需求的现代人格和现代品质及其成长和发育的土壤”。① 但是，从另一个角度而言，“不积跬步，无以至千里”，任何事情都不可能一蹴而就，发达国家的社会公德建设也并非在所有宏观条件成熟的情况下一步到位，而是在与政治、经济、文化相互作用过程中渐进完善；并且，社会公德建设不是一劳永逸的，为了使公德精神代代传递，即使是目前公德水平已经很高的发达国家也非常注重学校公民教育这条途径。

与近代中国历史进程的特性相关，我国学校教育“新民德”的世纪进程呈现出“一曝十寒”的特征，以至于迄今为止，社会公德仍遍遭非议。就当前客观条件而言，总体上和平民主的国内外政治环境、稳步增长的经济基础和文化开放带来的多元价值观的竞争和选择，较学校教育“新民德”发轫时，已经大相径庭。所以，学校教育“新民德”自身应该好好抓住这一难得的历史机遇，积极迎接挑战。

① 牛昉，陈利．论人的现代化的艰巨性和深刻性．延安大学学报(社会科学版)，2000(12)．

一、学校教育“新民德”之中心：国家公德让位于社会公德

自清末“新民德”思想萌芽，直到改革开放前，似乎政治斗争一直都是近代中国的中心任务，而其他一切无不为之服务。因此，学校教育“新民德”所存在的最突出问题，就是以民族国家为本位的国家公德一直占据学校教育“新民德”的中心地位。如今，国家公德是否应让位于社会公德？

学校教育“新民德”的出发点是救亡图存的政治目的，这首先奠定了学校教育“新民德”的基调：在民族民主革命未完成以前，学校教育“新民德”要侧重战时国民公德的培养，即以民族国家为本位的国民公德，而不是西方社会盛行的以个人为本位的社会公德。国民公德并不专指爱国心的培养，而是针对我国民族民主革命任务的艰巨性这一特殊政治需要，强调个体利益对于团体(群体、国家、整体)利益的增益，甚至是个人利益的牺牲。

换言之，近代中国在学习西方培养国民公德心的过程中，因为政治斗争这一时代任务的影响，使“新民德”在相当长的历史时期内都偏离了它的本质：群(整)体主义价值观得到强化，对个人利益的尊重长期不见天日。关于这一点，我们可以从不同时期所提倡的“新民德”的具体内容上得到证明。清末民初，“善群”“利群”“合群”其实是此阶段“新民德”的主要标准，如严复提倡的“新民德”就是要培养人民的爱国心、社会公德和提高人民的文化素质，① 认为在中华民族存亡的关键时刻，“小己之自由，非今日所急，而以合力图强”。② 梁启超的《新民说》进一步阐释了“能善群者存，不善群者灭”的思想，他直接把是否利群作为衡量有无公德的标准，“是故公德者，诸国之源也。有益于群者为善，无益于群者为恶，亦曰利群而已”，③ 而“无公德则不能团”。④ 民初蔡元培对公德的解释更是上升到“公益”的高度。蔡元培认为，公德就是要求在博爱的基础上“益美善其社会”，仅有博爱未能尽乎公德，因为它无以求进步，无以图长远。只有图公益，开世务，以一人而造福于亿兆，以一生而遗泽于百世，这样才能称得上公德。⑤ 因此，这一时期的公德教育思想基本上是

---

① 张锡生．中国德育思想史．南京：江苏教育出版社，1993：630.

② 张锡生．中国德育思想史．南京：江苏教育出版社，1993：630.

③ 梁启超．论公德//中国启蒙思想文库(新民说)．沈阳：辽宁人民出版社，1994：21.

④ 梁启超．论公德//中国启蒙思想文库(新民说)．沈阳：辽宁人民出版社，1994：16.

⑤ 蔡元培．国民修养二种．上海：上海文艺出版社，1999：58.

围绕培养国民爱国心的展开，强调个体对群体的增益，而不是强调人与社会交往过程中对个体生命、财产、名誉等权利的尊重。就连五四时期，“个人的觉醒”也是转瞬即逝，诚如学者高力克指出，五四“个人的觉醒”只是“民族觉醒”的曲折表现，个人始终没有成为与国家相对立的独立的价值。① 抗日战争时期自不必言。新中国成立初期为树立共产主义意识形态，爱国主义、集体主义也是高扬的主旋律。

在战时的环境下，以民族国家为本位的国家公德具有不容置疑的正当性和恰当性。但是，“战时”对社会发展而言，毕竟属非常态，那么，国家公德在社会常态下(即和平时期)的普及性意义有多大？个人观点是，国家公德总体上属于政治化道德，在民族民主革命时期，由于当时的工作重点是战争，为了救亡图存的需要，学校德育的首要任务当然是必须肩负政治动员的责任，即必须高举国家公德的旗帜。但是，在战争结束后的和平建设时期，学校德育的重点应从过分泛化、过度政治化的非常规德育走向以道德教育为核心和基础的常规的学校德育。进一步而言，学校教育“新民德”的中心应让位于社会公德。

关于社会公德建设，学者陈弱水有个观点比较令人信服，值得学校教育“新民德”借鉴、参考。陈弱水借鉴当代英国思想史家以赛亚·伯林(Isaiah Berlin，1909—1997)把自由区分为消极的自由与积极的自由的做法，他把社会公德从性质上分为两类，即消极性的社会公德和积极性的社会公德。所谓消极并没有负面的意思，而是指“不作为”“有所守”式的社会公德行为，而积极性的社会公德行为则是指“有所为”的行为。虽然这两者都不可或缺，但在个人行为上，似乎消极面经常具有优先性和重要性。举例来说，对于火灾，是鼓励人们参加自愿性的义勇消防队去救火重要呢？还是要求人们在日常生活中自觉遵守防火规定，减少火灾的发生更为重要呢？又比如，要保持人们周边生活环境的卫生，是鼓励人们义务清扫更有效呢，还是抑制扔垃圾、倒污水的行为更为重要呢？答案显然是后者。的确，从中国人的公德现状来看，虽然也不乏一些道德先进分子表现出诸多积极性的公德行为，但对于大多数国民来说，最缺乏的是对消极性公德规范的遵守；再从中西文明比较的角度来看，国外指责当代中国人公德意识缺乏的主要表现是大声喧哗、随地吐痰

① 高力克．五四启蒙的困境：历史与价值之间．浙江学刊，1999(2)．

甚至大小便、上下火车和飞机时前拥后挤等行为，这些恰恰是“有所守”的消极公德素质，而并非中国人没有爱心，活雷锋少等积极公德素质。因此，在现代社会，“公德最核心的内涵就是，公民在日常生活中应该避免损害公众的集体利益以及其他个别社会成员的权益，公德是一种不作为性、消极性、有所守的行为，它要求人们不要为自己的利益或方便而伤害陌生人与社会。”①

二、学校教育“新民德”之配合：政治思想教育走向公民教育

众所周知，我国目前的中小学德育是包括政治教育、思想教育、道德教育、心理健康教育的一种大德育观。在此前提下，一直存在着政治思想教育占据德育首位的现象，这与我国“政教合一”的传统有着密切的联系。这无疑是一种“错位”，道德教育才应该是学校德育的根本。关于这一点，早就不乏学者的质疑之声，提出将政治思想教育从德育首位上拉下来，将道德教育“扶正”的观点。需要声明的是，这里并非说学校不要政治思想教育，而是认为政治思想教育不该占据德育首位。事实上，教育的本质决定了教育不可能不依附于一定的政治，正是教育具有的社会政治功能才使得它在任何国家、任何时代都会受到统治者的重视；社会政治民主进程的推进，也需要通过政治教育来培养公民关心国事民生的习惯。既然如此，如果政治教育能够带领学生走上民主政治所期望的公民政治素质教育轨道，也就是进行公民教育，反倒有助于公德的培养。

(一)“政教合一”的传统难以打破

“政教合一”反映的是以国家、社会为本位的德育取向，贯穿着一定社会制度的国家对培养对象在思想政治方面的某些特殊要求，它是国家政治上谋求稳定的表现。政治思想教育主要是指政治文化教育。根据刁培萼主编的《教育文化学》的观点，政治文化是影响人们的政治行为选择的各种内在因素的复合体，主要包括政治认识、政治情感、政治价值观、政治理想四种成分。② 在学校对学生进行政治文化教育，就是为了培养学生正确的政治方向、政治态度和政治理想，以及参与政治的热情和能力。在政治斗争作为时代的中心任务的情况下，“政教合一”有其存在的必然性和必要性；但是，当时代的中心

---

① 陈弱水．公共意识与中国文化．北京：新星出版社，2006：32.

② 刁培萼．教育文化学．南京：江苏教育出版社，1992.

任务已经转变到经济建设和发展，“政教合一”就应该日渐式微，政治思想教育就应该从德育的首位上“让位”于“道德教育”，这非字面“排序”意义上的让位，也不仅仅是观念的让位，而是要切实落实到行动中。

很久以来，不少来自一线的中小学教师就常常反映政治思想教育枯燥、乏味，因而不受学生欢迎，教育效果也不理想。无论课本上多么频繁地出现“公民”“公民道德”“公民精神”的词汇，可以说其效果都难以让人满意。

从 20 世纪 80 年代批判学校德育政治泛化开始，到目前仍倡导的“让学校德育成为学生学习生活的需要”，时间业已有将近 30 年，但由于多方面的原因，政治思想教育占据学校德育首位的现象依然没有根本改观。既然这样，学校德育何不转变思路，让政治思想教育向公民教育转轨，使之为培养学生公德服务？既然当代政治的走向是民主，进行公民教育岂不两全其美？

(二)对“政教合一”的转化和利用

我们以往的政治思想教育之所以遭学生厌烦，引起学生的逆反，主要是因为其总是强调维护政党意识，试图养成学生对国家政权系统的积极认同取向，即忠心拥戴，不采取对抗或过激行动等，如爱国主义、集体主义、社会主义一直是新中国成立以来学校德育高奏的主旋律。既然当今社会处在和平年代，总体上社会的稳定和团结基本成为定局，而政治民主又亟须发展，学校政治思想教育何不对学生进行民主政治下的公民政治素质教育？当然，首先要弄清楚的是，民主政治对公民有哪些素质期待。

民主政治的主体在民，故国家的兴衰存亡自然与民众素质的高低优劣有着更为直接的关联。它需要民众以主人翁的姿态关心国事民生，积极主动地担负起创设人类优良生活的重任。所以，民主之民首要的素质就是有公德心。“公德与政治思想二者最有密切之关系也，无政治思想之国民，乌知有公德哉？”①此外，民主政治对民的要求还有以下几个方面。

1. 自由、平等、公正的道德理念和道德信仰

自由、平等和公正的道德理念和道德信仰，是民主政治的先决条件。“民主政治理论与以往各种政治理论之间的本质区别，就在于它的逻辑起点是关

① 陈永森．告别臣民的尝试——清末民初的公民意识与公民行为．北京：中国人民大学出版社，2004：113.

于人的自由、平等的假设。"[①]严复正是洞悉了这一点，才率先提出了"以自由为体，以民主为用"的深刻命题。当然，社会的自由、平等和公正，又是民主最终追求的目标。

2. 参政意识与参政热情

民主政治中最可怕的是公民对政治的冷漠和消极态度，但参政意识和参政热情乃属于人的高层次需求，所以需要培养和调动。政治宣传与鼓动在吸引人们参与民主政治活动方面是有效的，但据此而鼓噪起来的人们的政治热情往往是虚假的、骤冷骤热式的，非理性的，如"文化大革命"时期，绝大多数中国人都被鼓动起来，卷入政治洪流，结果却给国家政治带来灾难。因此，只有通过平时的文化教育等方式培养公民恒常的、自觉的、清醒的、理性的参政意识和参政热情，才会真正促进民主建设。另外，正如林语堂所言：一个人可以有参与精神，那是在个人权利有保障的条件下；人们力图消极避世，多半是由于个人自由没有法律的保障和宪法的维护。没有这种保障的时候，我们自我保护的本能告诉我们，消极避世是我们个人自由的最好宪法保证。[②]

3. 自治力

民主政治要求民有组织纪律，能自治。因为民主政治理念所倡导的是一种全民参与政治运行的模式，也就是团体政治。这种模式很容易形成一种政治上的集体主义的精神倾向和行为方式。若民无组织纪律，缺乏自治能力，团体很容易停留于"乌合之众"的聚集，流于"一盘散沙"的局面。

4. 权责统一意识

作为公民社会的一员，一方面要明确自己享有哪些不容侵犯的权利，如受教育权、选举权、名誉权等，懂得运用法律手段维护自己的权利；另一方面也要具备社会和道德责任意识、自觉履行作为公民应尽的义务，如"依法纳税的义务""依法服兵役的义务"等，要懂得权利和责任、义务是统一的。

综上所述，如果学校政治思想教育多注重培养一些民主政治所需要的公民政治素质，那必将和公德教育相得益彰。

---

① 廖加林．民主政治的社会基础和道德基础．湖南科技大学学报(社会科学版)，2006(3).

② 林语堂．中国人．上海：学林出版社，1994：62.

三、学校教育“新民德”之新理念：“让孩子改变成人”

就“养成教育”而言，经常可以听到中小学教师的反映：五天的学校教育赶不上两天的家庭教育、社会教育！意思是说，在学校范围内，学校德育对儿童的效果还是很明显的；但儿童一旦出了学校，在家长的“教导”和社会不良风气的习染下，对于学校教育所教的内容又全忘光了！这无疑使教师们的积极性深受打击！

的确，通过观察可以发现，当前很少有家长会对孩子进行维护社会公德的教育，大多数家长除关心孩子的学习成绩以外，就是把重心放在教孩子在外怎样“不吃亏”上。对学生家长而言，一方面，人人都希望别人遵守公德，给自己带来方便；但另一方面，却总能为自己不遵守公德找到借口。每当别人不遵守公德，给自己带来不便，甚至是损害自己的权益时，人们义愤填膺；而轮到自己不遵守公德换来小小的“方便”时总是心安理得，甚至是沾沾自喜。林语堂在《中国人》中说：贪污受贿，“敲诈勒索”，对公众可能是罪恶，然而对家庭总是美德。① 道理是相通的：就是所谓的双重标准。如当代学者翟学伟、屈勇通过问卷调查发现：中国人在对自我和他人的价值判断中存在着一种比较明显的心理偏差，即不倾向认为自己有不良行为，而倾向认为别人有不良行为。② 对人对己双重标准，何言平等？都提倡除自己(包括家人)以外的人遵守社会公德，从逻辑上而言，大家都把自己除外了，哪里还有“别人”？

通过观察我们也可以发现：儿童本身经常是破坏社会公德的主体之一，他们闯红灯、在马路上嬉闹、乱丢果皮纸屑、在餐厅里叫嚷、损坏公用电话等，而他们之所以有这样的表现，主要是因为他们认知水平和社会化程度比较低，没有意识到公共场所与私人领地的区别，没有意识到自己的行为是违背了社会公德，带给了他人困扰，但很少是出于从破坏社会公德中谋取蝇头小利的目的，纯粹是一个“自然人”的表现。因此，需要通过学校对儿童进行系统化的公德教育，使儿童具备公共意识，培养他们的羞恶之心，最终使他们从一个自然人成长为具有规则意识的“社会人”、具有责权意识的合格小公

---

① 林语堂．中国人．上海：学林出版社，1994：186.

② 翟学伟，屈勇．中国人的价值观——传统与现代的一致与冲突．江苏社会科学，2001(4).

民。在此意义上可以说，儿童很多破坏社会公德的行为并不是成人的“教唆”，而恰恰是成人教导得不够。由此可见，学校还需对儿童从小切实加强公德教育。

切实加强公德教育，要做到持之以恒，少采取“运动式”的方式，要增强常规实践。“冰冻三尺，非一日之寒”“十年树木，百年树人”，这些谚语提醒我们：对人的培养不可能一蹴而就，而道德素质的培养需要更久的时间，因为道德观念的内化犹如一个慢慢咀嚼和品味的吸收过程。况且，破坏比建设容易，这是一个常识。因此，学校对学生的公德培养需要教师有足够的耐心和持之以恒的毅力，要始终如一地进行下去。否则，一日的疏忽，可能需要多日的“补救”，君不见，“文化大革命”对社会公德的破坏，使得我们至今还在不遗余力地“弥补”过错。

“运动式”是我国以往中小学德育工作惯用的方式。它的采用主要有两个原因：一是因为被教育的主题往往是由上面领导作为硬指标、死任务被布置下来，而学校为应付突击“检查”，则往往采用此种“表演”方式，如三月围绕“学雷锋”“植树节”等主题开展的活动；二是因为改革开放后，中小学德育要求增设课外实践活动，但因为目前全社会还没有形成广泛的配合学校德育的社会风气，组织社会实践活动比较费事，所以，各学校、各班级也就一学期组织一两次，敷衍了事。这两个方面的原因往往具有相关性。而反观西方发达国家的公民教育，如美国学校公民教育，就把互动、参与性的社会服务和课外活动作为一项常规性的、定期的活动，这样做才能使公德、公民意识、公民精神等深入人心，形成习惯，而后“成自然”。

此外，全校教职工要身体力行，起到表率作用。既然学校德育的社会大环境是学校教育本身无法控制的影响源，社会成人的行为是学校教育无法预设的，但至少在校园内，我们可以对全校教职工的行为举止提出要求，首先使他们成为学生的表率，因为从教育社会学的角度而言，教师是学生成长的重要他人之一，学生的很多行为习惯，甚至价值观念都是潜移默化中对教师言行的习得。学校的任务不仅局限于传授知识，更重要的是育人。育人教育需要贯穿于所有课程的始终，需要所有老师的言传身教。

学校对儿童从小加强公德教育，不仅可以大大减少儿童群体破坏社会公德的现象，还可以通过儿童影响、改变成人。之所以这样认为，是因为通过细心观察不难发现，如果公共场所有人不遵守社会公德，一般成人碍于“面子”问题不好意思去“管闲事”；或者如果“管了闲事”的话，很容易导致冲突。但如果换作是儿童去开口劝阻的话，因为成人一般不好意思跟儿童动粗，收到效果的可能性相对要大。尤其是对家庭成员在公共场所的行为，儿童如果能用已知的社会公德规范去监督，相信绝大多数家长还是很愿意配合孩子的心愿。“让孩子改变成人”或许很理想化，但也并非完全不可能。当然，这就需要我们学校在对孩子进行社会公德教育的时候，要宣传这种观念，使孩子在受公德教育的同时带着一种使命感、责任感、自豪感，使孩子在维护社会公德的时候能产生成就感……只要坚定“让孩子转变成人”的信念，而不是一味抱怨“成人带坏了孩子”，相信学校公德教育会取得意想不到的效果。

结　语

改革开放以来，在迅速引进西方的资金、技术的情况下，我国国民经济一度飞速发展。但在经济发展过程中，人们发现相对于资金、物质、技术等经济要素，我国的人力资源(国民素质)却显得后劲不足，尤其是伴随着经济的繁荣，我国国民道德素质却呈现出下滑趋势。基于此，党和政府强调在进行物质文明建设的同时，也要重视精神文明建设，并于1986年明确提出要把培养“四有”新人作为社会主义精神文明建设的根本任务。“四有”新人的目标是我国新时期对理想人格的设计，也是我国现代化进程中对“人的现代化是现代化的关键”的认识达到新的高度的体现，正如有学者称：“四有”新人论是对中国近代以来国民性改造的科学总结。①

自1902—1906年梁启超在《新民丛报》上连续发表十万字的《新民说》拉开了国民性改造思潮的序幕以来，迄今整整一个世纪。在这一个世纪的进程中，国民性改造一直都在或“隐”或“显”地进行，并且其内涵随着不同时期理想国民的设计而有所变换，但无论是严复倡导“鼓民力，开民智，新民德”的思想启蒙，还是梁启超提出“欲维新吾国，当先维新吾民”的“新民说”，抑或是五四前后知识分子呼吁“国民性改造”“以新人格，以新国家，以新社会，以新家庭，以新民族”……都是强调对民众进行引导和改造，以期批判封建蒙昧主义，提高国民素质，实现人的现代化，从

① 谭献民．“四有”新人论是对中国近代以来国民性改造的科学总结．毛泽东思想论坛，1997(2).

而推动整个中国社会的现代化。

不同时期国民性改造的尝试几乎都无法回避“道德革命”。这不仅因为国民性问题与道德问题本身具有一定的重合性，国民性问题往往体现为道德问题(当然并非完全是)——“许多国民性的弊端无论在所谓‘旧道德’，还是在‘新道德’那里，都是难过关卡的劣质品”，“一个在道德上不过关的人，他身上所体现的国民性肯定就更其恶劣”；① 而且现实社会所存在的严重的道德失范也是刺激有识之士倡导进行国民性改造的重要动力。在近代中国，随着梁启超对“公德”概念的引入，思想先驱们对社会道德堕落的抨击，突出地表现在对人们“缺乏公德”的鞭笞上。正因为如此，以公德培养为核心的“新民德”才在“国民性改造”思潮中获得了莫大的关注，并且以育人传道为根本旨归的学校教育被寄予了“新民德”的厚望。众所周知，随着人类的发展，反映人类进步状态的文明也一同发展，并显现出不同的发展阶段和水平。然而不论在哪一区域和哪一阶段，构成文明有机系统的基本要素都是不可或缺的，政治、经济与文化三个部分相互联系、相互制约、环环相扣。② 而学校教育作为文化的一个小小构成要素，如何能“承受如此之重”？进一步而言，微观和中观层面的学校德育如何能撼动整个文化的宏观架构？

首先，从经济学的角度而言，“伦理依附一定的经济基础”，不同的经济生活方式内生着不同的伦理价值观。“持续发展所必备的内在价值观，虽然是非经济的，却不能是反经济的。”③社会公德是工业文明的产物，是以城市为取向的文明；是社会化大生产的发展带来公共生活的发达、人际交往突破固定的交往对象的要求。其实，在论文写作过程中，一直萦绕在笔者脑际的是“最喜小儿无赖，溪头卧剥莲蓬”这样一幅非常自然、非常惬意、非常舒适的乡村生活图景。笔者的童年就是在这种平静悠闲的乡村生活中度过的：与小伙伴们一起，冬天在田埂上烧野火、在雪地里追野兔、在池塘边砸冰窟窿；夏天在池塘边捉鱼摸虾、摘菱采藕、在小树林里抓蜻蜓、捕麻雀等。从来不知道所谓的行人要“靠右走”，不懂什么叫“红灯停，绿灯行”；没想过吃完的莲蓬皮、花生壳随手丢在路边有何不妥，从左邻右舍家穿堂而过也不会觉得有什

---

① 谭德晶．鲁迅小说与国民性问题探索．北京：中国社会科学出版社，2004：28，49.

② 赵诗清，曾瑞芝．论文明．光明日报，2000-12-05.

③ ［美］塞缪尔·亨廷顿，劳伦斯·哈里森．文化的重要作用——价值观影响人类进步．北京：新华出版社，2002：82.

么大惊小怪……显然，在这样的“自然经济”时代，借学校教育培养学生公德，可以说是“英雄难有用武之地”。然而，城市生活却与之不同，其对社会公德的要求较乡村要高，这主要是由城市人口集中、人际交往由业缘关系主导、公共场所与私人空间的概念相对明确等方面的原因决定。如果个人在公共场所不遵守社会公德，则相当于侵犯了他人的权利或权益。因此，“社会公德”是城市文明的一项重要内容。据此可以认为，在城市生活环境中，学校公德教育是儿童现实生活的需要。

其次，就政治学角度而论，有位哲人说过，在那些还未实现民主的地方，执政者的教育政策是其对民主政治是否有诚意的试金石。中国近代国民性改造(包括“新民德”)思潮发端于爱国救亡的政治使命，并且在20世纪上半叶一直伴随着追求政治民主的民族民主革命。这从一开始就注定了“新民德”与近代政治变革有着千丝万缕的联系；而我国又有着深厚的“政教合一”传统，因此，学校教育“新民德”在相当长的历史时期内，都注重为政治斗争服务的国家公德胜过个人实际生活需要的社会公德。然而，在今天的和平建设年代，要保障社会的有序、和谐和良性运作，更需要提倡的是普通人“每天必遇”“每人必遇”的平凡小节，学校教育“新民德”也应该转向日常行为的细细叮咛为宜。

再次，拿文化学来讲，近代“西学东渐”带来中西文化的撞击，进而引发我国传统文化的认同危机。由于中国缺少类似于西方的持续、深入的思想启蒙运动，以至于西方价值观进入中国后，至少产生了两方面的社会影响：就社会整体而言，既在中国思想界、文化界、教育界引发一片勃勃生机，又使中国传统的价值观、伦理观陷入危机。而当前的学校教育“新民德”正面临着多元价值观的挑战，这是因为道德观念意识与道德行为模式的统一需要建立在文化认同、尤其是价值观的认同基础上。所以，当代中国知识分子应该承担起化民成俗的社会责任和历史使命，并且应该做到“推己及人”！正如文化大师余秋雨在“秋雨时分”栏目中所言：社会公德的建设，很大责任在知识分子！——德国哲学家康德在定义法国启蒙运动的时候就把“有勇气在一切公共事务上运用理性”概括为近代知识分子的座右铭。一个真正的知识分子，应该成为表率社会风范的有修养的文化人。①

① 余秋雨．社会公德难于建立(1—8集)．凤凰卫视“秋雨时分”栏目，2006年8月22日—31日播出。

虽然本文一直非常强调学校教育“新民德”的外部宏观社会环境因素（政治、经济、社会心理和文化认同）的影响，但这并不是为学校教育“新民德”开脱“罪责”。事实上，学校德育也不是一味地被动受外部宏观社会环境的影响，同时也在积极地反作用于社会的政治、经济和文化，其重要性不言而喻。此外，一般我们在谈论公德或公共秩序、公共意识话题时，主要对象往往限定于成年人，且在我国近代学校教育“新民德”过程中，中等教育和高等教育层次的“新民德”实践往往也比较鲜明，有的甚至有点类似于社会风俗改良性质，如蔡元培在绍兴府学堂和上海南洋公学主持新式学校，毛泽东等人成立“新民学会”、蔡元培在北大提倡进德会、张伯苓在南开对学生进行道德训练、晏阳初在平民教育中开展公民道德教育……

事实上，儿童也是社会的一分子，也经常出入公共场所，而且据观察，他们往往是破坏公共秩序、违反社会公德、给他人带来困扰的不可忽视的因素。因此，未雨绸缪地从小就对儿童进行社会公德教育就显得尤为必要。如社会公德水平相对较高的西方发达国家普遍注重从未成年人开始进行公民意识的培养和公民品德的养成，许多国家中小学都进行公民教育。我国当前政治民主的发展、经济工业化水平、文化开放性相对于学校教育“新民德”思想刚提出的20世纪初，业已大为改观；“公德状况令人堪忧”的社会舆论给当代学校教育施加了很大的压力，学校教育也力求变压力为动力；新一轮的中小学德育课程改革在“贴近儿童真实生活”的基本准则下，贯彻了《公民道德建设实施纲要》的精神；另外，专门针对中小学生的完整意义上的公民教育校本教材《新公民读本》也已经问世……这些都让我们看到了学校教育“新民德”的希望！

主要参考文献

一

1. 鲁洁．德育社会学．福州：福建教育出版社，1998.

2. 鲁洁．道德教育的当代论域．北京：人民出版社，2005.

3. 鲁洁．教育社会学．北京：人民教育出版社，1990.

4. 杜时忠．科学教育与人文教育．武汉：华中师范大学出版社，1998.

5. 杜时忠．德育十论．哈尔滨：黑龙江教育出版社，2003.

6. 戚万学，杜时忠．德育新论．济南：山东教育出版社，1997.

7. 班华．现代德育论．合肥：安徽人民出版社，1996.

8. 檀传宝．信仰教育与道德教育．北京：教育科学出版社，2002.

9. 郭文安，陈东升．国民素质建构与基础教育改革．北京：人民出版社，2000.

10. 王道俊，郭文安．主体教育论．北京：人民教育出版社，2005.

11. 刘国强，谢均才．变革中的两岸德育与公民教育．香港：香港中文大学出版社，2004.

12. 孙少平．新中国德育50年．福州：福建教育出版社，2002.

13. 秦英君．东西方道德的转型与比较．北京：首都师范大学出版社，2002.

14. 吴文侃．中小学公民素质教育国际比较．北京：人民教育出版社，2002.

15. 邵龙宝，李晓菲．儒家伦理与公民道德教育体系的构建．上海：同济大学出版社，2005.

16. 瞿葆奎．教育学文集·中国教育改革．北京：人民教育出版社，1991.

17. 瞿葆奎．教育学文集·德育．北京：人民教育出版社，1989.

18. 傅维利，刘民．文化变迁与教育发展．成都：四川教育出版社，1988.

19. 罗国杰．面向新世纪的品德素质教育——中外学者纵论传统文化与青少年品德培养．北京：中国统计出版社，1999.

20. 李华兴．民国教育史．上海：上海教育出版社，1997.

21. 喻本伐，熊贤君．中国教育发展史．上海：华中师范大学出版社，1991.

22. 孙培青．中国教育史(修订版)．上海：华东师范大学出版社，2000.

23. 黄书光，王伦信，袁文辉．中国基础教育改革的文化使命．北京：教育科学出版社，2001.

24. 黄书光．中国社会教化的传统与变革．济南：山东教育出版社，2005.

25. 顾明远．民族文化传统与教育现代化．北京：北京师范大学出版社，1998.

26. 顾明远．中国教育的文化基础．太原：山西教育出版社，2004.

27. 石中英．教育学的文化性格．太原：山西教育出版社，2005.

28. 郑金洲．教育文化学．北京：人民教育出版社，2000.

29. 刁培萼．教育文化学．南京：江苏教育出版社，1998.

30. 刘铁芳．守望教育．上海：华东师范大学出版社，2004.

31. 王炳仁．道德启蒙教育研究．杭州：浙江教育出版社，2000.

32. 黄钊等．中国道德文化．武汉：湖北人民出版社，2000.

33. 于钦波．中国德育思想史．长春：吉林教育出版社，1993.

34. 唐之享．国民素质教育论纲．长沙：湖南教育出版社，2000.

35. 龚海泉，万美容，梅萍．当代公民道德教育．北京：中央文献出版社，2000.

36. 王炳照，周玉良，宋荐戈．中华人民共和国教育历史传统与基础．海口：海南出版社，2000.

37. 教育部人事司．中国传统文化与教育．长春：东北师范大学出版社，2002.

38. 吴铎，张人杰．教育与社会．北京：中国科学技术出版社，1991.

39. 詹世友．道德教化与经济技术时代．南昌：江西人民出版社，2002.

40. 陈景磐．中国近代教育史．北京：人民教育出版社，1983.

41. 王炳照，阎国华．中国教育思想通史(第 6 卷)．长沙：湖南教育出版社，1994.

42. 李国钧，王炳照．中国教育制度通史(第 8 卷)．济南：山东教育出版社，2000.

43. 谢青，汤德用．中国考试制度史．合肥：黄山书社，1995.

44. 教育部．共和国教育 50 年(1949—1999)．北京：北京师范大学出版社，1999.

45. 熊贤君．近现代中国科教兴国启思录．北京：社会科学文献出版社，2005.

46. 熊贤君．千秋基业——中国近代义务教育研究．武汉：华中师范大学出版社，1998.

47. 田正平，肖朗．世纪之理想——中国近代义务教育研究．杭州：浙江教育出版社，2000.

48. 钱曼倩，金林祥．中国近代学制比较研究．广州：广东教育出版社，1996.

49. 宋恩荣．梁漱溟教育文集．南京：江苏教育出版社，1987.

50. 中央教育科学研究所．徐特立教育文集．北京：人民教育出版社，1986.

51. 人教社．毛泽东同志论教育工作．北京：人民教育出版社，2000.

52. 中共中央文献研究室．邓小平论教育．北京：人民教育出版社，1995.

53. 朱有瓛．中国近代学制史料(第 1 辑上册)．上海：华东师范大学出版社，1983.

54. 朱有瓛．中国近代学制史料(第1辑下册)．上海：华东师范大学出版社，1986.

55. 朱有瓛．中国近代学制史料(第2辑上册)．上海：华东师范大学出版社，1987.

56. 朱有瓛．中国近代学制史料(第2辑下册)．上海：华东师范大学出版社，1989.

57. 朱有瓛．中国近代学制史料(第3辑上册)．上海：华东师范大学出版社，1990.

58. 朱有瓛．中国近代学制史料(第3辑下册)．上海：华东师范大学出版社，1992.

59. 中国第二历史档案馆．中华民国史档案资料汇编(第5辑·教育)．南京：江苏古籍出版社，1994.

60. 北京师范大学教育科学研究所．中小学教育政策法令选编(1949—1966)．北京：北京师范大学教育科学研究所1979年内部发行。

61. 教育部基础教育司．新编基础教育文件汇编(1999—2003)．北京：北方交通大学出版社，2003.

62. 教育改革重要文献选编．北京：人民教育出版社，1986.

63.《教育研究》杂志编辑部．党的十一届三中全会以来中国教育科学的回顾与展望．北京：教育科学出版社，1988.

64. 中央教育科学研究所．中国现代教育大事记(1919－1949)．北京：教育科学出版社，1988.

65. 董宝良，周洪宇．中国近现代教育思潮与流派．北京：人民教育出版社，1997.

66. 中央教育科学研究所．老解放区教育资料(1)．北京：教育科学出版社，1981.

67. 中央教育科学研究所．老解放区教育资料(2)．北京：教育科学出版社，1986.

68. 中央教育科学研究所．老解放区教育资料(3)．北京：教育科学出版社，1991.

69.《人民教育》杂志社．老解放区教育工作经验片断．上海：上海教育出版社，1979.

70. 璩鑫圭，童富勇．中国近代教育史资料汇编·教育思想．上海：上海教育出版社，1997.

71. 陈学恂．中国近代教育大事记．上海：上海教育出版社，1981.

72. 陈青之．中国教育史．上海：商务印书馆，1936.

73. 吴鼎福，诸文蔚．教育生态学．南京：江苏教育出版社，1990.

74. 王淑珍．全日制义务教育思想品德课程标准教师读本．武汉：华中师范大学出版社，2003.

75. 方晓波，陈光全．全日制义务教育品德与生活课程标准教师读本(修订本)．武汉：华中师范大学出版社，2003.

76. 中华人民共和国教育部．全日制义务教育品德与生活课程标准(实验稿)．北京：北京师范大学出版社，2002.

77. 中华人民共和国教育部．全日制义务教育品德与社会课程标准(实验稿)．北京：北京师范大学出版社，2002.

78. 中华人民共和国教育部．全日制义务教育思想品德课程标准(实验稿)．北京：北京师范大学出版社，2002.

79. 教育部初等教育司．小学思想品德教育经验选编(第2集)——思想品德课专集．北京：人民教育出版社，1984.

80. 中共中央宣传部教育局，中央教育科学研究所．社会文化生活与中学德育调查文集．北京：中国人民大学出版社，1990.

81. 人教社政治思想品德室，北京市教育局教学研究部．九年义务教育六年制小学教科书——思想品德(全套)．北京：人民教育出版社，1994－1998.

82. 鲁洁．品德与社会(三年级下)．南京：江苏教育出版社，中国地图出版社，2002.

83. 高峡．品德与生活，品德与社会(全套)．北京：北京师范大学出版社，2003－2005.

84. 赵昕．品德与生活．北京：人民教育出版社，2003.

85. 杨东平．新公民读本·小学卷(A、B、C、D)．北京：北京大学出版社，2006.

86. 杜时忠，靳岳滨．品德与生活，品德与社会(全套)．武汉：湖北教育出版社，2004.

87.［美］约翰·S. 布鲁柏克．教育问题史．合肥：安徽教育出版社，1991.

88. 杨东平．艰难的日出——中国现代教育的20世纪．上海：上海文汇出版社，2003.

89. 余子侠．民族危机下的教育应对．武汉：华中师范大学出版社，2001.

90. 陈桂生．中国德育问题．福州：福建教育出版社，2007.

91. 汪家熔．民族魂——教科书变迁．上海：商务印书馆，2008.

二

1. 林语堂．中国人．上海：学林出版社，1994.

2. 辜鸿铭．中国人的精神．海口：海南出版社，1996.

3.［美］明恩溥．中国人的素质．上海：学林出版社，2001.

4.［英］罗素．中国问题．上海：学林出版社，1996.

5. 柏杨．丑陋的中国人．苏州：古吴轩出版社，2004.

6. 易中天．闲话中国人．上海：上海文艺出版社，2002.

7. 余秋雨等．东西南北人——中国人的性格与文化．北京：当代世界出版社，2001.

8. 黎鸣．中国人性分析报告．北京：中国社会出版社，2003.

9. 史仲文．中国人走出死胡同．呼和浩特：内蒙古人民出版社，1999.

10. 刘再复，林岗．传统与中国人．北京：生活·读书·新知三联书店，1988.

11. 解思忠．中国国民素质危机．北京：中国长安出版社，2004.

12. 解思忠．国民素质忧思录．北京：作家出版社，1997.

13. 沙莲香．中国民族性(一、二)．北京：中国人民大学出版社，1989.

14. 费孝通．乡土中国．北京：北京出版社，2005.

15. 文崇一，萧新煌．中国人：观念与行为．南京：江苏教育出版社，2006.

16.［美］E. A. 罗斯．变化中的中国人．北京：时事出版社，1998.

17. 吴孟雪．明清时期——欧洲人眼中的中国．北京：中华书局，2000.

18.［德］夏瑞春编，德国思想家论中国．南京：江苏人民出版社，1995.

19. 杨国枢．中国人的心理与行为：本土化研究．北京：中国人民大学出版社，2004.

20. 陈永森．告别臣民的尝试—清末民初公民意识与公民行为．北京：中国人民大学出版社，2004.

21. 吕滨．新民伦理与新国家——梁启超伦理思想研究．南昌：江西教育出版社，2000.

22. 辛晓征．国民性的缔造者——鲁迅．武汉：湖北教育出版社，2000.

23. [美]张灏．梁启超与中国思想的过渡(1890－1907)．南京：江苏人民出版社，1993.

24. 郑欣森．文化批判与国民性改造．西安：陕西人民出版社，1988.

25. 闫玉刚．改造国民性——走近鲁迅．北京：中国社会出版社，2005.

26. 谭德晶．鲁迅小说与国民性问题探索．北京：中国社会科学出版社，2004.

27. 林焱．百年风流——二十世纪中国文学与国民性的变迁．西安：陕西人民教育出版社，2002.

28. 王德峰．国性与民德——梁启超文选．上海：上海远东出版社，1995.

29. 郑匡民．梁启超启蒙思想的东学背景．上海：上海书店出版社，2003.

30. 邵道生．现代化的精神陷阱——嬗变中的国民心态．北京：知识产权出版社，2001.

31. 温元凯，倪端．改革与国民性改造．北京：中国青年出版社，1998.

32. 袁洪亮．人的现代化——中国近代国民性改造思想研究．北京：人民出版社，2005.

33. 张青兰．人格的现代转型与塑造．广州：广东人民出版社，2005.

34. 谭献民．传统文化与社会主义精神文明建设．长沙：湖南师范大学出版社，2000.

35. 刘泽华，张荣明等．公私观念与中国社会．北京：中国人民大学出版社，2003.

36. 肖雪慧．公民社会的诞生．上海：上海三联书店，2004.

37. 孙国栋等．中华民族精神和素质研究．杭州：杭州大学出版社，1991.

38. 何兆武，柳卸林．中国印象——世界名人论中国文化(上、下)．桂林：广西师范大学出版社，2001.

39. 刘智峰．道德中国．北京：中国社会科学出版社，1999.

40. 茅于轼．中国人的道德前景．广州：暨南大学出版社，1997.

41. 唐凯麟，王泽应．20世纪中国伦理思潮问题．长沙：湖南教育出版社，1998.

42. 张岂之，陈国庆．近代伦理思想的变迁．北京：中华书局，2000.

43. 沈善洪，王凤贤．中国伦理学说史(下)．杭州：浙江人民出版社，1988.

44. 李泽厚．中国思想史论(中、下)．合肥：安徽文艺出版社，1999.

45. 陈少峰．中国伦理学名著导读．北京：北京大学出版社，2004.

46. 吴雁南等．中国近代社会思潮(1840—1949)第2卷．长沙：湖南教育出版社，1998.

47. 郭国灿．中国人文精神的重建：约戊戌——五四．长沙：湖南教育出版社，1992.

48. 王跃．变迁中的心态——五四时期社会心理变迁．长沙：湖南教育出版社，2000.

49. 赵汀阳．现代性与中国．广州：广东教育出版社，2000.

50. 陈国庆．中国近代社会转型研究．北京：社会科学文献出版社，2005.

51. 石元康．从中国文化到现代性：典范转移．北京：生活·读书·新知三联书店，2000.

52. 林毓生．中国传统的创造性转化．北京：生活·读书·新知三联书店，1988.

53. 金耀基．从传统到现代．北京：中国人民大学出版社，1999.

54. 黄卓越．过渡时期的文化选择．南宁：广西教育出版社，1997.

55. 韦政通．中国文化与现代生活．北京：中国人民大学出版社，2005.

56. 殷陆君．人的现代化．成都：四川人民出版社，1985.

57. 许启贤等．传统文化与现代化．北京：中国人民大学出版社，1987.

58. 甘阳．文化：中国与世界．北京：生活·读书·新知三联书店，1987.

59. 庞朴．文化的民族性与时代性．北京：中国和平出版社，1988.

60. 周积明，郭莹等．震荡与冲突——中国早期现代化进程中的思潮和社会．上海：商务印书馆，2003.

61. 郑师渠．思潮与学派——中国近代思想文化研究．北京：北京师范大学出版社，2005.

62. 徐衍．西学东渐与东学西渐．北京：中国社会科学出版社，2000.

63. 冯天瑜．东方的黎明——中国文化走向近代的历程．成都：巴蜀书社，1988.

64. 刘旭．底层叙述：现代性话语的裂隙．上海：上海古籍出版社，2006.

65. 陈弱水．公共意识与中国文化．北京：新星出版社，2006.

66. 翟学伟．人情、面子与权力的再生产．北京：北京大学出版社，2005.

67. 汪晖，陈燕谷．文化与公共性．北京：生活·读书·新知三联书店，2005.

68. 俞祖华，赵慧峰．中国近代社会文化思潮研究通览．济南：山东大学出版社，2005.

69. 葛剑雄．统一与分裂：中国历史的启示．北京：生活·读书·新知三联书店，1994.

70. 徐迅．民族主义．北京：中国社会科学出版社，2005.

71. 王齐洲．呼唤民族性．北京：中国社会科学出版社，2000.

72. 乐山．潜流——对狭隘民族主义的批判与反思．上海：华东师范大学出版社，2004.

73. 中国现代革命史资料丛刊——新民学会资料．北京：人民教育出版社，1980.

74. 李毅．回顾与前瞻——20世纪中国文化思潮与先进文化的发展．天津：天津人民出版社，2004.

75. 哈佛燕京学社．启蒙的反思．南京：江苏教育出版社，2005.

76. 姜义华．理性缺位的启蒙．上海：上海三联书店，2000.

77. 崔世广．近代启蒙思想与近代化——中日近代启蒙思想比较．北京：

北京航空航天大学出版社，1989.

78.［美］詹姆斯·施密特．启蒙运动与现代性——18世纪与20世纪的对话．上海：上海人民出版社，2005.

79. 高九江．启蒙推动下的欧洲文明．北京：华夏出版社，2000.

80. 郑师渠，史革新．近代中西文化论争的反思．北京：高等教育出版社，1991.

81. 黄岭峻．激情与迷思——中国现代自由派民主思想的三个误区．武汉：华中科技大学出版社，2001.

82. 杨国荣．现代化过程的人文向度．上海：上海古籍出版社，2006.

83. 冯天瑜等．中华文化史(下)．上海：上海人民出版社，1990.

84.［美］鲁思·本尼迪克特．文化模式．杭州：浙江人民出版社，1987.

85. 龚书铎．中国近代文化探索．北京：北京师范大学出版社，1988.

86. 严昌洪．中国近代社会风俗史．杭州：浙江人民出版社，1992.

87. 高丙中．民俗文化与民俗生活．北京：中国社会科学出版社，1994.

88. 葛承雍．中国传统风俗与现代化．西安：陕西人民出版社，1989.

89. 魏宏运．二十世纪三四十年代太行山地区社会调查与研究．北京：人民出版社，2003.

90. 张岱年．中国启蒙思想文库：新政真诠——何启、胡礼垣集．沈阳：辽宁人民出版社，1994.

91. 张岱年．中国启蒙思想文库：强学——戊戌时论选．沈阳：辽宁人民出版社，1994.

92. 张岱年．中国启蒙思想文库：论世变之亟——严复集．沈阳：辽宁人民出版社，1994.

93. 张岱年．中国启蒙思想文库：新民说．沈阳：辽宁人民出版社，1994.

94. 张岱年．中国启蒙思想文库：民声——辛亥时论选．沈阳：辽宁人民出版社，1994.

95. 张岱年．中国启蒙思想文库：建国方略．沈阳：辽宁人民出版社，1994.

96. 张岱年．中国启蒙思想文库：新潮——民初时论选．沈阳：辽宁人民出版社，1994.

97. 张岱年．中国启蒙思想文库：猛回头——陈天华、邹容集．沈阳：辽宁人民出版社，1994.

98. 陈独秀．独秀文存．合肥：安徽人民出版社，1987.

99. 梁启超．梁启超全集．北京：北京出版社，1999.

100. 梁启超．饮冰室合集．北京：中华书局，1989.

101. 丁文江，赵丰田．梁启超年谱长编．上海：上海人民出版社，1983.

102. 白吉庵．胡适传．北京：人民出版社，1993.

103. 鲁迅．而已集．北京：人民文学出版社，1973.

104. 胡适．胡适作品集．台湾：远流出版事业股份有限公司，1986.

105. 孙中山．孙中山全集．北京：中华书局，1986.

106. 欧阳哲生．傅斯年全集．长沙：湖南教育出版社，2003.

107. 陶行知全集．长沙：湖南教育出版社，1984.

108. 潘乃和．潘光旦文集(第3卷)．北京：北京大学出版社，1995.

109. 梁漱溟集．北京：北京群言出版社，1993.

110. 梁漱溟学术论著自选集．北京：北京师范学院出版社，1992.

111. 张君劢．明日之中国文化．上海：商务印书馆，1938.

112. 中国近代史资料丛刊．上海：上海人民出版社，2000.

113. 先"总统"蒋公全集(第1册)．台湾：中国文化大学出版部，1984.

114. [日]内山完造，渡边秀方，原物兵卫．三只眼睛看中国——日本人的评说．北京：中国社会科学出版社，1997.

115. 严复．严复集．北京：中华书局，1986

116. 严复．天演论．郑州：中州古籍出版社，1998.

117. 龚自珍．龚自珍全集．上海：上海人民出版社，1975.

118. 赵清，郑城．吴虞集．成都：四川人民出版社，1985.

119. 湖南省哲学社会科学研究所．唐才常集．北京：中华书局，1980.

120. 夏东元．郑观应集．上海：上海人民出版社，1982.

121. 毛泽东选集．北京：人民出版社，1991.

122. 张之洞．张之洞全集．石家庄：河北人民出版社，1998.

123. 章开沅，林增平．辛亥革命史．北京：人民出版社，1980.

124. 蔡元培．蔡元培全集．杭州：浙江教育出版社，1997.

125. 邓小平文选．北京：人民出版社，1994.

126. 马克思恩格斯选集．北京：人民出版社，1972.

127. 李大钊．李大钊文集．北京：人民出版社，1984.

128. 刘云德．文化论纲——一个社会学的视野．北京：中国展望出版社，1988.

129.［日］福泽谕吉．文明论概略．北京：商务印书馆，1959.

130. 徐泰来．中国近代史记．长沙：湖南人民出版社，1989.

131. 郑也夫．代价论．北京：生活·读书·新知三联书店，1995.

132.［美］周策纵．五四运动史．长沙：岳麓书社，1999.

133. 戴逸，李炳清．社会进步的谋求．济南：山东教育出版社，1999.

134. 戴逸，李炳清主编．民族觉醒的历程．济南：山东教育出版社，1999.

135. 马小泉等．强权与民声——民初十年社会透视．郑州：河南大学出版社，1991.

136. 谢俊美．政治制度与近代中国．上海：上海人民出版社，2000.

137. 方敏．五四后三十年民主思想研究．上海：商务印书馆，2004.

138. 曾峻，梅丽红．中国共产党与当代中国民主．上海：上海人民出版社，2004.

139. 李华兴．民主与近代中国．上海：上海社会科学院出版社，2006.

140. 俞可平．民主与陀螺．北京：北京大学出版社，2006.

141. 丁守和．民主科学在中国的命运．北京：中华书局，1994.

142. 何干之文集．北京：中国人民大学出版社，1989.

143. 刘宗武．时代强音——先进思想家与传统政治文化．武汉：武汉出版社，2002.

144. 朱义禄，张劲．中国近现代政治思潮研究．上海：上海社会科学院出版社，1998.

145. 黄志仁．中国新民主主义政治制度史．厦门：厦门大学出版社，1988.

146. 向青等．三十年代中国．北京：北京大学出版社，1996.

147. 徐矛．中华民国政治制度史．上海：上海人民出版社，1992.

148. 贺渊．三民主义与中国政治．北京：社会科学文献出版社，1995.

149. 宋春．中国国民党史．长春：吉林文史出版社，1990.

150. 张静如，卞杏英．国民政府统治时期中国社会之变迁．北京：中国人民大学出版社，1993.

151. 张灏．幽暗意识与民主传统．北京：新星出版社，2006.

152. 茅家琦．百年沧桑——中国国民党史．厦门：鹭江出版社，2005.

153. 孙立平．博弈——断裂社会的利益冲突与和谐．北京：社会科学文献出版社，2006.

154. 赵德馨．中国近现代经济史．郑州：河南人民出版社，2003.

155. 吴申元．中国近代经济史．上海：上海人民出版社，2003.

156. 王询，于秋华．中国近现代经济史．大连：东北财经大学出版社，2004.

157. 胡希宁，张锦铨．二十世纪中国经济思想简史——马克思主义经济学在中国．北京：中共中央党校出版社，1999.

158. 史全生．中华民国经济史．南京：江苏人民出版社，1989.

159. 吴敬琏．当代中国经济改革．上海：远东出版社，1999.

160.[美]费正清．费正清文集：美国与中国．北京：世界知识出版社，1999.

三

1. 王一多．道德建设的基本途径——兼论经济生活、道德和政治法律的关系．哲学研究，1997(1).

2. 樊浩．"经济决定伦理"理论范式的合理性限度．复旦学报(社会科学版)，2004(6).

3. 龙静云．建国以后三十年我国坚持集体主义的经验教训及其启示．华中师范大学学报(人文社会科学版)，1998(1).

4. 龙静云．经济自由：市场经济内生的伦理品质．武汉大学学报(哲学社会科学版)，2006(9).

5. 李彬，崔立勇．经济转轨背景下的道德话题变化——改革开放以来的经济与伦理关系．湖南师范大学社会科学学报，2006(11).

6. 吴新文．公民社会的培育与中国经济伦理的改善．上海财经大学学报，2006(12).

7. 李雅儒．邓小平经济思想的形成及其主要内容．教学与研究，1998(6).

8. 王玉生．中国传统经济伦理思想的近代演变初论．伦理学研究，2005(7).

9. 张汝伦．经济全球化和文化认同．哲学研究，2001(2).

10. 刘怀光，陈亚敏．多元社会条件下的道德应答．辽东学院学报(社会科学版)，2007(2).

11. 王银娥．市场经济与现代社会的公共生活伦理——对SARS事件所做的一些反思．唐都学刊，2004(7).

12. 刘敬鲁．论作为人类生存发展方式的经济生活．学习与探索，2003(2).

13. 高秀荣．市场转型与道德重建．中国西部科技．2006(19).

14. 周兴旺．新中国经济现代化的历史回顾．首都师范大学学报(社会科学版)，1999(4).

15. 管爱华，崔宜明．"生存理性"与传统道德——中国传统农民的经济生活与价值诉求．探索与争鸣，2006(6).

16. 章海山．论经济与伦理的中介——利益．学术研究，2000(1).

17. 杨岚．经济伦理与当代中国道德及文化体系的革新．道德与文明，2004(1).

18. 倪愫襄．"尚俭"与"尚奢"之辨．武汉大学学报(哲学社会科学版)，2005(1).

19. 余龙生．中国近代早期资产阶级经济伦理思想述评．探索与争鸣，2006(8).

20. 张芙华．经济伦理道德建设：对市场经济的适应和超越．伦理学研究，2004(1).

21. 迟成勇．论市场经济与伦理道德的互动．兰州学刊，2005(1).

22. 陶艳华．论经济与伦理的内在关联——以社会主义市场经济为背景．社会科学论坛，2000(4).

23. 牛昉，陈利．论人的现代化的艰难性与深刻性．延安大学学报(社会科学版)，2000(12).

24. 翟学伟．中国人的价值取向：类型、转型及其问题．南京大学学报：哲学·人文·社会科学，1999(4).

25. 闫润鱼．由"重民"向"改造国民性"思潮演化的政治学分析．教学与研究，2004(5).

26. 朱志勇．关于国民性之"在"的追问．甘肃社会科学，2005(5).

27. 崔志海．中国近代改造国民思想的先声——戊戌维新派对传统民族文化心理的反思．史学月刊，1994(4).

28. 陈高原．论近代中国改造国民性的社会思潮．近代史研究，1992(1).

29. 郑师渠．辛亥革命后关于国民性问题的探讨．天津社会科学，1988(6).

30. 郑云山．辛亥前夕的国民性问题探讨．近代史研究，1992(1).

31. 周建超．梁启超与《新民说》. 江苏社会科学，1997(4).

32. 黄仁贤．严复的"新民德"学说与近代公民道德教育．教育评论，2002(5).

33. 杨义银．严复与中国近代国民性改造思潮．西南师范大学学报(哲学社会科学版)，1994(3).

34. 吕滨．梁启超对新民伦理的探讨．江西社会科学，2000(7).

35. 廖申白．论公民伦理——兼谈梁启超的"公德""私德"问题．中国人民大学学报，2005(3).

36. 史芳树．论梁启超《新民说》中改造国民性的思想．道德与文明，1999(6).

37. 方红梅．梁启超"立人"思想简论．华中科技大学学报(社会科学版)，2005(6).

38. 俞祖华．鲁迅——解剖国民性的大师．烟台师范学院学报(哲社版)，1997(4).

39. 周建超．论五四时期陈独秀的改造国民性思想．江海学刊，2004(6).

40. 郭绪印．陈独秀"改造国民性"的主张是正确的．探索与争鸣，1997(12).

41. 林家有．论孙中山改造国民性的思想．华南师范大学学报(社会科学版)，2005(1).

42. 米华．从"复古求解放"到"中西融合"造新民——兼论毛泽东早年的国民性改造思想．西南交通大学学报(社会科学版)，2005(3).

43. 牟正纯．毛泽东早期的改造国民性思想．山东社会科学，1999(5).

44.[日]北冈正子．另一种国民性的讨论——鲁迅、许寿裳国民性讨论之引发．吉林大学社会科学学报，1998(1).

45. 郭国祥．鲁迅国民性改造思想的发展轨迹．兰州学刊，2005(2).

46. 默水．思想的分量——鲁迅"立人"与"国民性改造"思想散论．北京科技大学学报(人文社会科学版)，1997(3).

47. 郭建宁．五四时期的文化论争与当代中国的文化选择．学术论坛，1999(3).

48. 吴艳华，郭贞．“国民性”：一个持久性话题．山东社会科学，2003(6).

49. 武斌．中日国民性与现代化的比较分析．日本研究，1996(2).

50. 袁洪亮．论国民性改造与社会价值取向的近代转换．中华文化论坛，2003(3).

51. 吴根友．再论今日“国民性”之改造．新东方，1995(5).

52. 喻大华．要现代化必须改造国民性——谈晚清新民思潮．探索与争鸣，1997(4).

53. 周建超．论辛亥革命前的改造国民性社会思潮．社会科学研究，1997(5).

54. 谭献民．“四有”新人论是对中国近代以来国民性改造的科学总结．毛泽东思想论坛，1997(2).

55. 刘长林．论《新民说》对近现代人格的初步构建．学术界，1998(4).

56. 闫润鱼．论中国近代启蒙运动的历史规定性．中国人民大学学报，2006(2).

57. 翟学伟，屈勇．中国人的价值观——传统与现代的一致与冲突．江苏社会科学，2001(4).

58. 刘增合．二十世纪初趋新社群对国民性问题的关注．江西社会科学，1998(2).

59. 刑媛．试论人的现代化与社会现代化．山西大学学报(哲学社会科学版)，1999(2).

60. 陈卫平．1980年代的启蒙：三种思潮与李泽厚——台湾对大陆1980年代“文化热”的评述．社会科学，2005(7).

61. 李翔海．从文化认同看中国近代史上的民族主义的复杂性．史学月刊，2006(7).

62. 陈其泰．民族危机刺激下近代历史文化认同面临的紧迫课题．人文杂志，2006(3).

63. 陈其泰．晚清历史文化认同的新格局．河北学刊，2006(7).

64. 赵剑英，干春松．现代性与近代以来中国人的文化认同危机及重构．学术月刊，2005(1).

65. 王建朗．浅议抗战时期民主进程中的几个问题．史学月刊，2004(1).

66. 崔之清．民主政治：从理想到现实的艰难求索——同盟会领导体制的政治学分析．江海学刊，2006(4).

67. 黄旭东．近代以来中国政治文明的发展及其成果．理论探讨，2006(5).

68. 宋惠昌．当代中国政治伦理学的历史使命．江西师范大学学报(哲学社会科学版)，2006(1).

69. 闵良成．革命与否．社会科学论坛，2006(9).

70. 石中英．学校文化、学校认同与学校发展．中国教师，2006(12).

71. 李萍．日本学校中的公民教育浅议．道德与文明，2003(1).

72. 陈俊珂．国外中小学德育的发展趋势．中小学管理，2001(7、8).

73. 黎敏成．学校文化建设的核心：价值观念的认同与潜移．教育科研论坛，2006(5).

74. 徐贵权．论改革开放以来中国社会价值观的变迁．南京师大学报(社会科学版)，2007(1).

75. 朱博群，吴薇．贯彻《纲要》精神　抓好公德教育．班主任，2003(10).

76. 赵晖．战后日本现代化进程中的学校公民教育．外国教育研究，2002(11).

77. 郝德永．乌托邦——当代教育的根本品质．东北师大学报(哲学社会科学版)，2001(3).

78. 檀传宝．道德教育是学校德育的根本．全球教育展望，2001(6).

79. 檀传宝．学校道德教育二题．中国教育学刊，2002(2).

80. 陈泽河，戚万学．中国道德教育的历史使命及现代转换．山东师大学报(社会科学版)，1995(3).

81. 戚万学．道德教育的实践目的论．山东师大学报(人文社会科学版)，2001(1).

82. 檀传宝．宏观社会环境因素与学校德育．江苏高教，1995(1).

83. 胡发贵．厚德载物——传统“忍”德泛论．道德与文明，2002(1).

84. 傅维利，王东．论国家现代化与教育的现代化．教育科学，2002(10).

85. 谢昌逵．改造国民性应成为素质教育的重要内涵．青年研究，2000(3).

86. 胡斌武，吴杰．试论课程的文化学基础．西南师范大学学报(人文社会科学版)，2002(3).

87. 思鸣．中小学德育模式面临的挑战与对策．教育研究，1994(5).

88. 高峡．从公民教育的视角看品德与社会课．全球教育展望，2007(8).

89. 庞树奇．“新民”的理想 市民的现实——关于社会主体力量的转移．学术月刊，1995(4).

90. 阮青．解放个性与强化整体的双重变奏——严复人生哲学论纲．齐鲁学刊，1999(4).

91. 尤迪勇．梁启超与中国伦理思想的现代转型．江西社会科学，2001(5).

92. 邹顺康．严复进化论伦理思想述评．西南师范大学学报(人文社会科学版)，2006(3).

93. 张红．试评严复的“教育救国”思想．天津师大学报，1995(6).

94. 张永新．简论严复“鼓民力、开民智、新民德”的教育观．教育评论，1997(1).

95. 赵越智．梁启超教育思想论略．求是学刊，1995(2).

96. 杨晓梅．梁启超的教育思想研究．学术交流，2004(5).

97. 江道源．素质教育：两个世纪之交共同关注的焦点．厦门特区党校学报，2001(5).

98. 关健瑛．中国近代新公德观略论．求是学刊，1997(4).

99. 程立涛，苏建勇．“私德外推即为公德”吗？——兼论梁启超的公德私德观．河北师范大学学报(哲学社会科学版)，2007(3).

100. 宋晓梦．传统德育向公民教育延伸——走访教育界专家学者．光明日报，2008-04-18.

后 记

能够成为杜时忠先生的学生，我感到幸运和骄傲！回首漫漫求学路，恩师的不断鼓励是我前进的最大动力。如同任何一个学生，我是那么地在意导师的意见与看法。他总能够在我的每一次小小努力中发现“闪光点”——肯定我的思维方式，在我的混沌思维中提炼出明晰的观点；认定我的点滴思想，指出值得进一步思考和挖掘的地方；揣摩并“存储”我一时观念萌动而作、随后又抛到九霄云外的“散记”，并在适当的时候提醒我对后续研究的意义和价值——我的博士论文的选题就是渊源于先生对我的一篇读书报告的记忆和提示。先生的鼓励不仅使我从刚步入该学科领域起，就逐渐热爱上了这门学科，还使我不知天高地厚地“享受”着对旁人而言倍感艰辛的求学过程。在我因博士论文写作进程受阻而万分焦灼的情况下，先生除从论文的宏观架构上帮我把握方向外，还多次通过只言片语给予我冷静思考的力量和克服困难的勇气。此外，先生对我的关爱以及对我有时任性的包容，都使我心存感激却又不足以言表！

特别感谢教育学院喻本伐老师、深圳大学师范学院熊贤君老师。两位老师多年以来一直关心我的成长，曾多次给予我无私的鼓励与帮助。尤其是在我的博士论文写作过程中，两位老师更是以其渊博的学识、敏锐的视角、信手捻来的史料，给予了我大量极有价值的帮助，费心为我指点迷津！

感谢教育学院郭文安老师、涂艳国老师、王坤庆老师、范先佐老师、董泽芳老师、郭元祥老师、周洪宇老师、杨汉麟老师、余子侠老师、方彤老师、陈佑清老师、周东明老师、但武刚老师、周玫老师、董英老师、夏家发老师、程红艳老师、易东平老师、岳伟老师以及心理学院诸位老师对我的共同培养。我的求学路之所以相对平坦，得益于诸位老师的大力支持，与此同时，正是汲取了诸位老师学术上的营养、聆听他们的教诲，我才逐渐得以成长。另外，感谢董泽芳老师在我同时为找工作和论文进入攻坚阶段而焦头烂额之时，为我的工作落实鼎力相助，使我能够集中精力来进行论文写作。

感谢教育学院资料室张云芳、祝安、代秋菊、汪水珍等诸位老师的辛勤工作和热情的态度，她们为我查找资料提供了很多便利；感谢教育学院吴金林、雷红卫、张汉桂等老师的耐心和热情，他们的宽容和理解保障了我的论文答辩流程顺利进入一个又一个环节。

感谢我的同门邹强、周小李、杨元业等在论文写作过程中为我提供了宝贵资料；感谢我的同学喻学林、田友谊、罗祖兵、王一涛、吴宏超、张国强等在我的论文写作“掉队”时给我的鼓励。

最后，特别要感谢我的爱人金保华对我的求学之路的鼎力支持。他的“苛责”总是让我当时恼羞成怒、事后又深刻反省；他的理解使我的博士论文写作过程中的苦闷和压抑总是能适当得以宣泄；他对我找工作等繁杂事务的分担为我减轻了不少压力，腾出了不少宝贵的论文写作时间；在博士论文资料收集和推荐、校稿等方面更是给了我大力帮助，使我曾经对不拘“小节”的他的诸多怨言都烟消云散。

衷心感谢华中师范大学！感谢教育学院！在那里九年的生活、学习，使我得到太多！我深深地眷念桂子山、珍爱教育学院给我的集体归属感！

陈萍

2010 年 8 月于北京